中华人民共和国
———— 刑法修正案（八）————
条文说明、立法理由及相关规定

全国人大常委会法制工作委员会刑法室 编

中华人民共和国刑法修正案（八）

条文说明、立法理由及相关规定

图书在版编目(CIP)数据

《中华人民共和国刑法修正案(八)》条文说明、立法理由及相关规定/全国人大常委会法制工作委员会刑法室编.—北京：北京大学出版社,2011.3
ISBN 978-7-301-10509-2

Ⅰ.①中…　Ⅱ.①全…　Ⅲ.①刑法-法律解释-中国
Ⅳ.①D924.05

中国版本图书馆 CIP 数据核字(2011)第 029077 号

书　　名：《中华人民共和国刑法修正案(八)》条文说明、立法理由及相关规定
著作责任者：全国人大常委会法制工作委员会刑法室　编
责 任 编 辑：侯春杰
标 准 书 号：ISBN 978-7-301-10509-2/D·1445
出 版 发 行：北京大学出版社
地　　址：北京市海淀区成府路 205 号　100871
网　　址：http://www.yandayuanzhao.com
电　　话：邮购部 62752015　发行部 62750672　编辑部 62117788
　　　　　出版部 62754962
电 子 邮 箱：law@pup.pku.edu.cn
印 刷 者：北京大学印刷厂
经 销 者：新华书店
　　　　　965 毫米×1300 毫米　16 开本　13.25 印张　232 千字
　　　　　2011 年 3 月第 1 版　2011 年 11 月第 3 次印刷
定　　价：25.00 元

未经许可，不得以任何方式复制或抄袭本书之部分或全部内容。
版权所有，侵权必究
举报电话:010-62752024　电子邮箱:fd@pup.pku.edu.cn

编写说明

1997年刑法修订后，全国人大常委会曾先后对刑法作出1个决定和7个修正案。2011年2月第十一届全国人大常委会第十九次会议又通过了《中华人民共和国刑法修正案（八）》。《刑法修正案（八）》根据宽严相济的刑事政策和打击犯罪的需要，取消了13个经济性非暴力犯罪的死刑，完善了对未成年人和老年人从宽处理的法律规定，完善了非监禁刑的执行方式，进一步明确了组织、领导、参加黑社会性质组织等犯罪的犯罪构成要件，增加规定了新出现的犯罪行为，为从严惩处严重犯罪提供了有力武器，是对刑法的一次重大修改。《刑法修正案（八）》根据构建社会主义和谐社会的需要和建设中国特色社会主义法律体系的要求，对现行刑事法律作出进一步完善，体现了社会文明的发展和国家民主法制的进步。

《刑法修正案（八）》将于2011年5月1日起施行。为了使大家了解立法背景、立法理由，准确把握法律内容，全国人大常委会法制工作委员会刑法室结合所参与的立法工作和《刑法修正案（八）》的具体内容，撰写了《〈中华人民共和国刑法修正案（八）〉条文说明、立法理由及相关规定》一书。

参加本书编写工作的有：王尚新、黄太云、臧铁伟、李寿伟、雷建斌、许永安、黄永、徐霞、王倩、汤卫平、王宁、王思丝、陈远鑫、伊繁伟等同志。

希望本书的出版对于刑法学界对刑法的理论研究，对于执法机关正确执法和公民遵守法律会有所帮助。

编著者

2011年2月

目录 | Contents

中华人民共和国刑法修正案（八）

第 一 条 ················（1）
第 二 条 ················（3）
第 三 条 ················（10）
第 四 条 ················（13）
第 五 条 ················（17）
第 六 条 ················（19）
第 七 条 ················（21）
第 八 条 ················（22）
第 九 条 ················（28）
第 十 条 ················（35）
第十一条 ················（38）
第十二条 ················（42）
第十三条 ················（44）
第十四条 ················（47）
第十五条 ················（49）
第十六条 ················（55）

第十七条	(59)	第三十四条	(124)
第十八条	(62)	第三十五条	(126)
第十九条	(64)	第三十六条	(129)
第二十条	(66)	第三十七条	(132)
第二十一条	(68)	第三十八条	(136)
第二十二条	(71)	第三十九条	(140)
第二十三条	(74)	第四十条	(151)
第二十四条	(78)	第四十一条	(154)
第二十五条	(84)	第四十二条	(160)
第二十六条	(87)	第四十三条	(163)
第二十七条	(101)	第四十四条	(171)
第二十八条	(107)	第四十五条	(173)
第二十九条	(109)	第四十六条	(176)
第三十条	(114)	第四十七条	(181)
第三十一条	(116)	第四十八条	(186)
第三十二条	(117)	第四十九条	(191)
第三十三条	(122)	第五十条	(194)

附录 《刑法修正案(八)》前后相关刑法条文对照表 ………… (195)

中华人民共和国主席令

（第四十一号）

《中华人民共和国刑法修正案（八）》已由中华人民共和国第十一届全国人民代表大会常务委员会第十九次会议于 2011 年 2 月 25 日通过，现予公布，自 2011 年 5 月 1 日起施行。

中华人民共和国主席　胡锦涛
2011 年 2 月 25 日

中华人民共和国刑法修正案（八）

（2011 年 2 月 25 日第十一届全国人民代表大会
常务委员会第十九次会议通过）

一、在刑法第十七条后增加一条，作为第十七条之一："已满七十五周岁的人故意犯罪的，可以从轻或者减轻处罚；过失犯罪的，应当从轻或者减轻处罚。"

【说明】

本条是关于老年人犯罪从宽处理的规定。根据本条规定，对于已满 75 周岁的人故意犯罪的，可以从轻或者减轻处罚；过失犯罪的，应当从轻或者减轻处罚。这里规定的"故意犯罪"，是指刑法第 14 条规定的"明知自己的行为会发生危害社会的结果，并且希望或者放任这种结果发生，因而构成犯罪的"。"可以从轻或者减轻处罚"，是指要根据老年人犯罪的具体情况，决定是否从轻或者减轻处罚，而不是必须从轻或者减轻处罚。"过失犯罪"，是指刑法第 15 条规定的"应当预见自己的行为可能发生危害社会的结果，因为疏忽大意而没有预见，或者已经预见

第1条　《中华人民共和国刑法修正案(八)》条文说明、立法理由及相关规定

而轻信能够避免,以致发生这种结果的"。"应当从轻或者减轻处罚",是指对于老年人过失犯罪的,法律规定一律予以从轻或者减轻处罚。

在实际适用中,司法机关应当注意对于老年人故意犯罪的,不是一律从轻或者减轻处罚,而是应当根据案件的具体情况决定,当宽则宽,当严则严。

【立法理由】

本条是根据 2011 年 2 月 25 日第十一届全国人大常委会第十九次会议通过的《中华人民共和国刑法修正案(八)》(以下简称《刑法修正案(八)》)新增加的规定。

刑法第 17 条规定,对于未成年人犯罪,应当从轻或者减轻处罚。对于老年人犯罪,刑法没有从宽处理的规定。长期以来,不少社会公众和专家学者提出对老年人犯罪应当适当予以从轻处罚的建议。尊老爱幼是中华民族的传统美德,体现在法律制度上,我国早在西周时期的法律中就有关于对老年人犯罪从宽处罚的规定,历经汉、唐、明、清各朝代到民国时期形成了比较完备的制度。随着社会的文明进步,在法律中对老年人司法作出相应的规定,也是现今许多国家的做法。一些国家和地区在刑法或刑事诉讼法中都对老年人犯罪作了从宽处罚的规定。司法体制和工作机制改革也积极探索有关老年人犯罪的司法制度,建立对老年人犯罪适当从宽处理的法律机制,明确适用的条件、范围和程序。立法机关广泛征求了人大代表、司法部门、社会公众和专家学者的意见,总体认为,对老年人犯罪适当从宽处理,不会影响到社会治安秩序,也有利于体现刑法宽严相济的原则。在深入调研论证的基础上,立法机关适时修改完善刑法,增加了有关老年人犯罪从宽处罚的规定。

如何规定为好,在立法过程中主要集中在两个焦点上:一是老年人的年龄界限问题。有的委员和专家提出 60 岁以上的为老年人,也有的提出 70 岁、80 岁以上的为老年人。立法机关综合考虑了各种意见,同时考虑了老年人的特点和我国社会发展的实际情况以及社会公众的接受程度,在刑法中明确规定对 75 周岁以上老年人犯罪的从宽处罚。二是对老年人犯罪从宽处罚的尺度问题,是对老年人犯罪一律从宽处罚,还是有所区别。有的专家、部门提出,对老年人犯罪一律从宽不会影响

到社会的治安秩序。有的委员提出，老年人虽然身体衰弱了，但社会阅历多、生活经验丰富，更应遵纪守法，一律从宽不妥。立法机关经对各方意见综合研究，在刑法中对老年人犯罪从宽处罚作了区别规定：故意犯罪的，可以从轻或者减轻处罚；过失犯罪的，应当从轻或者减轻处罚。这样规定，体现了罪刑相适应的原则，有利于维护社会治安秩序，对于主观恶性较大的老年人故意犯罪从宽的尺度较严，对于主观恶性较小的老年人过失犯罪则规定了较宽的尺度。

【相关规定】

《中华人民共和国刑法》

第十四条　明知自己的行为会发生危害社会的结果，并且希望或者放任这种结果发生，因而构成犯罪的，是故意犯罪。

故意犯罪，应当负刑事责任。

第十五条　应当预见自己的行为可能发生危害社会的结果，因为疏忽大意而没有预见，或者已经预见而轻信能够避免，以致发生这种结果的，是过失犯罪。

过失犯罪，法律有规定的才负刑事责任。

二、在刑法第三十八条中增加一款作为第二款："判处管制，可以根据犯罪情况，同时禁止犯罪分子在执行期间从事特定活动，进入特定区域、场所，接触特定的人。"

原第二款作为第三款，修改为："对判处管制的犯罪分子，依法实行社区矫正。"

增加一款作为第四款："违反第二款规定的禁止令的，由公安机关依照《中华人民共和国治安管理处罚法》的规定处罚。"

【说明】

《刑法修正案（八）》修改后刑法第38条的条文为："管制的期限，为三个月以上二年以下。

判处管制，可以根据犯罪情况，同时禁止犯罪分子在执行期间从事特定活动，进入特定区域、场所，接触特定的人。

对判处管制的犯罪分子，依法实行社区矫正。

违反第二款规定的禁止令的,由公安机关依照《中华人民共和国治安管理处罚法》的规定处罚。"

本条是关于管制的期限和管制刑执行的规定。共分为4款。

本条第1款是关于管制期限的规定。根据本款规定,管制的期限,最高为2年,最低为3个月。此外,根据刑法第69条的规定,数罪并罚时,管制最高不能超过3年。

本条第2款是关于对被判处管制的犯罪分子作出禁止令的规定。根据本款规定,人民法院可以根据犯罪情况,在判处行为人管制的同时,作出禁止其在管制期间从事特定活动,进入特定区域、场所,接触特定的人的禁止令。何为"特定",法律未作具体规定,是因为实践中情况比较复杂,难以在法律中作出详尽规定,需要人民法院根据每一起案件的具体情况,主要是根据个案中犯罪的性质、情节,行为人犯罪的原因,维护社会秩序、保护被害人免遭再次侵害、预防行为人再次犯罪的需要等情况,在判决时作出具体的禁止性规定。人民法院作出禁止令,可以只涉及一个方面的事项,如只禁止行为人从事特定活动,也可以同时涉及三个方面的事项,即同时禁止其从事特定活动,进入特定区域、场所,接触特定的人,根据案件具体情况和需要确定。法律规定"可以"根据案件情况作出禁止令,并非所有案件均要作出禁止令。是否作出禁止令,裁量权被赋予人民法院,根据则在于案件情况确有需要。

需要注意的是,虽然法律对人民法院的禁止令可以禁止的事项只是作了原则规定,但并不意味着人民法院可以对被判处管制的犯罪分子任意设置禁令。人民法院作出禁止令,要按照法律规定的原则和精神,从维护社会秩序、保护被害人合法权益、预防犯罪的需要出发。首先,是否有必要作出禁止令,需要结合具体案件的情况,并非所有判处管制的案件均要作出禁止令。其次,对需要作出禁止令的,禁止令的内容也要符合法律规定,有利于犯罪分子教育改造和重新回归社会,不得损害其合法权益。由于法律规定比较原则,为了指导各级人民法院准确适用法律,维护法制统一,有必要通过司法解释的方式,就禁止令的具体适用作出规定。

本条第3款是关于对被判处管制的犯罪分子,依法实行社区矫正的规定。刑法原规定，被判处管制的犯罪分子，由公安机关执行。《刑法修正案（八）》将该规定修改为依法实行社区矫正。这一修改主要是考虑到社区矫正试点工作的实际情况，并与正在起草当中的社区矫正法相衔接。2003年以来，有关部门在一些地方开展社区矫正试点工作，各方面反映较好，2009年有关部门又进一步在全国试行社区矫正。社区矫正是非监禁刑罚执行方式，是指将符合法定条件的罪犯置于社区内，由专门的国家机关在相关社会团体、民间组织和社会志愿者的协助下，在判决、裁定或决定确定的期限内，矫正其犯罪心理和行为恶习，促进其顺利回归社会的非监禁刑罚执行活动。目前正在试行当中的社区矫正对象中就包括被判处管制的犯罪分子。因此，本款的规定为通过社区矫正，对被判处管制的犯罪分子依法实行教育、管理和监督提供了必要的法律依据。关于社区矫正的具体做法，可以在总结试行经验的基础上，在将来出台的社区矫正法当中作出具体规定。需要注意的是，刑法关于管制刑执行的修改，并不是简单地将执行机关由一个部门更换为另一个部门。社区矫正是一项综合性很强的工作，需要各有关部门分工配合，并充分动员社会各方面力量，共同做好工作。虽然《刑法修正案（八）》将刑法原来规定的"由公安机关执行"修改为"依法实行社区矫正"，但这并非意味着公安机关不再承担对被判处管制的犯罪分子的监督管理职责。在正在试行的社区矫正工作中，公安机关承担着重要监督管理职责。将来出台社区矫正法以后，公安机关作为主要的社会治安管理部门，仍然需要承担相应的职责，发挥重要作用。

本条第4款是关于被判处管制的犯罪分子违反禁止令的法律责任的规定。为了加强对被判处管制的犯罪分子的监督管理，本条第2款增加了人民法院对被判处管制的犯罪分子，可以禁止其在管制期间从事特定活动，进入特定区域、场所，接触特定的人。对违反禁止令规定的应当如何追究其法律责任，本款作了具体规定，即由公安机关依照治安管理处罚法的规定予以处罚。根据《中华人民共和国治安管理处罚法》第60条的规定，被依法执行管制、剥夺政治权利或者在缓刑、保外就医等监外执行中的罪犯或者被依法采取刑事强制措施的人，有违反法律、行政法规和国务院公安部门有关监督管理规定的行为的，处5日以上 10 日以下拘留,并处 200 元以上 500 元以下罚款。

【立法理由】

　　管制是刑罚的五种主刑中唯一不剥夺犯罪分子自由的开放性刑种。管制措施在建国初期,对于维护社会秩序和稳定发挥了重要作用。但后来,随着人口流动性的加大,以及基层组织管理工作的弱化,给管制刑的执行带来一定的困难,司法实践中判处管制刑的也越来越少。因此,在 1997 年修订刑法时,有的提出要取消管制刑。考虑到适用管制刑被判处管制的犯罪分子,可以在社会上从事正常的工作,在劳动和工作中接受教育改造,不致妨害其家庭生活。刑满后,回归社会,适应正常的社会生活也比较容易。同时,考虑到对一些犯罪情节较轻,不需要关押的犯罪分子判处非监禁刑,也符合当今世界潮流。因此,保留了管制刑。

　　从近年来司法实践中管制刑实际执行的情况看,存在一些问题。一是经济社会情况变化带来的基层管理能力弱化,管制刑在实际执行中难以落到实处的问题,仍然没有得到有效解决,导致管制刑在实际执行中往往流于形式;二是由于管制刑实际执行难,司法机关很少适用管制刑,使得我国刑法中这一唯一的非监禁的刑种没有充分发挥应有的作用。此外,近年来我国在非监禁刑罚执行方面进行了一些探索,在一些地方进行的社区矫正试点工作取得了成效,目前正在进行全国试行,有关部门也正在抓紧进行社区矫正法的起草工作。社区矫正的对象包括被判处管制的犯罪分子,对这部分人通过社区矫正进行管理和教育,实际上也是对在新的社会条件下如何做好管制刑的执行工作,所进行的积极和有益的探索。

　　基于管制刑在执行中存在的上述问题和近年来在刑罚执行方面出现的新的情况,全国人大常委会根据有关方面的意见,在《刑法修正案(八)》中对刑法第 38 条关于管制的规定作了修改和补充。一是规定"对被判处管制的犯罪分子,依法实行社区矫正";二是增加了对被判处管制的犯罪分子可以同时禁止其在执行期间从事特定活动,进入特定区域、场所,接触特定的人的规定;三是进一步明确了被判处管制的犯罪分子在管制期间违反上述禁止令的法律责任。

【相关规定】

《中华人民共和国治安管理处罚法》

第六十条 有下列行为之一的,处五日以上十日以下拘留,并处二百元以上五百元以下罚款:

……

(四)被依法执行管制、剥夺政治权利或者在缓刑、保外就医等监外执行中的罪犯或者被依法采取刑事强制措施的人,有违反法律、行政法规和国务院公安部门有关监督管理规定的行为。

《最高人民法院、最高人民检察院、公安部、司法部关于开展社区矫正试点工作的通知》

社区矫正是与监禁矫正相对的行刑方式,是指将符合社区矫正条件的罪犯置于社区内,由专门的国家机关在相关社会团体和民间组织以及社会志愿者的协助下,在判决、裁定或决定确定的期限内,矫正其犯罪心理和行为恶习,并促进其顺利回归社会的非监禁刑罚执行活动。社区矫正是积极利用各种社会资源、整合社会各方面力量,对罪行较轻、主观恶性较小、社会危害性不大的罪犯或者经过监管改造、确有悔改表现、不致再危害社会的罪犯在社区中进行有针对性管理、教育和改造的工作,是当今世界各国刑罚制度发展的趋势。为了适应我国政治、经济、社会及文化的发展要求,有必要开展社区矫正试点工作,积极探索刑罚执行制度改革。

……

二、社区矫正的适用范围和任务

(一)社区矫正的适用范围

根据我国现行法律的规定,社区矫正的适用范围主要包括下列5种罪犯:

1. 被判处管制的。
2. 被宣告缓刑的。
3. 被暂予监外执行的,具体包括:
(1)有严重疾病需要保外就医的;
(2)怀孕或者正在哺乳自己婴儿的妇女;

(3) 生活不能自理,适用暂予监外执行不致危害社会的。

4. 被裁定假释的。

5. 被剥夺政治权利,并在社会上服刑的。

在符合上述条件的情况下,对于罪行轻微、主观恶性不大的未成年犯、老病残犯,以及罪行较轻的初犯、过失犯等,应当作为重点对象,适用上述非监禁措施,实施社区矫正。

(二) 社区矫正的任务

1. 按照我国刑法、刑事诉讼法等有关法律、法规和规章的规定,加强对社区服刑人员的管理和监督,确保刑罚的顺利实施。

2. 通过多种形式,加强对社区服刑人员的思想教育、法制教育、社会公德教育,矫正其不良心理和行为,使他们悔过自新,弃恶从善,成为守法公民。

3. 帮助社区服刑人员解决在就业、生活、法律、心理等方面遇到的困难和问题,以利于他们顺利适应社会生活。

在试点工作中,各地要根据社区矫正工作任务的需要,进一步探索和创新社区矫正工作的具体内容、方式方法、工作流程和工作制度,努力提高教育改造质量。

《最高人民法院、最高人民检察院、公安部、司法部关于在全国试行社区矫正工作的意见》

三、全面试行社区矫正工作的主要任务

试点省(区、市)要积极探索社区矫正工作规律,总结完善社区矫正试点经验,研究解决试点工作中的困难和问题,尚未在全辖区试行社区矫正工作的,要在全辖区试行社区矫正工作。非试点省(区、市)要借鉴试点地区的有益经验,认真研究制定开展社区矫正工作的具体意见和方案,视情况可以先行试点再全面试行,条件具备的也可以直接在全辖区试行。全面试行社区矫正工作的主要任务和要求是:

(一) 进一步加强对社区服刑人员的教育矫正。完善教育矫正措施和方法,加强对社区服刑人员的思想教育、法制教育、社会公德教育,组织有劳动能力的社区服刑人员参加公益劳动,增强其认罪悔罪意识,提高社会责任感。加强心理矫正工作,采取多种形式对社区服刑人员进行心理健康教育,提供心理咨询和心理矫正,促使其顺利回归和融入社会。探索建立社区矫正评估体系,增强教育矫正的针对性和实效性。

(二)进一步加强对社区服刑人员的监督管理。根据社区服刑人员的不同犯罪类型和风险等级,探索分类矫正方法,依法执行社区服刑人员报到、会客、请销假、迁居、政治权利行使限制等管控措施,避免发生脱管、漏管,防止重新违法犯罪。健全完善社区服刑人员考核奖惩制度,探索建立日常考核与司法奖惩的衔接机制,探索运用信息通讯等技术手段,创新对社区服刑人员的监督管理方法,提高矫正工作的科技含量。

(三)进一步加强对社区服刑人员的帮困扶助。积极协调民政、人力资源和社会保障等有关部门,将符合最低生活保障条件的社区服刑人员纳入最低生活保障范围,为符合条件的农村籍社区服刑人员落实责任田。整合社会资源和力量,为社区服刑人员提供免费技能培训和就业指导,提高就业谋生能力,帮助其解决基本生活保障等方面的困难和问题。

(四)切实加强社区矫正经费保障。建立社区矫正经费的全额保障制度,将社区矫正工作人员经费、行政运行经费、办案业务经费、业务装备经费等纳入财政年度预算,并根据工作发展的需要,建立社区矫正经费动态增长机制。

(五)进一步加强社区矫正工作制度化、规范化、法制化建设。加强建章立制工作,根据有关法律法规,结合社区矫正工作实际,建立社区服刑人员接收、管理、考核、奖惩、解除矫正等各个环节的工作制度,统一社区矫正工作的文书格式,加强档案管理,确保国家刑罚依法规范执行。按照中发[2008]19号文件要求,积极推进社区矫正工作立法进程,建立和完善社区矫正法律制度。

(六)切实加强社区矫正工作机构和队伍建设。在各级司法行政机关建立专门的社区矫正工作机构,加强对社区矫正工作的指导管理。建立专群结合的社区矫正工作队伍,充实司法所工作力量,确保有专职人员从事社区矫正工作。广泛动员社会力量参与社区矫正工作,建立健全社会工作者和社会志愿者的聘用、管理、考核、激励机制,切实加强社区矫正工作队伍的培训,提高队伍综合素质,提高做好社区矫正工作的能力和水平。

（七）进一步健全社区矫正工作领导体制和工作机制。坚持党委、政府统一领导,司法行政部门牵头组织,相关部门协调配合,司法所具体实施,社会力量广泛参与的社区矫正工作领导体制和工作机制。各有关部门要进一步明确职责,加强协作,建立社区矫正工作衔接配合的长效机制。司法行政机关要切实履行指导管理社区矫正工作的职责,牵头组织有关单位和社区基层组织开展社区矫正工作。人民法院要依法充分适用非监禁刑罚和非监禁刑罚执行措施,对依法可能适用非监禁刑罚的被告人,在审理中可以委托司法行政机关进行审前社会调查,并将有关法律文书及时抄送司法行政机关。人民检察院要加强对社区矫正各执法环节的法律监督,发现有违法情况时应及时提出纠正意见或者检察建议,保障刑罚的正确执行。公安机关要加强对社区服刑人员的监督,对脱管、漏管等违反社区矫正管理规定的社区服刑人员依法采取惩戒措施,对重新违法犯罪的社区服刑人员及时依法处理。社会各有关方面要理解、支持和参与社区矫正工作,为开展社区矫正工作创造良好的社会环境。

三、在刑法第四十九条中增加一款作为第二款:"审判的时候已满七十五周岁的人,不适用死刑,但以特别残忍手段致人死亡的除外。"

【说明】

《刑法修正案(八)》修改后的刑法第49条条文为:"犯罪的时候不满十八周岁的人和审判的时候怀孕的妇女,不适用死刑。

审判的时候已满七十五周岁的人,不适用死刑,但以特别残忍手段致人死亡的除外。"

本条是关于不适用死刑的情形的规定。主要规定了两个方面的内容:

1. 关于对未成年人和怀孕的妇女不适用死刑的规定。根据本条第1款的规定,对下列两种人不能适用死刑:一是犯罪时不满18周岁的未成年人。不满18周岁,是决定是否适用死刑的年龄界限,在司法实践中应当一律按公历年、月、日计算实足年龄。必须是过了18周岁生日的第二天起,才认为已满18周岁,在此之前,则为不满18周岁。二是对于在审判的时候怀孕的妇女不适用死刑。所谓"审判的时候怀孕的妇女",是指在人民法院审判的时候被告人是怀孕的妇女,也包括审判前在羁押时已经怀孕的妇女。因此,对于犯罪的怀孕妇女,在她被羁押或者受审期间,无论其怀孕是否属于违反国家计划生育政策,仍应视同审判时怀孕的妇女,不能适用死刑。

2. 关于对老年人不适用死刑的规定。本条第2款规定的"审判的时候年满七十五周岁的人",是指按照刑事诉讼法的规定,在人民法院审判的时候被告人是年满75周岁的老年人。"以特别残忍手段致人死亡"是指犯罪手段令人发指,如以肢解、残酷折磨、毁人容貌等特别残忍的手段致使被害人死亡的。本款规定的不适用死刑,也包括不适用死刑缓期2年执行。

在实际适用本款规定时应当注意,只要被告人在人民法院作出判决前,已年满75周岁的,都应适用本款规定,不得判处死刑。

【立法理由】

本条第2款是根据《刑法修正案(八)》新增加的规定。

1997年《刑法》对未成年人和怀孕的妇女不适用死刑的情况作了规定,对老年人不适用死刑没有作出规定。长期以来,社会公众和专家学者多有对老年人不适用死刑之呼吁。司法体制和工作机制改革也积极探索有关老年人犯罪的司法制度,建立对老年人犯罪适当从宽处理的法律机制,明确适用的条件、范围和程序。立法机关做了大量调查研究工作:一是查阅了大量历史资料,我国自西周至唐、明、清各朝代至民国时期的法律都有老年人不负刑事责任或者不适用死刑的规定,在我国刑法史上对此已有比较完备的法律机制;二是少用、慎用死刑是新中国成立以来一贯的刑事政策,尤其是近年来,对75周岁以上的老年人基本没有适用过死刑,所以对这部分老年人在法律上明确规定不适用死刑,其影响面极小或基本没有影响,不会对现在的社会治安秩序造成损害;三是对75周岁以上的老年人罪行极其严重的,不适用死刑但可以适用无期徒刑,按照修改后的刑法规定其实际执行期限最少在13年以上,对于75岁的人,服刑期满最少也要近90岁,对于老年人来说,惩罚的力度已经足够,刑罚的目的可以实现;四是对老年人不适用死刑是我国已经签署的《公民权利和政治权利国际公约》所倡导的,许多国家和地区的法律也有这样的规定;五是对于极个别以特别残忍手段致人死亡的老年人保留适用死刑,符合罪刑相适应的原则,实现社会公正,也有利于安抚被害人家属,减少社会矛盾。综合考虑以上因素,《刑法修正案(八)》规定:审判的时候已满75周岁的人,不适用死刑,但以特别残忍手段致人死亡的除外。

第2款的规定在立法上的争议主要集中于两个问题:一是对多大年龄的老年人不适用死刑。法律规定为75周岁,既考虑了前面已经阐明的因素,也与刑法第17条之一规定的对老年人从宽处罚的年龄相衔接。二是是否对年满75周岁的老年人一律不适用死刑。有的常委委员和群众提出,判处刑罚要考虑个罪的情况,有的老年人其体力、智力、精神状况良好,又以特别残忍手段致人死亡,且社会影响极为恶劣,如不适用死刑,难以调和社会矛盾。考虑到上述各方面的意见,法律对老年人不适用死刑作了例外的规定。

【相关规定】

《最高人民法院关于对怀孕妇女在羁押期间自然流产审判时是否可以适用死刑问题的批复》

怀孕妇女因涉嫌犯罪在羁押期间自然流产后,又因同一事实被起诉、交付审判的,应当视为"审判的时候怀孕的妇女",依法不适用死刑。

《最高人民法院研究室关于如何理解"审判的时候怀孕的妇女不适用死刑"问题的电话答复》

广东省高级人民法院:

你院(1990)粤法刑一文字第16号《关于如何理解"审判的时候怀孕的妇女不适用死刑"问题的请示》已收悉。经研究,现答复如下:

在羁押期间已是孕妇的被告人,无论其怀孕是否属于违反国家计划生育政策,也不论其是否自然流产或者经人工流产以及流产后移送起诉或审判期间的长短,仍应执行我院(83)法研字第18号《关于人民法院审判严重刑事犯罪案件中具体应用法律的若干问题的答复》中对第三个问题的答复:"对于这类案件,应当按照刑法第四十四条和刑事诉讼法第一百五十四条的规定办理,即:人民法院对'审判的时候怀孕的妇女,不适用死刑'。如果人民法院在审判时发现,在羁押受审时已是孕妇的,仍应依照上述法律规定,不适用死刑。"

四、将刑法第五十条修改为:"判处死刑缓期执行的,在死刑缓期执行期间,如果没有故意犯罪,二年期满以后,减为无期徒刑;如果确有重大立功表现,二年期满以后,减为二十五年有期徒刑;如果故意犯罪,查证属实的,由最高人民法院核准,执行死刑。

对被判处死刑缓期执行的累犯以及因故意杀人、强奸、抢劫、绑架、放火、爆炸、投放危险物质或者有组织的暴力性犯罪被判处死刑缓期执行的犯罪分子,人民法院根据犯罪情节等情况可以同时决定对其限制减刑。"

【说明】

"死刑缓期执行"不是独立的刑种,而是死刑的一种执行方式。被判处死刑缓期执行的罪犯存在着执行死刑和不再执行死刑两种可能性。为了正确处理判处死刑缓期执行的案件,本条第1款对于死刑缓期执行案件罪犯的减刑和执行死刑的条件以及程序作了明确的规定。

根据本条第1款的规定,判处死刑缓期执行的,在死刑缓期执行期间,如果没有故意犯罪,二年期满以后,减为无期徒刑。这里所说的"故意犯罪",依照刑法第14条的规定,是指明知自己的行为会发生危害社会的结果,并且希望或者放任这种结果发生,因而构成犯罪的。是否构成"故意犯罪"具体要看行为人的行为是否符合刑法分则关于个罪犯罪构成的要件的规定;如果行为人具有犯罪行为,但"情节"显著轻微,危害不大的,根据刑法第13条的规定,"不认为是犯罪"。在死刑缓期执行期间,如果确有重大立功表现的,二年期满以后,减为25年有期徒刑。这里所说的"重大立功表现",是指刑法第78条所列的重大立功表现之一,即:阻止他人重大的犯罪活动的;检举监狱内外重大犯罪活动,经查证属实的;有发明创造或者重大技术革新的;在日常生产、生活中舍己救人的；在抗御自然灾害或者排除重大事故中，有突出表现的；对国家和社会有其他重大贡献的。判处死刑缓期执行的，在死刑缓期执行期间，如果故意犯罪，查证属实的，由最高人民法院核准，执行死刑。所谓"故意犯罪，查证属实的"，根据刑事诉讼法的有关规定，是指如果故意犯罪的，应当由人民检察院提起公诉，服刑地的中级人民法院依法审判，在认定构成故意犯罪的判决、裁定发生法律效力后，才报请最高人民法院依法核准，执行死刑。刑法修正案（八）草案审议过程中，有些部门提出，死刑缓期执行罪犯故意犯罪的情况比较复杂，本条中关于"如果故意犯罪，查证属实的，由最高人民法院核准，执行死刑"的规定，过于严厉。建议修改为"故意犯罪，情节恶劣"的执行死刑。对这一问题，在立法工作中进行了反复、慎重的研究。1979 年《刑法》规定的是"如果抗拒改造情节恶劣，查证属实的，由最高人民法院裁定或者核准，执行死刑"。1997 年修订刑法时，考虑到抗拒改造情节恶劣，没有具体的法律标准，实践中难以掌握，不便执行，根据有关部门的修改建议，将其修改为"如果故意犯罪，查证属实的"。如果将执行死刑的条件修改为"故意犯罪，情节恶劣"，可能又会出现具体执行中不好掌握的问题。同时，也存在两个需要研究的问题：一是被判处死刑缓期执行的也是罪行极其严重的犯罪分子，一般来讲，在缓刑执行期间又故意犯罪的，已属抗拒教育改造，情节恶劣，如果不执行死刑，是否妥当，是否符合罪刑相适应的基本原则；二是如果以"故意犯罪，情节恶劣"作为执行死刑的条件，在实质上会形成对适用死刑的第二次考量，那么什么样的恶劣情节是要执行死刑的情节，也难以确定。鉴于这一问题还需要进一步研究，因而对这一规定未作修改。

  本条第 2 款是《刑法修正案（八）》新增加的内容，根据本款规定，对一些罪行严重的犯罪分子，人民法院根据犯罪情节等情况可以同时决定对其限制减刑。这些罪行严重的犯罪分子包括：被判处死刑缓期执行的累犯以及因故意杀人、强奸、抢劫、绑架、放火、爆炸、投放危险物质或者有组织的暴力性犯罪被判处死刑缓期执行的犯罪分子。需要指出的是，上述规定只是划定了一个可以限制减刑的人员的范围，并不是上述被判处死刑缓期执行的九类罪犯都要限制减刑，是否限制减刑，应由人民法院根据其所实施犯罪的具体情况等综合考虑决定。这里的"同时",是指判处死刑缓期执行的同时,不是在死刑缓期执行二年期满以后减刑的"同时"。"限制减刑"是指对犯罪分子虽然可以适用减刑,但其实际执行刑期比其他死刑缓期执行罪犯减刑后的实际执行刑期更长。根据本法第78条的规定,人民法院依照本法第50条第2款规定限制减刑的死刑缓期执行的犯罪分子,缓期执行期满后依法减为无期徒刑的,其实际执行刑期不能少于25年,缓期执行期满后依法减为25年有期徒刑的,其实际执行不能少于20年。

【立法理由】

《刑法修正案(八)》对本条作了两处重要修改:一是,将原规定中确有重大立功表现,二年期满以后,"减为十五年以上二十年以下有期徒刑"修改为"减为二十五年有期徒刑";二是增加规定第2款内容,即对被判处死刑缓期执行的累犯以及因故意杀人、强奸、抢劫、绑架、放火、爆炸、投放危险物质或者有组织的暴力性犯罪被判处死刑缓期执行的犯罪分子,人民法院根据犯罪情节等情况可以同时决定对其限制减刑。

上述修改是根据中央司法体制改革和工作机制改革关于落实宽严相济的刑事政策,建立严格的死刑缓期执行、无期徒刑执行制度以及明确死刑缓期执行和无期徒刑减为有期徒刑后罪犯应实际执行的刑期的精神作出的。一段时间以来,社会各方面反映,我国刑罚制度在实际执行中存在死刑偏重、生刑偏轻的问题,尤其是对有些被判处死刑缓期执行的犯罪分子,实际执行的期限过短,这样,就出现了两个问题:一是,判处死缓的犯罪分子都具有很严重的罪行,实际执行刑期过短,难以起到惩戒作用,也不利于社会稳定;二是,与死刑立即执行之间的差距过大,妨碍了死缓在司法实践中的适用,不利于司法实践中有效控制和减少死刑。根据刑法罪刑相适应的原则,应当严格限制对某些判处死缓的罪行严重的罪犯的减刑,延长其实际服刑期。

需要指出的是,延长被判处死刑缓期执行的罪犯的实际执行刑期的内容体现在两个条文的修改,除本条外,还包括第78条关于减刑后实际执行刑期的规定。

【相关规定】

《最高人民法院关于报送复核被告人在死缓考验期内故意犯罪应当执行死刑案件时应当一并报送原审判处和核准被告人死缓案卷的通知》

一、各高级人民法院在审核下级人民法院报送复核被告人在死缓考验期限内故意犯罪,应当执行死刑案件时,应当对原审判处和核准该被告人死刑缓期二年执行是否正确一并进行审查,并在报送我院的复核报告中写明结论。

二、各高级人民法院报请核准被告人在死缓考验期限内故意犯罪,应当执行死刑的案件,应当一案一报。报送的材料应当包括:报请核准执行死刑的报告,在死缓考验期限内故意犯罪应当执行死刑的综合报告和判决书各十五份;全部诉讼案卷和证据;原审判处和核准被告人死刑缓期二年执行,剥夺政治权利终身的全部诉讼案卷和证据。

《最高人民法院关于报送按照审判监督程序改判死刑被告人在死缓考验期内故意犯罪应当执行死刑的复核案件的通知》

根据《中华人民共和国刑事诉讼法》第二百零六条、第二百条,《中华人民共和国刑法》第五十条的规定,今后凡是按照审判监督程序改判被告人死刑,被告人在死缓考验期内故意犯罪应当执行死刑的死刑复核案件,一律报送最高人民法院核准。

《最高人民法院关于对判处死刑缓期二年执行期满后,尚未裁定减刑前又犯新罪的罪犯能否执行死刑问题的批复》

依照刑法第四十三条、第四十七条的规定,死刑缓期执行的期间,应自判决确定之日起计算,二年期满。二年缓期执行期间又犯新罪的,当然应视为是在死刑缓期执行期间犯罪。二年期满以后,尚未裁定减刑以前又犯新罪的,不能视为是在死刑缓期执行期间犯罪,对这种罪犯,应依照刑法第四十六条、刑事诉讼法第一百五十三条的规定予以减刑,然后对其所犯新罪另行起诉、审判,作出判决,并按照刑法第六十六条的规定,决定执行的刑罚。新罪判处死刑的,才能执行死刑。

对死缓犯的减刑,应严格依法办事。在死刑缓期二年执行期满以后,符合法定减刑条件的,应及时依法减刑。今后应切实抓紧关于死缓期满依法减刑的工作,务必避免二年期满后,迟迟不依法裁定减刑的情况发生。

五、将刑法第六十三条第一款修改为:"犯罪分子具有本法规定的减轻处罚情节的,应当在法定刑以下判处刑罚;本法规定有数个量刑幅度的,应当在法定量刑幅度的下一个量刑幅度内判处刑罚。"

【说明】

《刑法修正案(八)》修改后的刑法第63条条文为:"犯罪分子具有本法规定的减轻处罚情节的,应当在法定刑以下判处刑罚;本法规定有数个量刑幅度的,应当在法定量刑幅度的下一个量刑幅度内判处刑罚。

犯罪分子虽然不具有本法规定的减轻处罚情节,但是根据案件的特殊情况,经最高人民法院核准,也可以在法定刑以下判处刑罚。"

本条主要规定了以下两个方面的内容:

1. 关于具有法定减轻处罚情节的如何适用刑罚的规定。所谓减轻处罚,是指在法定最低刑以下判处刑罚。我国刑法规定的减轻处罚的情节有:预备犯、未遂犯、中止犯、从犯、胁从犯、犯罪后自首、立功,等等。刑法规定的减轻处罚的情节包括两类:一类是应当予以减轻处罚的;另一类是可以予以减轻处罚的。不论哪种情形,都必须先根据犯罪的事实、犯罪的性质、情节和对社会的危害程度,依照本法有关规定确定对犯罪分子应当判处的法定刑。对于具有刑法规定的应当减轻处罚的情节的,人民法院在量刑时必须在该法定刑的量刑幅度规定的最低刑以下判处刑罚。对于具有刑法规定的可以予以减轻处罚情节的,人民法院应当综合全案的情况以决定是否予以减轻处罚和减轻处罚的幅度。应当注意的是,刑法中的减轻处罚的情节往往是以复合形式规定的,如"应当从轻、减轻或者免除处罚","可以从轻、减轻处罚"等,因此,人民法院在量刑时首先要综合全案情况,决定对犯罪分子是从轻处罚还是减轻处罚,然后才能根据刑法的有关规定判处适当的刑罚。对于已经确定予以减轻处罚,本法规定有数个量刑幅度的,应当在法定量刑幅度的下一个量刑幅度内判处刑罚,即本法规定此罪有两个以上量刑幅度的,减轻处罚只能在法定量刑幅度紧接着的下一个量刑幅度内判处刑罚,而不能跨越一个量刑幅度去判处刑罚。如果法定量刑幅度已经是最轻的一个量刑幅度,则减轻处罚也只能在此幅度内判处较轻或最轻的刑罚;对于已经确定予以减轻处罚,本法只规定了一个量刑幅度的,则只能在此量刑幅度内判处较轻或最轻的刑罚。

2. 关于犯罪分子没有法定减轻处罚的情节,但是根据案件的特殊情况,从国家利益等方面考虑,也可以在法定刑以下判处刑罚的规定。刑法作本款规定,是为了赋予人民法院在特殊情况下,根据案件的特殊情况作出特殊处理。"经最高人民法院核准",主要是为了防止实践中扩大适用范围或滥用减轻处罚的规定,以免造成不良的影响和后果。本款规定的"案件特殊情况",主要是指案件本身的特殊性,如涉及到政治、国防、外交等特殊情况。对于有上述特殊情况的案件,即使犯罪分子不具有本法规定的减轻处罚的情节,地方各级人民法院经报最高人民法院核准,也可以在法定刑以下判处刑罚。这是对减轻处罚的特殊规定。

【立法理由】

《刑法修正案(八)》对本条第1款作了修改,进一步明确了减轻处罚的量刑规则。

我国刑法规定的刑罚的量刑档次历来较多,在1997年刑法中,有127个罪规定了一个量刑档次,有224个罪规定了两个量刑档次,有77个罪规定了三个量刑档次,有14个罪规定了四个量刑档次,还有两个罪规定了七个量刑档次。对于犯罪分子具有刑法规定的减轻处罚情节的,如何准确量刑,在实际执行中,存在认识不一致、适用不统一、随意性较大的问题。主要表现在,犯罪分子具有本法规定的减轻处罚情节的,是在法定刑的下一个量刑档次量刑,还是也可以再跨越一个量刑档次量刑直至免除处罚,各地法院掌握的标准不统一,导致类似的案件在量刑上存在较大差异的情况。为了统一量刑标准,准确量刑,《刑法修正案(八)》对本条第1款作了修改,明确规定:犯罪分子具有本法规定的减轻处罚情节的,应当在法定刑以下判处刑罚;本法规定有数个量刑幅度的,应当在法定量刑幅度的下一个量刑幅度内判处刑罚。

六、将刑法第六十五条第一款修改为:"被判处有期徒刑以上刑罚的犯罪分子,刑罚执行完毕或者赦免以后,在五年以内再犯应当判处有期徒刑以上刑罚之罪的,是累犯,应当从重处罚,但是过失犯罪和不满十八周岁的人犯罪的除外。"

【说明】

《刑法修正案(八)》修改后的刑法第65条条文为:"被判处有期徒刑以上刑罚的犯罪分子,刑罚执行完毕或者赦免以后,在五年以内再犯应当判处有期徒刑以上刑罚之罪的,是累犯,应当从重处罚,但是过失犯罪和不满十八周岁的人犯罪的除外。

前款规定的期限,对于被假释的犯罪分子,从假释期满之日起计算。"

本条主要规定了以下两个方面的内容:

1. 关于累犯的概念以及对累犯如何处罚的规定。根据本条第1款的规定,构成累犯应当同时具备以下条件:

(1) 前罪和后罪必须都是被判处有期徒刑以上刑罚的,包括被判处有期徒刑、无期徒刑和死刑的犯罪分子。

(2) 后罪发生的时间必须在前罪的刑罚执行完毕或者赦免以后5年以内。在刑罚执行期间再犯罪的,不适用本款的规定,应当依照本法关于数罪并罚的规定处罚。这里的"刑罚执行完毕",是仅指主刑执行完毕,还是也包括罚金、剥夺政治权利等附加刑执行完毕,实践中存在不同认识。考虑到本条是对被判处有期徒刑以上刑罚的犯罪分子构成累犯的规定,因此,这里的"刑罚执行完毕"应当是指有期徒刑以上的刑罚执行完毕。对于有期徒刑以上的主刑已经执行完毕,但附加刑尚未执行完毕的,应以主刑执行完毕之日为累犯期间的起算时间。

(3) 前罪和后罪必须都是故意犯罪。如果其中有一个罪是过失犯罪,就不符合累犯的条件。

(4) 犯罪分子在犯前罪和后罪时必须都是年满18周岁以上的人。如果犯前罪时是不满18周岁的未成年人,即使犯后罪时年满18周岁,也不构成累犯。

根据本款规定,对于累犯,应当在法定刑的幅度内从重处罚。

2. 关于假释犯适用5年以内的期限如何计算的规定。根据本条第2款的规定,对于被假释的犯罪分子,应当从假释期满之日起计算第1款规定的5年期限。

【立法理由】

由于累犯的社会危害性和主观恶性较大,对社会治安构成严重威胁,为了体现对累犯从严打击的精神,刑法规定了累犯制度。《刑法修正案(八)》对本条第1款作了修改,增加了未成年人犯罪不构成累犯的规定。

中央关于深化司法体制和工作机制改革要求,为进一步落实宽严相济的刑事政策,按照教育为主、惩罚为辅的原则,探索处理未成年人犯罪的司法制度。考虑到未成年人身心发育尚未成熟,对犯罪的未成年人更好地体现以教育挽救为主的方针,以使他们能更好地接受教育改造,便于他们以后生活顺利地融入社会,成为服务社会的有用之材,《刑法修正案(八)》增加了有关未成年人犯罪不构成累犯的规定。

【相关规定】

《最高人民法院研究室关于缓刑考验期满三年内又犯应判处有期徒刑以上刑罚之罪的是否构成累犯的电话答复》

根据刑法规定,缓刑是在一定考验期限内,暂缓执行原判刑罚的制度。如果犯罪分子在缓刑考验期内没有再犯新罪,实际上并没有执行过原判的有期徒刑刑罚;加之被判处有期徒刑缓刑的犯罪分子,一般犯罪情节较轻和有悔罪表现,因其不致再危害社会才适用缓刑。所以,对被判处有期徒刑缓刑的犯罪分子,在缓刑考验期满三年内又犯应判处有期徒刑以上刑罚之罪的,可不作累犯对待。

《最高人民法院关于适用刑法时间效力规定若干问题的解释》

第三条 前罪判处的刑罚已经执行完毕或者赦免,在1997年9月30日以前又犯应当判处有期徒刑以上刑罚之罪,是否构成累犯,适用修订前的刑法第六十一条的规定;1997年10月1日以后又犯应当判处有期徒刑以上刑罚之罪的,是否构成累犯,适用刑法第六十五条的规定。

七、将刑法第六十六条修改为："危害国家安全犯罪、恐怖活动犯罪、黑社会性质的组织犯罪的犯罪分子，在刑罚执行完毕或者赦免以后，在任何时候再犯上述任一类罪的，都以累犯论处。"

【说明】

本条是关于危害国家安全犯罪、恐怖活动犯罪、黑社会性质的组织犯罪构成累犯的特殊规定。

根据本条规定，认定危害国家安全犯罪、恐怖活动犯罪、黑社会性质的组织犯罪的累犯，须注意以下三个方面：

1. 犯罪分子所犯的前罪和后罪都是危害国家安全犯罪、恐怖活动犯罪、黑社会性质的组织犯罪。前罪或者后罪中一罪不属于上述犯罪范围的，不能构成本条规定的特殊累犯。根据本条的规定，犯危害国家安全犯罪、恐怖活动犯罪、黑社会性质的组织犯罪的行为人，只要再犯这三类犯罪中的任一类犯罪的，均构成累犯。即前罪和后罪不需要同属一类犯罪，如犯危害国家安全犯罪者，再犯恐怖活动犯罪的，就构成累犯。

2. 构成特殊累犯，不受刑法第65条关于构成累犯的前罪和后罪都应是"判处有期徒刑以上刑罚"的条件限制。即前罪只要判处刑罚即可，后罪只要构成犯罪即可。

3. 构成特殊累犯，不受刑法第65条关于构成累犯应在"刑罚执行完毕或者赦免以后，在五年以内再犯"的条件限制。即危害国家安全犯罪、恐怖活动犯罪、黑社会性质的组织犯罪的犯罪分子，在前罪的刑罚执行完毕或者赦免之后，不论何时再犯危害国家安全犯罪、恐怖活动犯罪、黑社会性质的组织犯罪的，都构成累犯，不受5年期限的限制。

【立法理由】

刑法原第66条关于特殊累犯的规定仅限于危害国家安全罪。在研究修改刑法过程中，有关方面提出，恐怖活动犯罪、黑社会性质的组织犯罪社会危害严重，行为人主观恶性往往比较深，为了体现对再犯者从严惩处的精神，预防和减少相应犯罪的发生，有必要将其纳入特殊累犯的范围。全国人大常委会根据有关方面意见，《刑法修正案（八）》对刑法的规定作了修改,将恐怖活动犯罪、黑社会性质的组织犯罪也纳入了特殊累犯的范围。

【相关规定】

《中华人民共和国刑法》

第六十五条 被判处有期徒刑以上刑罚的犯罪分子,刑罚执行完毕或者赦免以后,在五年以内再犯应当判处有期徒刑以上刑罚之罪的,是累犯,应当从重处罚,但是过失犯罪和不满十八周岁的人犯罪的除外。

前款规定的期限,对于被假释的犯罪分子,从假释期满之日起计算。

八、在刑法第六十七条中增加一款作为第三款:"犯罪嫌疑人虽不具有前两款规定的自首情节,但是如实供述自己罪行的,可以从轻处罚;因其如实供述自己罪行,避免特别严重后果发生的,可以减轻处罚。"

【说明】

《刑法修正案(八)》修改后的刑法第67条条文为:"犯罪以后自动投案,如实供述自己的罪行的,是自首。对于自首的犯罪分子,可以从轻或者减轻处罚。其中,犯罪较轻的,可以免除处罚。

被采取强制措施的犯罪嫌疑人、被告人和正在服刑的罪犯,如实供述司法机关还未掌握的本人其他罪行的,以自首论。

犯罪嫌疑人虽不具有前两款规定的自首情节,但是如实供述自己罪行的,可以从轻处罚;因其如实供述自己罪行,避免特别严重后果发生的,可以减轻处罚。"

本条共分三款。第1款是关于自首的概念及其处罚原则的规定。根据本款规定,自首必须符合下列条件:

1. 犯罪以后自动投案。所谓自动投案,是指犯罪分子犯罪以后,犯罪事实未被司法机关发现以前;或者犯罪事实虽被发现,但不知何人所为;或者犯罪事实和犯罪分子均已被发现,但是尚未受到司法机关的传唤、讯问或者尚未采取强制措施之前,主动到司法机关或者所在单位、基层组织等投案,接受审查和追诉的。这里所说的司法机关,应指所有的司法机关。实践中,犯罪分子犯罪后逃到异地,又向异地的司法机关投案的,以及犯罪分子因患病、身受重伤,委托他人先行代为投案的,都属于自动投案。根据2003年《最高人民法院关于如何理解犯罪嫌疑人自动投案的有关问题的答复》,对于犯罪嫌疑人实施犯罪后潜逃至异地,其罪行尚未被异地司法机关发觉,仅因形迹可疑,被异地司法机关留置盘问、教育后,主动交代自己罪行的,应当视为自动投案。有的犯罪嫌疑人在投案的途中被捕获,只要查证属实的,也属于投案。有的犯罪嫌疑人投案并非完全出于自己主动,而是经亲友劝告,由亲友送去投案,对于这些情形也应认定为自动投案。自动投案的实质是犯罪分子自愿把自己交给司法机关处理,因此,有的犯罪分子投案后又逃跑的,不能认定为自动投案。

2. 如实供述自己的罪行。如实供述自己的罪行,是指犯罪分子投案以后,对于自己所犯的罪行,不管司法机关是否掌握,都必须如实地全部向司法机关供述,不能有隐瞒。至于有些细节或者情节,犯罪分子记不清楚或者确实无法说清楚的,不能认为是隐瞒。只要基本的犯罪事实和主要情节说清楚,就应当认为属于如实供述自己的罪行。如果犯罪分子避重就轻或者供述一部分,还保留一部分,企图蒙混过关,就不能认为是如实供述自己的罪行。对于共同犯罪中的犯罪分子不仅应供述自己的犯罪行为,还应供述与其共同实施犯罪的其他共犯的共同犯罪事实。实践中,有的犯罪嫌疑人自动投案并如实供述自己罪行后又翻供,对这种情况如何认定,1998年《最高人民法院关于处理自首和立功具体应用法律若干问题的解释》第1条规定,犯罪嫌疑人自动投案并如实供述自己的罪行后又翻供的,不能认定为自首;但在一审判决前又能如实供述的,应当认定为自首。

根据本款规定,对于自首的犯罪分子,可以在法定刑的幅度内从轻或者减轻处罚。如果是犯罪较轻的,也可以免除处罚。这样规定,主要是为了鼓励犯罪分子在犯罪后自首,落实坦白从宽的刑事政策,为司法机关侦破案件提供有利的条件。

本条第2款是关于以自首论的规定。根据本款规定,必须同时具

备以下条件的,才能以自首论:

1. 以自首论的对象有以下三种人:已经被司法机关采取强制措施的犯罪嫌疑人、被告人和正在服刑的罪犯。这里所规定的"强制措施",是指我国刑事诉讼法规定的拘传、拘留、取保候审、监视居住、逮捕。"正在服刑",是指已经人民法院判决,正在执行刑罚的罪犯。

2. 如实供述的内容是司法机关还未掌握的本人其他罪行。这里所说的司法机关还未掌握的本人其他罪行,是指司法机关根本不知道、还未掌握犯罪嫌疑人、被告人和正在服刑的罪犯的其他罪行,是司法机关正在追查或已经追究的行为人所犯罪行以外的其他犯罪行为。例如,司法机关正在对行为人的盗窃行为进行侦查,该犯罪嫌疑人又如实交代了司法机关未掌握的抢劫罪行。对于共同犯罪来说,如果供述司法机关未掌握的他人的犯罪,则不属于这种情况,但是如果这种行为符合立功的条件的,应当按照刑法关于立功的规定处理。根据本款规定,只要符合上述条件,应当以自首论。按照本条第1款规定的原则处罚。

应当注意的是,实践中,有的被告人自首后,对自己行为的性质进行辩解,这种情况不影响自首的成立。

本条第3款是对不具有前两款规定的"自首"以及"以自首论"的情节,但是如实供述自己罪行的,可以从轻或者减轻处罚的规定。坦白从宽是我国一贯的刑事政策,但在《刑法修正案(八)》对本条规定修改之前,不构成自首或者以自首论的"如实供述自己罪行",在司法实践中只是作为一种酌定从宽情节使用,而且在侦查阶段的坦白、认罪,有时在审判阶段不被认可,甚至在个别的案件中存在因被告人的坦白使得司法机关认定了本来不掌握的有关犯罪情况,而被判处较重的刑罚的情况,被戏称为"坦白从宽,牢底坐穿"。司法实践表明,到案后能够自愿认罪,也表现了犯罪嫌疑人改恶向善的意愿,相对于负隅顽抗,甚至故意编造谎言误导侦查、审判工作的犯罪嫌疑人而言,自愿认罪者也更易于改造,适用较轻的刑罚即可达到刑罚目的。本款规定中包括两种情况,在从宽处理的幅度上有所不同。对一般的如实供述自己罪行的,可以从轻处罚;因其如实供述自己罪行,避免特别严重后果发生的,可以减轻处罚。其中的"如实供述自己罪行"和前两款的精神是一致的，应指如实供述自己犯罪的主要事实或者基本事实。"因其如实供述自己罪行，避免特别严重后果发生的"，是指行为人的行为已经实施，但犯罪结果还没有发生或者没有全部发生，由于行为人的供述，使得有关方面能够采取措施避免了特别严重后果发生的情况。本款规定的从宽处理是"可以"从轻、减轻处罚，对行为人虽然如实供述了自己罪行，但犯罪情节比较恶劣的，也可以不从轻、减轻处罚。

【立法理由】

坦白从宽是我们历来的刑事政策，鼓励犯罪分子在犯罪后自首并从宽处理，也为司法机关侦破案件提供了有利的条件。为了更好地体现和执行这一政策，刑法对自首的条件及处罚作出具体明确的规定十分必要。而以自首论的规定，扩大了自首的范围，解决了理论界长期争论、司法实践中做法不一的问题，便于司法机关具体操作。《刑法修正案（八）》对本条的修改进一步完善了坦白从宽的刑事政策。

《刑法修正案（八）》对本条作了修改，对除自首以及以自首论的情况外，能够如实供述自己罪行的，增加了可以从轻、减轻处罚的规定。为进一步体现宽严相济的刑事政策，司法体制改革和工作机制改革要求，完善从重、从轻和减轻处罚情节的法律规定，确保均衡适当量刑。有关部门也建议将"自首"以及"以自首论"之外犯罪嫌疑人、被告人"如实供述自己罪行"的认罪情况规定为法定从轻量刑情节。这种"如实供述自己罪行"、认罪就是我们平时常说的"坦白"。"坦白从宽"一直就是贯穿于我国司法实践中的刑事政策。有关司法解释在一定程度上已经把认罪作为一种从轻情节。如2003年《最高人民法院、最高人民检察院、司法部关于适用普通程序审理"被告人认罪案件"的若干意见（试行）》和《关于适用简易程序审理公诉案件的若干规定》；2009年3月《最高人民法院、最高人民检察院关于办理职务犯罪案件认定自首、立功等量刑情节若干问题的意见》等。司法实践中，认罪作为一项重要的从轻量刑情节也被广泛运用。但由于没有明确的法律规定，被告人认罪作为一种酌定的量刑情节，完全依靠法官的经验，造成量刑的不统一。《刑法修正案（八）》将除自首和以自首论的情况外，能"如实供述自己罪行"的情形规定为法定量刑情节,有利于落实"坦白从宽"的政策,有利于分化犯罪分子,也有利于执法统一。

【相关规定】

《最高人民法院关于处理自首和立功具体应用法律若干问题的解释》

为正确认定自首和立功,对具有自首或者立功表现的犯罪分子依法适用刑罚,现就具体应用法律的若干问题解释如下:

第一条 根据刑法第六十七条第一款的规定,犯罪以后自动投案,如实供述自己的罪行的,是自首。

(一)自动投案,是指犯罪事实或者犯罪嫌疑人未被司法机关发觉,或者虽被发觉,但犯罪嫌疑人尚未受到讯问、未被采取强制措施时,主动、直接向公安机关、人民检察院或者人民法院投案。

犯罪嫌疑人向其所在单位、城乡基层组织或者其他有关负责人员投案的;犯罪嫌疑人因病、伤或者为了减轻犯罪后果,委托他人先代为投案,或者先以信电投案的;罪行尚未被司法机关发觉,仅因形迹可疑,被有关组织或者司法机关盘问、教育后,主动交代自己的罪行的;犯罪后逃跑,在被通缉、追捕过程中,主动投案的;经查实确已准备去投案,或者正在投案途中,被公安机关捕获的,应当视为自动投案。

并非出于犯罪嫌疑人主动,而是经亲友规劝、陪同投案的;公安机关通知犯罪嫌疑人的亲友,或者亲友主动报案后,将犯罪嫌疑人送去投案的,也应当视为自动投案。

犯罪嫌疑人自动投案后又逃跑的,不能认定为自首。

(二)如实供述自己的罪行,是指犯罪嫌疑人自动投案后,如实交代自己的主要犯罪事实。犯有数罪的犯罪嫌疑人仅如实供述所犯数罪中部分犯罪的,只对如实供述部分犯罪的行为,认定为自首。

共同犯罪案件中的犯罪嫌疑人,除如实供述自己的罪行,还应当供述所知的同案犯,主犯则应当供述所知其他同案犯的共同犯罪事实,才能认定为自首。

犯罪嫌疑人自动投案并如实供述自己的罪行后又翻供的,不能认定为自首;但在一审判决前又能如实供述的,应当认定为自首。

第二条 根据刑法第六十七条第二款的规定,被采取强制措施的犯罪嫌疑人、被告人和已宣判的罪犯,如实供述司法机关尚未掌握的罪行,与司法机关已掌握的或者判决确定的罪行属不同种罪行的,以自首论。

第三条 根据刑法第六十七条第一款的规定,对于自首的犯罪分子,可以从轻或者减轻处罚;对于犯罪较轻的,可以免除处罚。具体确定从轻、减轻还是免除处罚,应当根据犯罪轻重,并考虑自首的具体情节。

第四条 被采取强制措施的犯罪嫌疑人、被告人和已宣判的罪犯,如实供述司法机关尚未掌握的罪行,与司法机关已掌握的或者判决确定的罪行属同种罪行的,可以酌情从轻处罚;如实供述的同种罪行较重的,一般应当从轻处罚。

《最高人民法院关于被告人对行为性质的辩解是否影响自首成立问题的批复》

根据刑法第六十七条第一款和最高人民法院《关于处理自首和立功具体应用法律若干问题的解释》第一条的规定,犯罪以后自动投案,如实供述自己的罪行的,是自首。被告人对行为性质的辩解不影响自首的成立。

《最高人民法院研究室关于如何理解犯罪嫌疑人自动投案的有关问题的答复》

根据《刑法》第六十七条第一款和最高人民法院《关于处理自首和立功具体应用法律若干问题的解释》第一条的规定,对于犯罪嫌疑人实施犯罪后潜逃至异地,其罪行尚未被异地司法机关发觉,仅因形迹可疑,被异地司法机关留置盘问、教育后,主动交代自己的罪行的,应当视为自动投案。

《最高人民法院关于适用刑法时间效力规定若干问题的解释》

第四条 1997年9月30日以前被采取强制措施的犯罪嫌疑人、被告人或者1997年9月30日以前犯罪,1997年10月1日以后仍在服刑的罪犯,如实供述司法机关还未掌握的本人其他罪行的,适用刑法第六十七条第二款的规定。

第 9 条　　《中华人民共和国刑法修正案（八）》条文说明、立法理由及相关规定

《最高人民法院、最高人民检察院、海关总署关于办理走私刑事案件适用法律若干问题的意见》

二十一、关于单位走私犯罪案件自首的认定问题

在办理单位走私犯罪案件中，对单位集体决定自首的，或者单位直接负责的主管人员自首的，应当认定单位自首。认定单位自首后，如实交代主要犯罪事实的单位负责的其他主管人员和其他直接责任人员，可视为自首，但对拒不交代主要犯罪事实或逃避法律追究的人员，不以自首论。

九、删去刑法第六十八条第二款。

【说明】

《刑法修正案（八）》修改后的刑法第 68 条条文为："犯罪分子有揭发他人犯罪行为，查证属实的，或者提供重要线索，从而得以侦破其他案件等立功表现的，可以从轻或者减轻处罚；有重大立功表现的，可以减轻或者免除处罚。"

根据本条规定，立功的主体是在案件侦查、审查起诉和庭审阶段的犯罪分子，其中庭审阶段包括一审庭审阶段和二审庭审阶段。犯罪分子"揭发他人犯罪行为"，是指犯罪分子归案以后，主动揭发其他人的犯罪行为，包括共同犯罪案件中的犯罪分子揭发同案犯共同犯罪以外的其他犯罪，这是立功的一种主要表现形式。揭发他人的犯罪行为，必须经过查证属实。"查证属实"，是指必须经过司法机关查证以后，证明犯罪分子揭发的情况确实属实。如果经过查证，犯罪分子揭发的情况不属实或者不属于犯罪行为，那么也不算是犯罪分子有立功表现。立功表现的另一表现形式是提供重要线索，从而得以侦破其他案件的。所谓"提供重要线索"，是指犯罪分子向司法机关提供未被司法机关掌握的重要犯罪线索，如证明犯罪行为的重要事实或提供有关证人等。这种提供必须是犯罪分子自身掌握的，是实事求是的，不能是编造的线索。使案件得以侦破，是指司法机关根据犯罪分子提供的线索，查清了犯罪事实，侦破了案件。除上述两种立功形式外，实践中有的犯罪分子还有其他有利于国家和社会的突出表现，如阻止他人犯罪活动、协助司

法机关抓捕其他犯罪分子(包括同案犯)等,也属于本条规定的立功。

根据本条规定,对于有立功表现的犯罪分子,可以从轻或者减轻处罚;对于有重大立功表现的,可以减轻或者免除处罚。所谓重大立功表现,是相对于一般立功表现而言,主要是指犯罪分子检举、揭发他人的重大犯罪行为,如揭发了一个犯罪集团或犯罪团伙,或者因提供了犯罪的重要线索,才使一个重大犯罪案件得以侦破;阻止他人重大犯罪活动;协助司法机关抓捕其他重大犯罪分子(包括同案犯);对国家和社会有其他重大贡献的等。一般而言,犯罪分子检举、揭发的他人犯罪,提供侦破其他案件的重要线索,阻止他人的犯罪活动,或者协助司法机关抓捕的其他犯罪嫌疑人,犯罪嫌疑人、被告人依法可能被判处无期徒刑以上刑罚的,应当认定为有重大立功表现。

在司法实践中应当注意,对于具有立功情节的犯罪分子,应当结合案件的性质、危害后果、犯罪分子的人身危险性等因素综合考虑,依法决定是否对其从轻、减轻或者免除处罚以及从轻、减轻处罚的幅度。对于自首后又有重大立功表现的犯罪分子,刑法虽然删除了应当减轻或者免除处罚的规定,但是考虑到这类犯罪分子具有了明显的悔罪表现,人身危险性有所降低,原则上还是应当结合案件具体情况减轻或者免除处罚;其中,对于罪该判处死刑立即执行的,可以根据情节判处死刑缓期执行、无期徒刑。

【立法理由】

《刑法修正案(八)》对刑法原第68条的规定进行了修改,删除了原第2款"犯罪后自首又有重大立功表现的,应当减轻或者免除处罚"的规定。

刑法原规定的目的是鼓励犯罪分子积极自首、立大功,从贯彻宽严相济刑事政策的角度来看,是正确的,在实践中也确实发挥了鼓励自首、立功和有效打击各类犯罪的作用。但是,原规定在司法实践执行中也出现了一些问题,主要是刑法中有部分犯罪的最高一档法定刑规定为"处十年以上有期徒刑或者无期徒刑"、"处十年以上有期徒刑、无期徒刑或者死刑",对于有些具有减轻处罚情节的犯罪分子,原本应当判处死刑或者无期徒刑的,减轻处罚之后只能判处10年以下有期徒刑,使得判决偏离了罪刑相适应的基本原则,也导致出现同一案件中不同犯罪分子刑罚悬殊的现象。比如,在共同犯罪案件中,同为主犯的数人中有一人具备自首又有重大立功的减轻处罚情节,在其他主犯被判处死刑或者无期徒刑的情况下,具备自首又有重大立功情节的主犯只被判处9年有期徒刑,与其他主犯的刑罚相比太轻。《刑法修正案(八)》对刑法原第63条第1款作出修改,明确规定犯罪分子具有减轻处罚情节的,应当在法定量刑幅度的下一个量刑幅度内判处刑罚之后,本款的修改就显得更加必要。因此,立法机关在广泛征求意见的基础上,经慎重研究,删去本款的规定。

在《刑法修正案(八)》起草和审议过程中,也有意见建议保留原规定并作适当修改,以利于鼓励立大功、分化、瓦解犯罪分子,从而节省司法资源。立法机关研究认为,刑法第67条和第68条第1款已经对自首和立功的从轻处罚作出了相应的规定,刑法第67条第1款规定"对于自首的犯罪分子,可以从轻或者减轻处罚。其中,犯罪较轻的,可以免除处罚",第68条第1款规定,犯罪分子有立功表现的,"可以从轻或者减轻处罚;有重大立功表现的,可以减轻或者免除处罚",以上两条的规定,足以满足处理不同情形案件的需要,发挥鼓励自首、立功和分化犯罪分子、打击犯罪的作用,因此删除第68条第2款的规定不会影响对自首、立功犯罪分子的从轻处理。

【相关规定】

《最高人民法院关于处理自首和立功若干具体问题的意见》

四、关于立功线索来源的具体认定

犯罪分子通过贿买、暴力、胁迫等非法手段,或者被羁押后与律师、亲友会见过程中违反监管规定,获取他人犯罪线索并"检举揭发"的,不能认定为有立功表现。

犯罪分子将本人以往查办犯罪职务活动中掌握的,或者从负有查办犯罪、监管职责的国家工作人员处获取的他人犯罪线索予以检举揭发的,不能认定为有立功表现。

犯罪分子亲友为使犯罪分子"立功",向司法机关提供他人犯罪线索、协助抓捕犯罪嫌疑人的,不能认定为犯罪分子有立功表现。

五、关于"协助抓捕其他犯罪嫌疑人"的具体认定

犯罪分子具有下列行为之一,使司法机关抓获其他犯罪嫌疑人的,属于《解释》第5条规定的"协助司法机关抓捕其他犯罪嫌疑人":1.按照司法机关的安排,以打电话、发信息等方式将其他犯罪嫌疑人(包括同案犯)约至指定地点的;2.按照司法机关的安排,当场指认、辨认其他犯罪嫌疑人(包括同案犯)的;3.带领侦查人员抓获其他犯罪嫌疑人(包括同案犯)的;4.提供司法机关尚未掌握的其他案件犯罪嫌疑人的联络方式、藏匿地址的,等等。

犯罪分子提供同案犯姓名、住址、体貌特征等基本情况,或者提供犯罪前、犯罪中掌握、使用的同案犯联络方式、藏匿地址,司法机关据此抓捕同案犯的,不能认定为协助司法机关抓捕同案犯。

六、关于立功线索的查证程序和具体认定

被告人在一、二审审理期间检举揭发他人犯罪行为或者提供侦破其他案件的重要线索,人民法院经审查认为该线索内容具体、指向明确的,应及时移交有关人民检察院或者公安机关依法处理。

侦查机关出具材料,表明在三个月内还不能查证并抓获被检举揭发的人,或者不能查实的,人民法院审理案件可不再等待查证结果。

被告人检举揭发他人犯罪行为或者提供侦破其他案件的重要线索经查证不属实,又重复提供同一线索,且没有提出新的证据材料的,可以不再查证。

根据被告人检举揭发破获的他人犯罪案件,如果已有审判结果,应当依据判决确认的事实认定是否查证属实;如果被检举揭发的他人犯罪案件尚未进入审判程序,可以依据侦查机关提供的书面查证情况认定是否查证属实。检举揭发的线索经查确有犯罪发生,或者确定了犯罪嫌疑人,可能构成重大立功,只是未能将犯罪嫌疑人抓获归案的,对可能判处死刑的被告人一般要留有余地,对其他被告人原则上应酌情从轻处罚。

被告人检举揭发或者协助抓获的人的行为构成犯罪,但因法定事由不追究刑事责任、不起诉、终止审理的,不影响对被告人立功表现的认定;被告人检举揭发或者协助抓获的人的行为应判处无期徒刑以上

刑罚，但因具有法定、酌定从宽情节，宣告刑为有期徒刑或者更轻刑罚的，不影响对被告人重大立功表现的认定。

七、关于自首、立功证据材料的审查

人民法院审查的自首证据材料，应当包括被告人投案经过、有罪供述以及能够证明其投案情况的其他材料。投案经过的内容一般应包括被告人投案时间、地点、方式等。证据材料应加盖接受被告人投案的单位的印章，并有接受人员签名。

人民法院审查的立功证据材料，一般应包括被告人检举揭发材料及证明其来源的材料、司法机关的调查核实材料、被检举揭发人的供述等。被检举揭发案件已立案、侦破，被检举揭发人被采取强制措施、公诉或者审判的，还应审查相关的法律文书。证据材料应加盖接收被告人检举揭发材料的单位的印章，并有接收人员签名。

人民法院经审查认为证明被告人自首、立功的材料不规范、不全面的，应当由检察机关、侦查机关予以完善或者提供补充材料。

上述证据材料在被告人被指控的犯罪一、二审审理时已形成的，应当经庭审质证。

八、关于对自首、立功的被告人的处罚

对具有自首、立功情节的被告人是否从宽处罚、从宽处罚的幅度，应当考虑其犯罪事实、犯罪性质、犯罪情节、危害后果、社会影响、被告人的主观恶性和人身危险性等。自首的还应考虑投案的主动性、供述的及时性和稳定性等。立功的还应考虑检举揭发罪行的轻重、被检举揭发的人可能或者已经被判处的刑罚、提供的线索对侦破案件或者协助抓捕其他犯罪嫌疑人所起作用的大小等。

具有自首或者立功情节的，一般应依法从轻、减轻处罚；犯罪情节较轻的，可以免除处罚。类似情况下，对具有自首情节的被告人的从宽幅度要适当宽于具有立功情节的被告人。

虽然具有自首或者立功情节，但犯罪情节特别恶劣、犯罪后果特别严重、被告人主观恶性深、人身危险性大，或者在犯罪前即为规避法律、逃避处罚而准备自首、立功的，可以不从宽处罚。

对于被告人具有自首、立功情节，同时又有累犯、毒品再犯等法定从重处罚情节的,既要考虑自首、立功的具体情节,又要考虑被告人的主观恶性、人身危险性等因素,综合分析判断,确定从宽或者从严处罚。累犯的前罪为非暴力犯罪的,一般可以从宽处罚,前罪为暴力犯罪或者前、后罪为同类犯罪的,可以不从宽处罚。

在共同犯罪案件中,对具有自首、立功情节的被告人的处罚,应注意共同犯罪人以及首要分子、主犯、从犯之间的量刑平衡。犯罪集团的首要分子、共同犯罪的主犯检举揭发或者协助司法机关抓捕同案地位、作用较次的犯罪分子的,从宽处罚与否应当从严掌握,如果从轻处罚可能导致全案量刑失衡的,一般不从轻处罚;如果检举揭发或者协助司法机关抓捕的是其他案件中罪行同样严重的犯罪分子,一般应依法从宽处罚。对于犯罪集团的一般成员、共同犯罪的从犯立功的,特别是协助抓捕首要分子、主犯的,应当充分体现政策,依法从宽处罚。

《最高人民法院、最高人民检察院关于办理职务犯罪案件认定自首、立功等量刑情节若干问题的意见》

二、关于立功的认定和处理

立功必须是犯罪分子本人实施的行为。为使犯罪分子得到从轻处理,犯罪分子的亲友直接向有关机关揭发他人犯罪行为,提供侦破其他案件的重要线索,或者协助司法机关抓捕其他犯罪嫌疑人的,不应当认定为犯罪分子的立功表现。

据以立功的他人罪行材料应当指明具体犯罪事实;据以立功的线索或者协助行为对于侦破案件或者抓捕犯罪嫌疑人要有实际作用。犯罪分子揭发他人犯罪行为时没有指明具体犯罪事实的;揭发的犯罪事实与查实的犯罪事实不具有关联性的;提供的线索或者协助行为对于其他案件的侦破或者其他犯罪嫌疑人的抓捕不具有实际作用的,不能认定为立功表现。

犯罪分子揭发他人犯罪行为,提供侦破其他案件重要线索的,必须经查证属实,才能认定为立功。审查是否构成立功,不仅要审查办案机关的说明材料,还要审查有关事实和证据以及与案件定性处罚相关的法律文书,如立案决定书、逮捕决定书、侦查终结报告、起诉意见书、起诉书或者判决书等。

据以立功的线索、材料来源有下列情形之一的,不能认定为立功:(1) 本人通过非法手段或者非法途径获取的;(2) 本人因原担任的查禁犯罪等职务获取的;(3) 他人违反监管规定向犯罪分子提供的;(4) 负有查禁犯罪活动职责的国家机关工作人员或者其他国家工作人员利用职务便利提供的。

犯罪分子检举、揭发的他人犯罪,提供侦破其他案件的重要线索,阻止他人的犯罪活动,或者协助司法机关抓捕的其他犯罪嫌疑人,犯罪嫌疑人、被告人依法可能被判处无期徒刑以上刑罚的,应当认定为有重大立功表现。其中,可能被判处无期徒刑以上刑罚,是指根据犯罪行为的事实、情节可能判处无期徒刑以上刑罚。案件已经判决的,以实际判处的刑罚为准。但是,根据犯罪行为的事实、情节应当判处无期徒刑以上刑罚,因被判刑人有法定情节经依法从轻、减轻处罚后判处有期徒刑的,应当认定为重大立功。

对于具有立功情节的犯罪分子,应当根据犯罪的事实、性质、情节和对于社会的危害程度,结合立功表现所起作用的大小、所破获案件的罪行轻重、所抓获犯罪嫌疑人可能判处的法定刑以及立功的时机等具体情节,依法决定是否从轻、减轻或者免除处罚以及从轻、减轻处罚的幅度。

《最高人民法院关于处理自首和立功具体应用法律若干问题的解释》

第五条 根据刑法第六十八条第一款的规定,犯罪分子到案后有检举、揭发他人犯罪行为,包括共同犯罪案件中的犯罪分子揭发同案犯共同犯罪以外的其他犯罪,经查证属实;提供侦破其他案件的重要线索,经查证属实;阻止他人犯罪活动;协助司法机关抓捕其他犯罪嫌疑人(包括同案犯);具有其他有利于国家和社会的突出表现的,应当认定为有立功表现。

第六条 共同犯罪案件的犯罪分子到案后,揭发同案犯共同犯罪事实的,可以酌情予以从轻处罚。

第七条 根据刑法第六十八条第一款的规定,犯罪分子有检举、揭发他人重大犯罪行为,经查证属实;提供侦破其他重大案件的重要线索,经查证属实;阻止他人重大犯罪活动;协助司法机关抓捕其他重大犯罪嫌疑人(包括同案犯);对国家和社会有其他重大贡献等表现的,应当认定为有重大立功表现。

前款所称"重大犯罪"、"重大案件"、"重大犯罪嫌疑人"的标准,一般是指犯罪嫌疑人、被告人可能被判处无期徒刑以上刑罚或者案件在本省、自治区、直辖市或者全国范围内有较大影响等情形。

《最高人民法院关于适用刑法时间效力规定若干问题的解释》

第五条 1997年9月30日以前犯罪的犯罪分子,有揭发他人犯罪行为,或者提供重要线索,从而得以侦破其他案件等立功表现的,适用刑法第六十八条的规定。

十、将刑法第六十九条修改为:"判决宣告以前一人犯数罪的,除判处死刑和无期徒刑的以外,应当在总和刑期以下、数刑中最高刑期以上,酌情决定执行的刑期,但是管制最高不能超过三年,拘役最高不能超过一年,有期徒刑总和刑期不满三十五年的,最高不能超过二十年,总和刑期在三十五年以上的,最高不能超过二十五年。

数罪中有判处附加刑的,附加刑仍须执行,其中附加刑种类相同的,合并执行,种类不同的,分别执行。"

【说明】

《刑法》第69条共分两款。

第1款是关于判决宣告以前一人犯数罪的,应当如何决定执行刑罚的规定。数罪并罚主要是解决判决宣告以前一人犯了两种或两种以上不同的罪,应当如何决定执行刑罚的问题。根据本条第1款的规定,对于判决宣告之前,一人犯有两种或两种以上不同的罪,总的处罚原则是:在总和刑期以下,数刑中最高刑期以上酌情决定执行的刑期。"总和刑期",是指将犯罪分子的各个不同的罪,分别依照刑法确定刑期后相加得出的刑期总数。"数刑中最高刑"是指对数个犯罪确定的刑期中最长的刑期。对于被告人犯有数罪的,人民法院在量刑时,应当先就数罪中的每一种犯罪分别量刑,然后再把每罪判处的刑罚相加,计算出总和刑期,最后在数罪中的最高刑期以上和数罪总和刑期以下,决定执行的刑罚。如被告人在判决宣告之前犯有强奸罪和抢劫罪,强奸罪判处有期徒刑 10 年,抢劫罪判处有期徒刑 8 年,这两种罪最高刑期为 10 年,总和刑期为 18 年,人民法院应当在 10 年以上 18 年以下决定应执行的刑期。

人民法院根据本款规定适用数罪并罚原则时,应当注意以下几点:

1. 对于犯罪分子犯有数罪的,都应对各罪分别作出判决,而不能"估堆"判处刑罚。对犯罪分子的各罪判处的刑罚中,有死刑或者无期徒刑的,应当执行死刑或者无期徒刑。

2. 对于数个罪都是被判处有期徒刑的,将每个犯罪判处的有期徒刑期限相加计算得出总和刑期,对于总和刑期不满 35 年的,数罪并罚的期限不能超过 20 年,即在数刑中最高刑以上 20 年以下决定执行的刑期。对于总和刑期等于或者超过 35 年的,数罪并罚的期限最高不能超过 25 年,即在数刑中最高刑以上 25 年以下决定执行的刑期。对于数个罪都是被判处管制的,不论管制的总和刑期多少年,决定执行的管制刑期最高不能超过 3 年。对于数个罪都是被判处拘役的,不论拘役的总和刑期多少年,决定执行的拘役刑期不能超过 1 年。

第 2 款是关于数罪中有判处附加刑的,附加刑如何执行的规定。根据本款规定,在数罪中有一个罪判处附加刑,或者数罪都判处附加刑,附加刑种类相同的,合并之后一并执行,种类不同的,同时或者依次分别执行。"合并执行",是指对于种类相同的多个附加刑,期限或者数额相加之后一并执行,比如同时判处多个罚金刑的,罚金数额相加之后一并执行,同时判处多个剥夺政治权利的,将数个剥夺政治权利的期限相加执行。需要注意的是,相同种类的多个附加刑并不适用限制加重原则。

【立法理由】

《刑法修正案(八)》对《刑法》第 69 条的规定进行了两处修改:一是将第 1 款中"有期徒刑最高不能超过二十年"修改为"有期徒刑总和刑期不满三十五年的,最高不能超过二十年,总和刑期在三十五年以上的,最高不能超过二十五年"。二是在第 2 款增加了"附加刑种类相同的,合并执行,种类不同的,分别执行"的规定。

第69条的修改是落实宽严相济的刑事政策，从调整刑罚结构，贯彻罪刑相适应原则的角度作出的。无论是1979年《刑法》还是1997年《刑法》都规定，有期徒刑数罪并罚最高不能超过20年，从执行中的情况来看，这一规定总体上可以适应司法实践的需要，能够达到惩罚、教育和改造犯罪分子的目的。但是，该规定在司法实践中也出现了一些问题，集中表现为，如果一个犯罪分子的多个罪名均被判处较长期限的有期徒刑，数罪并罚之后实际执行的刑期过短，就不能体现罪刑相适应原则，比如，张某犯故意伤害罪、盗窃罪和抢劫罪3个罪名，因故意伤害罪被判处有期徒刑10年，因盗窃罪被判处有期徒刑12年，因抢劫罪被判处有期徒刑14年，数罪并罚总和刑期达到36年，依照原来的规定，数罪并罚对张某最长只能执行20年有期徒刑。对于这类罪行严重，且有数罪在身的犯罪分子，执行刑罚期限过短，难以起到惩戒作用和实现刑罚目的。对此，有关方面和部分全国人大代表建议，延长数罪并罚有期徒刑的执行上限，加大对罪行严重犯罪分子的处罚力度。立法机关经研究，对本条的规定作出修改，将一人犯数罪，总和刑期在35年以上的，数罪并罚执行有期徒刑的上限延长至25年，对于总和刑期不满35年的，数罪并罚执行有期徒刑的上限仍然为20年。对于上述张某的案例，按照修改后的规定，张某的总和刑期已经超过了35年，就可以对其最高执行25年有期徒刑，体现了罪刑相适应原则的要求。

在《刑法修正案（八）》起草和审议过程中，有意见建议删去"有期徒刑总和刑期在三十五年以上"的限制，直接将有期徒刑数罪并罚的上限提高至25年，还有的建议进一步提高至30年、35年甚至更长。立法机关研究后认为，一般情况下，数罪并罚有期徒刑的上限规定为20年，可以满足惩罚与改造犯罪分子的要求，从司法统计数据分析，执行10年以上有期徒刑的犯罪分子在刑罚执行完毕之后再犯罪的比率很低，可以认为已经达到了适用刑罚的目的。如果统一将有期徒刑数罪并罚的期限延长至25年，涉及面会很大，将会有很大一部分根据规定执行20年以下有期徒刑犯罪分子的执行期限会延长至20年以上，在执行较短期限有期徒刑足以实现刑罚目的的情况下，延长刑罚期限将会产生适用刑罚过度的问题，不利于犯罪人回归社会，也会加大监管机构的执行压力和行刑成本。基于上述考虑,立法机关区分不同情况,对于为数不多的罪行严重,有期徒刑总和刑期在35年以上(含35年)的犯罪分子,数罪并罚执行刑期的上限延长至25年,对于总和刑期不满35年,数罪并罚的上限维持不变。这样,既能更好地体现罪刑相适应的原则,也防止了大面积延长刑期的情况发生。

《刑法修正案(八)》对《刑法》第69条第2款的修改,主要是为了明确实践中判处多个附加刑如何并罚的问题。原条款只规定"如果数罪中有判处附加刑的,附加刑仍须执行",但是对于判处多个相同种类的附加刑是否适用限制加重原则以及如何执行多个不同种类的附加刑未作规定,司法实践中执行情况也不统一。为了解决上述问题,本次修改明确规定,判处多个附加刑的,其中附加刑种类相同的,合并执行,种类不同的,分别执行。

十一、将刑法第七十二条修改为:"对于被判处拘役、三年以下有期徒刑的犯罪分子,同时符合下列条件的,可以宣告缓刑,对其中不满十八周岁的人、怀孕的妇女和已满七十五周岁的人,应当宣告缓刑:

(一)犯罪情节较轻;

(二)有悔罪表现;

(三)没有再犯罪的危险;

(四)宣告缓刑对所居住社区没有重大不良影响。

宣告缓刑,可以根据犯罪情况,同时禁止犯罪分子在缓刑考验期限内从事特定活动,进入特定区域、场所,接触特定的人。

被宣告缓刑的犯罪分子,如果被判处附加刑,附加刑仍须执行。"

【说明】

本条共分3款。

第1款是关于适用缓刑的对象和适用缓刑的条件的规定。

根据本款规定,适用缓刑的前提有两个:一是适用缓刑的对象,必须是被判处拘役、3年以下有期徒刑的特定的犯罪分子。二是同时符合犯罪情节较轻、有悔罪表现、没有再犯罪的危险、宣告缓刑对所居住社区没有重大不良影响四项条件。是否可以适用缓刑的关键，是看适用缓刑的犯罪分子是否具有社会危害性，只有不予关押不会危害社会的，才能适用缓刑。如果犯罪分子有可能危害社会，即使是被判处拘役、3年以下有期徒刑，也不能适用缓刑。是否具有社会危害性，应当根据犯罪分子的犯罪情节、悔罪表现、有无再犯罪的危险，以及宣告缓刑是否会对所居住社区造成重大不良影响四个条件综合加以判断。"犯罪情节较轻"，是指犯罪人的行为性质不严重、犯罪情节不恶劣，如果犯罪情节恶劣、性质严重，则不能适用缓刑；"有悔罪表现"，是指犯罪人对于其犯罪行为能够认识到错误，真诚悔悟并有悔改的意愿和行为，比如积极向被害人道歉、赔偿被害人的损失、获取被害人的谅解等；"没有再犯罪的危险"，是指对犯罪人适用缓刑，其不会再次犯罪，如果犯罪人有可能再次侵害被害人，或者是由于生活条件、环境的影响而可能再次犯罪，比如犯罪人为常习犯等，则不能对其适用缓刑；"宣告缓刑对所居住社区没有重大不良影响"，是指对犯罪人适用缓刑不会对其所居住社区的安全、秩序和稳定带来重大不良影响，这种影响必须是重大的、现实的影响，具体情形由法官根据个案情况来判断。适用缓刑的两个前提必须同时具备，缺一不可。如果根据案件的具体情节和罪犯的表现，不关押不足以教育改造和预防犯罪，就不能适用缓刑；或者罪犯虽然不再具有社会危害性，但判刑较重，超过3年有期徒刑的，也不能适用缓刑。

对于一般主体，符合适用缓刑条件的，法律规定可以适用缓刑，从而赋予法官一定的自由裁量权，法官依据案件情况决定宣告缓刑，也可以不适用缓刑。但是，根据修改后的规定，对于符合上述适用缓刑条件的不满18周岁的人、怀孕的妇女和已满75周岁的人三类主体，法律规定应当宣告缓刑，即只要符合适用缓刑条件的，就应当适用缓刑。需要指出的是，这三类主体适用缓刑也必须是被判处拘役、3年以下有期徒刑，同时符合犯罪情节较轻、有悔罪表现、没有再犯罪的危险、宣告缓刑对所居住社区没有重大不良影响四项条件，如果不符合上述条件，也不能宣告缓刑。

第2款是关于对宣告缓刑的犯罪分子，可以根据案件情况附加禁止令的规定。

为了维护社会稳定，保护被害人、证人的人身安全，同时为了帮助适用缓刑的犯罪分子改过自新，防止其再次犯罪，法律规定法官可以用禁止令的方式，对于被宣告缓刑的犯罪分子，有针对性地在缓刑考验期限内进行一定的约束。禁止令的内容应体现在判决中，具有强制性的法律效力，犯罪分子必须遵守。这里所规定的"根据犯罪情况"，主要是指根据犯罪分子的犯罪情节、生活环境、是否有不良癖好等确定禁止令的内容。禁止令限定的"特定活动"、"特定的区域、场所"、"特定的人"，应当与原犯罪有关联，防止引发被宣告缓刑犯罪分子的再次犯罪，或者是为了确保犯罪分子遵守非监禁刑所要求的相关义务，总之，禁止令的内容应当有正当理由或者是基于合理推断，而不能随意规定。比如"特定的活动"，应是与原犯罪行为相关联的活动；"特定的人"，应是原犯罪行为的被害人及其近亲属、特定的证人等；"特定的区域、场所"，应是原犯罪的区域、场所以及与原犯罪场所相类似的场所、区域等。本条款为选择性适用规定，由法官决定在宣告缓刑的同时，是否有必要规定禁止令；如果法官认为没有必要，则可以不作规定。

第3款是关于被宣告缓刑的犯罪分子，如果被判处附加刑，附加刑仍须执行的规定。

【立法理由】

《刑法修正案（八）》对刑法原第72条的规定进行了三处修改：一是对本条第1款适用缓刑的条件作了修改，将"根据犯罪分子的犯罪情节和悔罪表现，适用缓刑确实不致再危害社会的"修改为同时符合"犯罪情节较轻"、"有悔罪表现"、"没有再犯罪的危险"、"宣告缓刑对所居住社区没有重大不良影响"四项条件。二是明确对于符合缓刑条件的不满18周岁的人、怀孕的妇女和已满75周岁的人三类主体，应当宣告缓刑。三是增加规定对宣告缓刑的犯罪分子，人民法院可以根据犯罪情况同时对其在缓刑考验期限内的行为作出限制，禁止其"从事特定活动，进入特定区域、场所，接触特定的人"。

第72条的修改主要是落实宽严相济的刑事政策，根据司法实践的需要，完善非监禁刑的适用，进一步体现我国刑法的人道主义和社会文明进步。适用缓刑对于感化、挽救和改造犯罪人、化解社会矛盾等具有重要的积极意义。从这些年的实践情况看,缓刑制度设计总体上是好的,体现了宽严相济的刑事政策,有利于化解社会矛盾,也有利于犯罪人回归社会。但是这项制度在执行中也出现了一些问题,主要是:原条文规定的"适用缓刑确实不致再危害社会"的条件,从实践执行来看过于笼统、抽象,何为"确实不致再危害社会",不易判断和执行,在个别地方,由于担心被告人适用缓刑之后可能出现其他违法犯罪行为危害社会,法官不愿、不敢适用缓刑,导致缓刑适用率相对较低;有些被宣告缓刑的犯罪分子,由于在缓刑考验期限内对其缺乏有效的监督和管理,出现了缓而不管的现象,没有发挥好缓刑制度教育和改造犯罪分子的作用,妨碍了缓刑制度积极作用的发挥。

针对这些问题,有关方面提出,应当进一步明确缓刑适用条件,以利于操作,对此,《刑法修正案(八)》作出修改,列明了适用缓刑的四项具体条件,对于同时符合这些条件的犯罪分子可以适用缓刑。考虑到不满18周岁的人、怀孕的妇女和已满75周岁的人三类主体的特殊情况,从加强对未成年人、未出生婴儿保护的角度,基于人道主义对老年人从宽处理的角度,增加规定,对于符合缓刑条件的上述三类主体,应当宣告缓刑。同时考虑到扩大非监禁刑适用,应当完善和加强非监禁刑对于教育、改造罪犯,预防再犯罪的实效和功能,非监禁刑刑罚功能的完善是扩大非监禁刑适用的前提和基础。《刑法修正案(八)》增加规定,对宣告缓刑的犯罪分子,人民法院可以根据犯罪情况在判决的同时,禁止其"从事特定活动,进入特定区域、场所,接触特定的人"。这样规定,既有利于发挥缓刑的作用,也是刑罚个别化的有益尝试。

在《刑法修正案(八)》起草和审议过程中,有的意见认为,本条规定的"没有再犯罪的危险"主观性太强。立法机关经研究认为,适用缓刑的基本要求是犯罪人不再具有社会危害性,对于犯罪人是否仍具有社会危害性,并没有绝对客观的、确定性的判断标准,而只能交由法官根据个案情况判断。法官应根据案件和犯罪人的具体情况,综合各方面因素考虑,如果认为犯罪人的人身危险性低,不具有再犯罪的动机或者可能性,即可以认为"没有再犯罪的危险"。还有意见认为,"宣告缓刑对所居住社区没有重大不良影响",可能会使法官的决定受社区意见影响，从而影响缓刑的适用。立法机关研究认为，这一规定是立足于我国经济社会发展的现实情况，从有利于对犯罪分子的监管和改造，有利于社区广大居民能够安居乐业的角度作出的。因此，在适用缓刑制度时，既要考虑被告人的个人情况，又要考虑适用缓刑对社会的影响，否则就不能达到适用缓刑的目的和社会效果。当然，可能对社会造成的不良影响必须是重大的，才能成为不适用缓刑的条件，如果只是一般的影响，则不影响缓刑的适用。

【相关规定】

《最高人民法院关于审理未成年人刑事案件具体应用法律若干问题的解释》

第十六条 对未成年罪犯符合刑法第七十二条第一款规定的，可以宣告缓刑。如果同时具有下列情形之一，对其适用缓刑确实不致再危害社会的，应当宣告缓刑：

（一）初次犯罪；

（二）积极退赃或赔偿被害人经济损失；

（三）具备监护、帮教条件。

《最高人民检察院法律政策研究室关于对数罪并罚决定执行刑期为三年以下有期徒刑的犯罪分子能否适用缓刑问题的复函》

根据刑法第七十二条的规定，可以适用缓刑的对象是被判处拘役、三年以下有期徒刑的犯罪分子；条件是根据犯罪分子的犯罪情节和悔罪表现，适用缓刑确实不致再危害社会。对于判决宣告以前犯数罪的犯罪分子，只要判决执行的刑罚为拘役、三年以下有期徒刑，且符合根据犯罪分子的犯罪情节和悔罪表现，适用缓刑确实不致再危害社会的案件，依法可以适用缓刑。

十二、将刑法第七十四条修改为："对于累犯和犯罪集团的首要分子，不适用缓刑。"

【说明】

根据《刑法》第72条的规定，对于累犯和犯罪集团的首要分子，不适用缓刑。对于累犯不适用缓刑，体现了对累犯从严管理、从重打击的精神。这样规定,并不意味着累犯就没有出路了,累犯可以在狱中好好改造,认真悔过,如果表现良好,还可以获得减刑等。本条规定的"犯罪集团",是指《刑法》第 26 条规定的,3 人以上为共同实施犯罪而组成的较为固定的犯罪组织。"犯罪集团的首要分子",是指在犯罪集团进行犯罪活动中起组织、领导作用的主要犯罪分子。

【立法理由】

累犯的概念在《刑法》第 65 条已经阐述过,由于累犯主观恶性大,具有屡教不改的特点,对社会危害性很大,如果不关押执行,而适用缓刑任其在社会上游荡,会有再次危害社会的危险性。《刑法修正案(八)》对本条作了修改,增加了关于犯罪集团的首要分子不适用缓刑的规定。为进一步落实宽严相济的刑事政策,考虑到犯罪集团的首要分子在犯罪集团中起组织、领导作用,这类犯罪集团经常多次犯罪,有些犯罪行为性质恶劣,对社会危害严重,犯罪集团的首要分子主观恶性极大,需要依法予以严惩,如果构成犯罪,依法被判处拘役或者 3 年以下有期徒刑,不能依据第 72 条的规定适用缓刑,应当予以实际执行。因此,《刑法修正案(八)》增加了这一规定,体现了对犯罪集团首要分子从严惩处的精神。本条规定与《刑法》第 72 条关于缓刑适用条件的规定相衔接,明确了适用和不适用缓刑的两种情况,完善了我国《刑法》有关缓刑条件的法律制度。

【相关规定】

《中华人民共和国刑法》

第二十六条　组织、领导犯罪集团进行犯罪活动的或者在共同犯罪中起主要作用的,是主犯。

三个以上为共同实施犯罪而组成的较为固定的犯罪组织,是犯罪集团。

对组织、领导犯罪集团的首要分子,按照集团所犯的全部罪行处罚。

对于第三款规定以外的主犯,应当按照其所参与的或者组织、指挥的全部犯罪处罚。

第六十五条　被判处有期徒刑以上刑罚的犯罪分子,刑罚执行完毕或者赦免以后,在五年以内再犯应当判处有期徒刑以上刑罚之罪的,是累犯,应当从重处罚,但是过失犯罪和不满十八周岁的人犯罪的除外。

前款规定的期限,对于被假释的犯罪分子,从假释期满之日起计算。

十三、将刑法第七十六条修改为:"对宣告缓刑的犯罪分子,在缓刑考验期限内,依法实行社区矫正,如果没有本法第七十七条规定的情形,缓刑考验期满,原判的刑罚就不再执行,并公开予以宣告。"

【说明】

《刑法》第76条是关于对宣告缓刑的犯罪分子实行社区矫正以及缓刑考验期满应如何处理的规定。

根据本条规定,被宣告缓刑的犯罪分子,在缓刑考验期限内依法实行社区矫正。缓刑是对符合条件的犯罪分子在一定期限内暂不关押、予以考察的刑罚执行制度。作为一种非监禁的刑罚执行方式,缓刑充分体现了宽严相济的刑事政策,对于教育改造犯罪情节相对较轻的犯罪分子,鼓励其回归社会,最大限度化消极因素为积极因素,促进社会和谐,具有重要意义。正在进行的深化司法体制和工作机制改革也提出要扩大缓刑制度的适用范围。缓刑要取得好的社会效果,一个很重要的方面在于对处于缓刑考验期的犯罪分子予以有效地监督、管理和教育改造,而不是一放了之。近年来,在社区矫正试点工作中,由社区矫正组织对缓刑的犯罪分子进行监督和管理,是新的社会条件下探索改进缓刑犯罪分子监督管理工作的有益尝试,实际上加强了对这部分犯罪分子的管理和教育改造的力度,这也为进一步扩大缓刑适用范围创造了条件。

被宣告缓刑的犯罪分子,在社区矫正期间遵守有关监督管理规定,没有本法第77条规定的撤销缓刑的情形,如没有犯新罪,发现漏罪,违反法律、行政法规或者国务院有关部门关于缓刑的监督管理规定的,表明其在考验期间的教育改造取得了成效,人身危险性得以消除,原判刑罚就不需要再执行。对此,有关方面应当向犯罪分子及其所在单位、居住地的居委会、村委会公开予以宣告。

【立法理由】

　　本条原规定，被宣告缓刑的犯罪分子，在缓刑考验期限内，由公安机关考察，所在单位或者基层组织予以配合，如果没有刑法第77条规定的情形，缓刑考验期满，原判的刑罚就不再执行，并公开予以宣告。《刑法修正案（八）》将该规定修改为，对宣告缓刑的犯罪分子，在缓刑考验期限内，依法实行社区矫正，如果没有本法第77条规定的情形，缓刑考验期满，原判的刑罚就不再执行，并公开予以宣告。即将原来规定的"由公安机关考察"修改为"依法实行社区矫正"。

　　这一修改，主要是考虑到社区矫正试点工作的实际情况，并与正在起草当中的社区矫正法相衔接。有关方面提出，2003年以来，有关部门在一些地方开展社区矫正试点工作，各方面反映较好，2009年，有关部门又进一步在全国试行社区矫正。社区矫正是非监禁刑罚执行方式，是指将符合法定条件的罪犯置于社区内，由专门的国家机关在相关社会团体、民间组织和社会志愿者的协助下，在判决、裁定或决定确定的期限内，矫正其犯罪心理和行为恶习，促进其顺利回归社会的非监禁刑罚执行活动。目前正在试行当中的社区矫正对象中，就包括被适用缓刑的犯罪分子。因此，本条的规定，为通过社区矫正，对被适用缓刑的犯罪分子依法实行教育、管理和监督提供了必要的法律依据。关于社区矫正的具体做法，可以在总结试行经验的基础上，在将来出台的社区矫正法当中作出具体规定。

　　需要注意的是，刑法关于缓刑考察机关的修改，并不是简单地将考察机关由一个部门更换为另一个部门。社区矫正是一项综合性很强的工作，需要各有关部门分工配合，并充分动员社会各方面力量，共同做好工作。虽然《刑法修正案（八）》将刑法原来规定的"由公安机关考察"修改为"依法实行社区矫正"，并非意味着公安机关不再承担对被适用缓刑的犯罪分子的监督管理职责。在正在试行的社区矫正工作中，公安机关承担着重要监督管理职责。将来出台社区矫正法以后，公安机关作为主要的社会治安管理部门，仍然需要承担相应的职责，发挥重要作用。

第13条　《中华人民共和国刑法修正案(八)》条文说明、立法理由及相关规定

【相关规定】

《最高人民法院、最高人民检察院、公安部、司法部关于开展社区矫正试点工作的通知》

社区矫正是与监禁矫正相对的行刑方式,是指将符合社区矫正条件的罪犯置于社区内,由专门的国家机关在相关社会团体和民间组织以及社会志愿者的协助下,在判决、裁定或决定确定的期限内,矫正其犯罪心理和行为恶习,并促进其顺利回归社会的非监禁刑罚执行活动。社区矫正是积极利用各种社会资源、整合社会各方面力量,对罪行较轻、主观恶性较小、社会危害性不大的罪犯或者经过监管改造、确有悔改表现、不致再危害社会的罪犯在社区中进行有针对性管理、教育和改造的工作,是当今世界各国刑罚制度发展的趋势。为了适应我国政治、经济、社会及文化的发展要求,有必要开展社区矫正试点工作,积极探索刑罚执行制度改革。

……

二、社区矫正的适用范围和任务

(一)社区矫正的适用范围

根据我国现行法律的规定,社区矫正的适用范围主要包括下列5种罪犯:

1. 被判处管制的。
2. 被宣告缓刑的。
3. 被暂予监外执行的,具体包括:
(1)有严重疾病需要保外就医的;
(2)怀孕或者正在哺乳自己婴儿的妇女;
(3)生活不能自理,适用暂予监外执行不致危害社会的。
4. 被裁定假释的。
5. 被剥夺政治权利,并在社会上服刑的。

在符合上述条件的情况下,对于罪行轻微、主观恶性不大的未成年犯、老病残犯,以及罪行较轻的初犯、过失犯等,应当作为重点对象,适用上述非监禁措施,实施社区矫正。

《最高人民法院、最高人民检察院、公安部、司法部关于在全国试行社区矫正工作的意见》

三、全面试行社区矫正工作的主要任务

试点省(区、市)要积极探索社区矫正工作规律,总结完善社区矫正试点经验,研究解决试点工作中的困难和问题,尚未在全辖区试行社区矫正工作的,要在全辖区试行社区矫正工作。非试点省(区、市)要借鉴试点地区的有益经验,认真研究制定开展社区矫正工作的具体意见和方案,视情况可以先行试点再全面试行,条件具备的也可以直接在全辖区试行。

十四、将刑法第七十七条第二款修改为:"被宣告缓刑的犯罪分子,在缓刑考验期限内,违反法律、行政法规或者国务院有关部门关于缓刑的监督管理规定,或者违反人民法院判决中的禁止令,情节严重的,应当撤销缓刑,执行原判刑罚。"

【说明】

《刑法修正案(八)》修改后的《刑法》第77条条文为:"被宣告缓刑的犯罪分子,在缓刑考验期限内犯新罪或者发现判决宣告以前还有其他罪没有判决的,应当撤销缓刑,对新犯的罪或者新发现的罪作出判决,把前罪和后罪所判处的刑罚,依照本法第六十九条的规定,决定执行的刑罚。

被宣告缓刑的犯罪分子,在缓刑考验期限内,违反法律、行政法规或者国务院有关部门关于缓刑的监督管理规定,或者违反人民法院判决中的禁止令,情节严重的,应当撤销缓刑,执行原判刑罚。"

刑法第77条是关于撤销缓刑的规定。共分两款。

第1款是关于犯罪分子在缓刑考验期间再犯新罪或者发现漏罪的如何处理的规定。根据本款的规定,只要被宣告缓刑的犯罪分子在缓刑考验期限内犯新罪或者发现判决宣告以前还有其他罪没有判决的,就应当撤销缓刑,然后对新犯的罪和发现的漏罪作出判决,依照《刑法》第69条数罪并罚的规定,决定执行的刑罚。根据《刑法》第73条的规定,缓刑考验期限从判决确定之日起计算。所谓判决确定之日,就是指判决生效之日。这里所说的"在考验期限内又犯新罪",是指缓刑犯在缓刑考验期限内又实施了新的犯罪行为。所说的"发现判决宣告以前还有其他罪没有判决"的,是指对犯罪分子宣告缓刑后,发现有漏罪没有判决的情况。

第2款是关于缓刑考验期间因违反有关监管规定,撤销缓刑的规定。根据本款规定,被判处缓刑的犯罪分子,在缓刑考验期限内违反法律、行政法规或者国务院有关部门关于缓刑的监督管理的规定,或者违反人民法院判决中的禁止令,情节严重但还未构成犯罪的,也应当撤销缓刑,收监执行原判刑罚。这一规定促使犯罪分子遵纪守法、接受改造,也解决了实践中对于大错不犯、小错不断的缓刑犯如何处理的法律依据问题。

【立法理由】

《刑法修正案(八)》对《刑法》第77条第2款的规定作了修改。本条原第2款规定,被宣告缓刑的犯罪分子,在缓刑考验期限内,违反法律、行政法规或者国务院公安部门有关缓刑的监督管理规定,情节严重的,应当撤销缓刑,执行原判刑罚。《刑法修正案(八)》的主要修改,一是将其中的"国务院公安部门有关缓刑的监督管理规定"修改为"国务院有关部门关于缓刑的监督管理规定";二是在撤销缓刑的情形中增加了"违反人民法院判决中的禁止令"的规定。前一处修改是因为《刑法修正案(八)》已经将《刑法》第76条关于缓刑"由公安机关考察"修改为"实行社区矫正"。这样,"国务院公安部门有关缓刑的监督管理规定"也需要作相应修改。后一处修改是因为《刑法修正案(八)》对《刑法》第72条作了修改,增加规定人民法院对于宣告缓刑的犯罪分子,可以作出禁止令,禁止其在缓刑考验期限内"从事特定活动,进入特定区域、场所,接触特定的人"。为了与之衔接,需要对违反人民法院判决中禁止令的法律后果作出相应规定。

【相关规定】

《最高人民法院关于撤销缓刑时罪犯在宣告缓刑前羁押的时间能否折抵刑期问题的批复》

根据刑法第七十七条的规定,对被宣告缓刑的犯罪分子撤销缓刑执行原判刑罚的,对其在宣告缓刑前羁押的时间应当折抵刑期。

《最高人民法院关于适用刑法时间效力规定若干问题的解释》

第六条 1997年9月30日以前犯罪被宣告缓刑的犯罪分子,在1997年10月1日以后的缓刑考验期间又犯新罪、被发现漏罪或者违反法律、行政法规或者国务院公安部门有关缓刑的监督管理规定,情节严重的,适用刑法第七十七条的规定,撤销缓刑。

十五、将刑法第七十八条第二款修改为:"减刑以后实际执行的刑期不能少于下列期限:

(一)判处管制、拘役、有期徒刑的,不能少于原判刑期的二分之一;

(二)判处无期徒刑的,不能少于十三年;

(三)人民法院依照本法第五十条第二款规定限制减刑的死刑缓期执行的犯罪分子,缓期执行期满后依法减为无期徒刑的,不能少于二十五年,缓期执行期满后依法减为二十五年有期徒刑的,不能少于二十年。"

【说明】

《刑法修正案(八)》修改后的《刑法》第72条条文为:"被判处管制、拘役、有期徒刑、无期徒刑的犯罪分子,在执行期间,如果认真遵守监规,接受教育改造,确有悔改表现的,或者有立功表现的,可以减刑;有下列重大立功表现之一的,应当减刑:

(一)阻止他人重大犯罪活动的;

(二)检举监狱内外重大犯罪活动,经查证属实的;

(三)有发明创造或者重大技术革新的;

(四)在日常生产、生活中舍己救人的;

(五)在抗御自然灾害或者排除重大事故中,有突出表现的;

(六)对国家和社会有其他重大贡献的。

减刑以后实际执行的刑期不能少于下列期限:

(一)判处管制、拘役、有期徒刑的,不能少于原判刑期的二分之一;

(二)判处无期徒刑的,不能少于十三年;

（三）人民法院依照本法第五十条第二款规定限制减刑的死刑缓期执行的犯罪分子，缓期执行期满后依法减为无期徒刑的，不能少于二十五年，缓期执行期满后依法减为二十五年有期徒刑的，不能少于二十年。"

本条共分两款。

第1款是关于减刑对象和条件的规定。本款规定包括两个方面：

1. 减刑的对象是被判处管制、拘役、有期徒刑、无期徒刑的犯罪分子，也就是说，被判处这类刑罚的犯罪分子，在执行刑罚期间，只要符合减刑条件的，都可能成为减刑的对象。这一规定有利于犯罪分子认罪服法，接受改造。

2. 减刑的条件分为两类：

第一类是有悔改或者立功表现的可以减刑。"遵守监规，接受教育改造，确有悔改表现的"，是指在服刑期间积极参加政治、文化、技术学习，积极参加生产劳动，完成或者超额完成生产任务，认罪服法等。根据1997年《最高人民法院关于办理减刑、假释案件具体应用法律若干问题的规定》，"确有悔改表现"是指同时具备如下四个方面情形：认罪服法；认真遵守监规，接受教育改造；积极参加政治、文化、技术学习；积极参加劳动，完成生产任务。"立功表现"包括下列情形：（1）检举、揭发监内外犯罪活动，或者提供重要的破案线索，经查证属实的；（2）阻止他人犯罪活动的；（3）在生产、科研中进行技术革新，成绩突出的；（4）在抢险救灾或者排除重大事故中表现积极的；（5）有其他有利于国家和社会的突出事迹。只要犯罪分子在执行期间符合上述减刑条件，就可以减刑。

第二类是属于重大立功表现应当减刑的。根据本款规定，有下列重大立功表现之一的，应当予以减刑：（1）阻止他人重大犯罪活动的；（2）检举监狱内外重大犯罪活动，经查证属实的；（3）有发明创造或者重大技术革新的；（4）在日常生产、生活中舍己救人的；（5）在抗御自然灾害或者排除重大事故中，有突出表现的；（6）对国家和社会有其他重大贡献的。

第2款是关于减刑后实际执行刑期的具体规定。本款规定包括三个方面：

1. 判处管制、拘役、有期徒刑的，最低实际执行刑期不能少于原判刑期的二分之一。

2. 判处无期徒刑的，最低实际执行刑期不能少于13年。《刑法修正案（八）》对无期徒刑减刑后最低实际执行的刑期作了修改，由10年提高到13年。这样修改主要考虑，一是判处无期徒刑的罪犯属严重犯罪的罪犯，根据罪刑相适应原则，可以适当将最低执行期限提高到13年。二是《刑法修正案（八）》对《刑法》第69条作了修改，对数罪并罚后总和刑期在35年以上的，执行的刑期最高可达25年，其减刑后实际执行的刑期就要超过10年。本项如果不作修改，将会出现被判处无期徒刑的犯罪分子的实际执行刑期比被判处有期徒刑的犯罪分子的实际执行刑期短的情况，从罪刑相适应原则以及维护刑罚结构合理性的角度，有必要提高被判处无期徒刑的犯罪分子的最低实际执行刑期。

3. 人民法院依照《刑法》第50条第2款规定限制减刑的死刑缓期执行的犯罪分子，缓期执行期满后依法减为无期徒刑的，最低实际执行刑期不能少于25年，缓期执行期满后依法减为25年有期徒刑的，最低实际执行刑期不能少于20年。结合《刑法修正案（八）》对《刑法》第50条的修改，这部分人是指被判处死刑缓期执行并限制减刑的累犯以及因故意杀人、强奸、抢劫、绑架、放火、爆炸、投放危险物质或者有组织的暴力性犯罪罪犯。本项规定是《刑法修正案（八）》新增加的内容。在研究过程中，有的意见提出，1997年《刑法》对死刑缓期执行罪犯减刑后的最低实际执行刑期未作规定，在实际执行中，死缓罪犯平均执行的刑期与无期徒刑罪犯平均执行刑期相差无几，建议明确被判处死刑缓期执行的罪犯的最低实际执行刑期。经反复慎重研究，根据宽严相济刑事政策的要求，延长死缓罪犯被减刑后的实际执行刑期，应主要针对被判处死刑缓期执行并限制减刑的累犯以及因故意杀人、强奸、抢劫、绑架、放火、爆炸、投放危险物质或者有组织的暴力性犯罪罪犯，不宜普遍提高死缓期满后被减刑的罪犯的刑罚执行期限，因此，对其他死缓罪犯被减刑后的最低实际执行刑期未作规定。

应当特别指出的是，本法第2款规定的减刑后实际执行的刑期，是实际执行的最低刑期,即不能少于这个刑期,而不是只要执行了这些刑期,就释放犯罪分子。对犯罪分子的实际执行刑期,应在遵循本款规定的基础上,根据犯罪分子接受教育改造等具体情况确定。

【立法理由】

《刑法修正案(八)》对刑法第77条作了修改,将被判处无期徒刑的犯罪分子的最低实际执行刑期由10年提高到13年;第77条和《刑法修正案(八)》第4条一起明确了对被判处死刑缓期执行的累犯以及因故意杀人、强奸、抢劫、绑架、放火、爆炸、投放危险物质或者有组织的暴力性犯罪被判处死刑缓期执行,人民法院决定对其限制减刑的犯罪分子应当实际执行的刑期。

上述修改,是根据司法体制改革和工作机制改革关于建立严格的死刑缓期执行、无期徒刑执行制度,以及明确死刑缓期执行和无期徒刑减为有期徒刑后罪犯应实际执行的最低刑期的精神作出的。这一点在《刑法修正案(八)》第4条的说明中已经阐明,不再赘述。这一修改,使我国的刑罚结构更为合理,更加完善,符合罪刑相适应原则。

【相关规定】

《最高人民法院关于办理减刑、假释案件具体应用法律若干问题的规定》

为正确适用刑法、刑事诉讼法,依法办理减刑、假释案件,根据刑法、刑事诉讼法和有关法律的规定,结合减刑、假释工作的实践经验,制定本规定。

第一条 根据刑法第七十八条第一款的规定,被判处管制、拘役、有期徒刑、无期徒刑的犯罪分子,在执行期间,如果认真遵守监规,接受教育改造,确有悔改表现的,或者有立功表现的,可以减刑;有重大立功表现的,应当减刑。

(一)"确有悔改表现"是指同时具备以下四个方面情形:认罪伏法;认真遵守监规,接受教育改造;积极参加政治、文化、技术学习;积极参加劳动,完成生产任务。

对罪犯在刑罚执行期间提出申诉的,要依法保护其申诉权利。对罪犯申诉应当具体情况具体分析,不应当一概认为是不认罪服法。

(二)"立功表现"是指具有下列情形之一的:

1. 检举、揭发监内外犯罪活动,或者提供重要的破案线索,经查证属实的;

2. 阻止他人犯罪活动的;

3. 在生产、科研中进行技术革新,成绩突出的;

4. 在抢险救灾或者排除重大事故中表现积极的;

5. 有其他有利于国家和社会的突出事迹的。

(三)"重大立功表现"是指具有刑法第七十八条规定的应当减刑的六种表现之一的情形。

第二条 对有期徒刑罪犯在刑罚执行期间,符合减刑条件的减刑幅度为:如果确有悔改表现的,或者有立功表现的,一般一次减刑不超过一年有期徒刑;如果确有悔改表现并有立功表现,或者有重大立功表现的,一般一次减刑不超过两年有期徒刑。被判处十年以上有期徒刑的罪犯,如果悔改表现突出的,或者有立功表现的,一次减刑不得超过两年有期徒刑;如果悔改表现突出并有立功表现,或者有重大立功表现的,一次减刑不得超过三年有期徒刑。

第三条 有期徒刑罪犯的减刑起始时间和间隔时间为:被判处五年以上有期徒刑的罪犯,一般在执行一年半以上方可减刑;两次减刑之间一般应当间隔一年以上。被判处十年以上有期徒刑的罪犯,一次减二年至三年有期徒刑之后,再减刑时,其间隔时间一般不得少于二年。被判处不满五年有期徒刑的罪犯,可以比照上述规定,适当缩短起始和间隔时间。

确有重大立功表现的,可以不受上述减刑起始和间隔时间的限制。

第四条 在有期徒刑罪犯减刑时,对附加剥夺政治权利的刑期可以酌减。酌减后剥夺政治权利的期限,最短不得少于一年。

第五条 对判处拘役或者三年以下有期徒刑、宣告缓刑的犯罪分子,一般不适用减刑。

如果在缓刑考验期间有重大立功表现的,可以参照刑法第七十八条的规定,予以减刑,同时相应的缩减其缓刑考验期限。减刑后实际执行的刑期不能少于原判刑期的二分之一,相应缩减的缓刑考验期限不能低于减刑后实际执行的刑期。判处拘役的缓刑考验期限不能少于两个月,判处有期徒刑的缓刑考验期限不能少于一年。

第七条 无期徒刑罪犯在刑罚执行期间又犯罪,被判处有期徒刑以下刑罚的,自新罪判决确定之日起一般在两年之内不予减刑;对新罪判处无期徒刑的,减刑的起始时间要适当延长。

第八条 被判处无期徒刑的罪犯减刑后,实际执行的刑期不能少于十年,其起始时间应当自无期徒刑判决确定之日起计算。

第十三条 对犯罪时未成年的罪犯的减刑、假释,在掌握标准上可以比照成年罪犯依法适度放宽。未成年罪犯能认罪服法,遵守监规,积极参加学习、劳动的,即可视为确有悔改表现予以减刑,其减刑的幅度可以适当放宽,间隔的时间可以相应缩短。符合刑法第八十一条第一款规定的,可以假释。

第十四条 对老年和身体有残疾(不含自伤致残)罪犯的减刑、假释,应当主要注重悔罪的实际表现。对除刑法第八十一条第二款规定的情形之外,有悔罪表现,丧失作案能力或者生活不能自理,且假释后生活确有着落的老残犯,可以依法予以假释。

第十八条 对判处有期徒刑的罪犯减刑、假释,执行原判刑期二分之一以上的起始时间,应当从判决执行之日起计算,判决执行以前先行羁押的,羁押一日折抵刑期一日。

《最高人民法院关于审理未成年人刑事案件具体应用法律若干问题的解释》

第十八条 对未成年罪犯的减刑、假释,在掌握标准上可以比照成年罪犯依法适度放宽。

未成年罪犯能认罪服法,遵守监规,积极参加学习、劳动的,即可视为"确有悔改表现"予以减刑,其减刑的幅度可以适当放宽,间隔的时间可以相应缩短。符合刑法第八十一条第一款规定的,可以假释。

未成年罪犯在服刑期间已经成年的,对其减刑、假释可以适用上述规定。

十六、将刑法第八十一条修改为:"被判处有期徒刑的犯罪分子,执行原判刑期二分之一以上,被判处无期徒刑的犯罪分子,实际执行十三年以上,如果认真遵守监规,接受教育改造,确有悔改表现,没有再犯罪的危险的,可以假释。如果有特殊情况,经最高人民法院核准,可以不受上述执行刑期的限制。

对累犯以及因故意杀人、强奸、抢劫、绑架、放火、爆炸、投放危险物质或者有组织的暴力性犯罪被判处十年以上有期徒刑、无期徒刑的犯罪分子,不得假释。

对犯罪分子决定假释时,应当考虑其假释后对所居住社区的影响。"

【说明】

所谓假释,是指对于被判处有期徒刑、无期徒刑的犯罪分子,在执行期间确有悔改表现不致再危害社会的,执行一定的刑期后,附条件地将其提前释放的一种制度。它对于教育改造罪犯,鼓励犯罪分子认罪服法,充分发挥刑罚的教育、改造功能可以起到积极的作用。实践证明,这也是一项行之有效的制度。

《刑法》第81条共分为三款。

第1款是关于适用假释的条件的规定。根据本款的规定,假释必须符合以下条件:

1. 适用假释的对象有三种人:一是被判处有期徒刑的犯罪分子;二是被判处无期徒刑的犯罪分子;三是原判死刑缓期执行,被依法减刑的犯罪分子。

2. 对于被假释的犯罪分子,必须实际执行一定的刑期。被判处有期徒刑的犯罪分子,实际执行原判刑期1/2以上;被判处无期徒刑的犯罪分子,实际执行原判刑期13年以上。这样规定,主要是为了维护法律的严肃性,保证被判刑的犯罪分子得到必要的改造。同时也只有在对被判刑的人实际执行一定的刑期,经过一段时间的改造,执行机关和司法机关才能据此判断其是否会再危害社会。

有关假释前的实际执行刑期还有一个例外规定。"如果有特殊情况,经最高人民法院核准,可以不受上述执行刑期的限制。"据此,对实际服刑不足法律规定期限的犯罪分子需要予以假释的,都必须报请最高人民法院核准;不经最高人民法院核准,任何法院都无权批准假释。这样可以防止有的司法机关执法不严、滥用假释情况的发生。所谓特殊情况,是指涉及政治或者外交等从国家整体利益考虑的情况。遇有这类特殊情况,即使实际服刑不足本款规定的期限,经过最高人民法院核准后,也可以假释。

3. 必须认真遵守监规,接受教育改造,确有悔改表现,没有再犯罪危险的。所谓确有悔改表现、没有再犯罪的危险,是指犯罪分子在服刑期间一贯遵守监规,接受教育改造,并通过教育、改造和学习,对自己所犯罪行有较深刻的认识,并以实际行动痛改前非,改恶从善,释放后不会重操旧业或从事违法犯罪活动。应当注意的是,对罪犯在刑罚执行期间提出申诉的,要依法保护其申诉权利。对罪犯申诉应当具体情况具体分析,不应一概认为是没有悔改,不认罪服法。在一般情况下,上述三个条件必须同时具备,缺一不可。对于同时具备上述条件的,依据本款规定,可以假释。

第2款是关于不得假释的情形的规定。关于不得假释的规定,主要包括两个方面的内容:一是累犯不得假释,因为累犯主观恶性较深、再犯的可能性较大;二是严重犯罪不得假释。关于严重犯罪的范围,《刑法修正案(八)》对原规定的范围作了修改。原规定为因杀人、爆炸、抢劫、强奸、绑架等暴力性犯罪被判处10年以上有期徒刑、无期徒刑的犯罪分子不得假释。《刑法修正案(八)》修改为"故意杀人、强奸、抢劫、绑架、放火、爆炸、投放危险物质或者有组织的暴力性犯罪",被判处10年以上有期徒刑、无期徒刑的犯罪分子不得假释。和原规定相比,增加了对投放危险物质以及有组织的暴力性犯罪不得假释。其中有组织的暴力性犯罪,是指有组织地进行黑社会性质犯罪、恐怖活动犯罪等暴力性犯罪的情形。需要指出的是,对不得假释的犯罪分子,本款规定还必须是被判处10年以上有期徒刑或者无期徒刑的犯罪分子。因为这类犯罪分子罪行严重,主观恶性深,社会危害性大,所以对于这类犯罪分子不适用假释。

第3款是关于对犯罪分子决定假释时,应当考虑其假释后对所居住社区的影响的规定。假释是对于符合一定条件的犯罪分子,在执行一定的刑期后,附条件地将其提前释放的一种制度。这一制度有助于减少长期监禁刑对罪犯回归社会造成的不利影响。一般来说,被假释的犯罪分子都要回到原来所居住的社区,会对原来的社区造成一定的影响,如果犯罪分子假释后对所居住社区的影响不好,势必影响其融入社会,甚至会诱发新的犯罪,不利于社会的稳定与安宁。因此,《刑法修正案(八)》增加规定对犯罪分子决定假释时,应当考虑其假释后对所居住社区的影响。

【立法理由】

《刑法修正案(八)》对《刑法》第81条作了修改,将被判处无期徒刑的犯罪分子假释前实际执行的刑期,由10年以上提高到13年以上。此外还完善了假释的条件,进一步明确了对犯罪分子决定假释时,应当考虑其假释后对所居住社区的影响,修改了不得假释的人的范围。

这些修改,与对《刑法》第50条、第78条规定的修改,都是根据中央深化司法体制和工作机制改革的要求,落实宽严相济刑事政策、调整刑罚结构的具体体现和落实。其中对犯罪分子决定假释时,应当考虑其假释后对所居住社区的影响的规定,是司法实践经验的总结。

【相关规定】

《最高人民法院关于办理减刑、假释案件具体应用法律若干问题的规定》

第十条 刑法第八十一条第一款规定的"不致再危害社会",是指罪犯在刑罚执行期间一贯表现好,确已具备本规定第一条第(一)项所列情形,不致违法、重新犯罪的,或者是老年、身体有残疾(不含自伤致残),并丧失作案能力的。

第十一条 刑法第八十一条第一款规定的"特殊情况",是指有国家政治、国防、外交等方面特殊需要的情况。

第十三条 对犯罪时未成年的罪犯的减刑、假释,在掌握标准上可以比照成年罪犯依法适度放宽。未成年罪犯能认罪服法,遵守监规,积极参加学习、劳动的,即可视为确有悔改表现予以减刑,其减刑的幅度可以适当放宽,间隔的时间可以相应缩短。符合刑法第八十一条第一款规定的,可以假释。

第十四条 对老年和身体有残疾(不含自伤致残)罪犯的减刑、假释,应当主要注重悔罪的实际表现。对除刑法第八十一条第二款规定的情形之外,有悔罪表现,丧失作案能力或者生活不能自理,且假释后生活确有着落的老残犯,可以依法予以假释。

第十五条 对死刑缓期执行罪犯减为无期徒刑或者有期徒刑后,符合刑法第八十一条第一款和本规定第九条第二款规定的,可以假释。

第十六条 被假释的罪犯,除有特殊情形,一般不得减刑,其假释考验期也不能缩短。

第十七条 罪犯减刑后又假释的间隔时间,一般为一年;对一次减二年或者三年有期徒刑后,又适用假释的,其间隔时间不得少于二年。

第十八条 对判处有期徒刑的罪犯减刑、假释,执行原判刑期二分之一以上的起始时间,应当从判决执行之日起计算,判决执行以前先行羁押的,羁押一日折抵刑期一日。

《最高人民法院关于执行〈中华人民共和国刑事诉讼法〉若干问题的解释》

第二百七十一条 根据刑法第八十一条第一款规定报请最高人民法院核准因犯罪分子具有特殊情况,不受执行刑期限制的假释案件,按下列情形分别处理:

(一)中级人民法院依法作出假释裁定后,应即报请高级人民法院复核。高级人民法院同意假释的,应当报请最高人民法院核准;高级人民法院不同意假释的,应当裁定撤销中级人民法院的假释裁定;

(二)高级人民法院依法作出假释裁定的,应当报请最高人民法院核准。

第二百七十二条 报请最高人民法院核准因犯罪分子具有特殊情况,不受执行刑期限制的假释案件,应当报送报请核准假释案件的报告、罪犯具有特殊情况的报告、假释裁定书各十五份,以及全案卷宗。

第二百七十三条 最高人民法院核准因犯罪分子具有特殊情况,

不受执行刑期限制的假释案件,予以核准的,作出核准裁定书;不予核准的,应当作出撤销原裁定,不准假释的裁定书。

《最高人民法院关于适用刑法时间效力规定若干问题的解释》

第七条 1997年9月30日以前犯罪,1997年10月1日以后仍在服刑的犯罪分子,因特殊情况,需要不受执行刑期限制假释的,适用刑法第八十一条第一款的规定,报经最高人民法院核准。

十七、将刑法第八十五条修改为:"对假释的犯罪分子,在假释考验期限内,依法实行社区矫正,如果没有本法第八十六条规定的情形,假释考验期满,就认为原判刑罚已经执行完毕,并公开予以宣告。"

【说明】

《刑法》第85条是关于对假释的犯罪分子实行社区矫正以及假释考验期满如何处理的规定。

根据《刑法》第85条的规定,被假释的犯罪分子,在假释考验期内,依法实行社区矫正。被假释的犯罪分子在假释考验期内,除应当遵守《刑法》第84条的规定外,还应当接受社区矫正组织的监督和管理。社区矫正组织应当按照《刑法》第84条和有关部门关于假释的监督管理规定,认真履行社区矫正职责,加强对被假释犯罪分子的监督管理和教育改造,督促他们在考验期间改恶从善,重新做人。

在假释考验期内,如果被假释的犯罪分子没有《刑法》第86条规定的情形,即犯罪分子在假释考验期内没有再犯新罪,没有发现在判决宣告前还有漏罪没有判决,没有严重的违法行为,假释考验期满的,就认为犯罪分子的原判刑罚已经执行完毕。同时,有关方面应当向犯罪分子和当地群众、组织或其所在单位公开予以宣告假释期满、刑罚执行完毕。

【立法理由】

《刑法修正案(八)》对刑法第85条作了修改,将该条原规定的对被假释的犯罪分子,在假释考验期限内,"由公安机关予以监督"修改为"依法实行社区矫正"。

第17条　《中华人民共和国刑法修正案(八)》条文说明、立法理由及相关规定

这一修改,主要是考虑到社区矫正试点工作的实际情况,并与正在起草当中的"社区矫正法"相衔接。有关方面提出,2003年以来,有关部门在一些地方开展社区矫正试点工作,各方面反应较好,2009年有关部门又进一步在全国试行社区矫正。社区矫正是非监禁刑罚执行方式,是指将符合法定条件的罪犯置于社区内,由专门的国家机关在相关社会团体、民间组织和社会志愿者的协助下,在判决、裁定或决定确定的期限内,矫正其犯罪心理和行为恶习,促进其顺利回归社会的非监禁刑罚执行活动。目前正在试行当中的社区矫正对象中就有被假释的犯罪分子。因此,本条的规定为通过社区矫正,对被假释的犯罪分子依法实行教育、管理和监督提供了必要的法律依据。关于社区矫正的具体做法,可以在总结试行经验的基础上,在将来出台的"社区矫正法"中作出具体规定。

需要注意的是,刑法关于假释监督机关的修改,并不是简单地将监督机关由一个部门更换为另一个部门。社区矫正是一项综合性很强的工作,需要各有关部门分工配合,并充分动员社会各方面力量,共同做好工作。虽然《刑法修正案(八)》将刑法原来规定的"由公安机关监督"修改为"依法实行社区矫正",但这并非意味着公安机关不再承担对被假释的犯罪分子的监督管理职责。在正在试行的社区矫正工作中,公安机关承担着重要的监督管理职责。将来出台社区矫正法以后,公安机关作为主要的社会治安管理部门,仍然需要承担相应的职责,发挥重要作用。

【相关规定】

《最高人民法院、最高人民检察院、公安部、司法部关于开展社区矫正试点工作的通知》

社区矫正是与监禁矫正相对的行刑方式,是指将符合社区矫正条件的罪犯置于社区内,由专门的国家机关在相关社会团体和民间组织以及社会志愿者的协助下,在判决、裁定或决定确定的期限内,矫正其犯罪心理和行为恶习,并促进其顺利回归社会的非监禁刑罚执行活动。社区矫正是积极利用各种社会资源、整合社会各方面力量,对罪行较轻、主观恶性较小、社会危害性不大的罪犯或者经过监管改造、确有悔

改表现、不致再危害社会的罪犯在社区中进行有针对性管理、教育和改造的工作,是当今世界各国刑罚制度发展的趋势。为了适应我国政治、经济、社会及文化的发展要求,有必要开展社区矫正试点工作,积极探索刑罚执行制度改革。

……

二、社区矫正的适用范围和任务

(一)社区矫正的适用范围

根据我国现行法律的规定,社区矫正的适用范围主要包括下列5种罪犯:

1. 被判处管制的。
2. 被宣告缓刑的。
3. 被暂予监外执行的,具体包括:

(1) 有严重疾病需要保外就医的;

(2) 怀孕或者正在哺乳自己婴儿的妇女;

(3) 生活不能自理,适用暂予监外执行不致危害社会的。

4. 被裁定假释的。
5. 被剥夺政治权利,并在社会上服刑的。

在符合上述条件的情况下,对于罪行轻微、主观恶性不大的未成年犯、老病残犯,以及罪行较轻的初犯、过失犯等,应当作为重点对象,适用上述非监禁措施,实施社区矫正。

《最高人民法院、最高人民检察院、公安部、司法部关于在全国试行社区矫正工作的意见》

三、全面试行社区矫正工作的主要任务

试点省(区、市)要积极探索社区矫正工作规律,总结完善社区矫正试点经验,研究解决试点工作中的困难和问题,尚未在全辖区试行社区矫正工作的,要在全辖区试行社区矫正工作。非试点省(区、市)要借鉴试点地区的有益经验,认真研究制定开展社区矫正工作的具体意见和方案,视情况可以先行试点再全面试行,条件具备的也可以直接在全辖区试行。

十八、将刑法第八十六条第三款修改为:"被假释的犯罪分子,在假释考验期限内,有违反法律、行政法规或者国务院有关部门关于假释的监督管理规定的行为,尚未构成新的犯罪的,应当依照法定程序撤销假释,收监执行未执行完毕的刑罚。"

【说明】

《刑法修正案(八)》修改后的《刑法》第86条条文为:"被假释的犯罪分子,在假释考验期限内犯新罪,应当撤销假释,依照本法第七十一条的规定实行数罪并罚。

在假释考验期限内,发现被假释的犯罪分子在判决宣告以前还有其他罪没有判决的,应当撤销假释,依照本法第七十条的规定实行数罪并罚。

被假释的犯罪分子,在假释考验期限内,有违反法律、行政法规或者国务院有关部门关于假释的监督管理规定的行为,尚未构成新的犯罪的,应当依照法定程序撤销假释,收监执行未执行完毕的刑罚。"

第85条共分3款。

第1款是关于在假释考验期间犯新罪如何处理的规定。根据本款规定,对在假释考验期间犯新罪的犯罪分子,应当撤销其假释,依照《刑法》第71条确定的先减后并原则实行并罚。也就是说,将前罪没有执行完的刑罚和后罪新判处的刑罚依照《刑法》第69条的规定,确定应当执行的刑期。

第2款是关于假释考验期间发现漏罪如何处理的规定。根据本款规定,在假释考验期内,如果发现被假释的犯罪分子在判决宣告以前还有其他罪没有判决的,应当撤销假释,依照《刑法》第70条先并后减的原则实行数罪并罚,即将前后两罪的判决依照《刑法》第69条的规定确定刑罚,扣除已执行完的刑期后,剩余刑期为仍需执行的刑期。

第3款是关于有违反法律、行政法规或者国务院有关部门关于假释的监督管理规定的行为如何处理的规定。根据本款规定,在假释考验期内,犯罪分子实施了违反法律、行政法规或者国务院有关部门关于假释的监督管理规定的行为,但尚未构成犯罪的,有关部门应当依法定程序撤销其假释,并收监执行其未执行完毕的剩余刑罚。需要注意的是，犯罪分子违反的规定应当是法律、行政法规或者国务院有关部门规章中与假释监管相关的规定。一般的违法行为不应成为撤销假释的情形。

【立法理由】

《刑法修正案（八）》对刑法第86条第3款的规定作了修改。《刑法修正案（八）》对刑法第85条关于假释执行方式的规定作了修改，将原规定的"被假释的犯罪分子，在假释考验期限内，由公安机关予以监督"修改为"被假释的犯罪分子，在假释考验期限内，依法实行社区矫正"。根据这一修改，本款相应地将原条文中的"国务院公安部门"修改为"国务院有关部门"。

【相关规定】

《中华人民共和国刑法》

第六十九条 判决宣告以前一人犯数罪的，除判处死刑和无期徒刑的以外，应当在总和刑期以下、数刑中最高刑期以上，酌情决定执行的刑期，但是管制最高不能超过三年，拘役最高不能超过一年，有期徒刑总和刑期不满三十五年的，最高不能超过二十年，总和刑期在三十五年以上的，最高不能超过二十五年。

数罪中有判处附加刑的，附加刑仍须执行，其中附加刑种类相同的，合并执行，种类不同的，分别执行。

第七十一条 判决宣告以后，刑罚执行完毕以前，被判刑的犯罪分子又犯罪的，应当对新犯的罪作出判决，把前罪没有执行的刑罚和后罪所判处的刑罚，依照本法第六十九条的规定，决定执行的刑罚。

第八十五条 对假释的犯罪分子，在假释考验期限内，依法实行社区矫正，如果没有本法第八十六条规定的情形，假释考验期满，就认为原判刑罚已经执行完毕，并公开予以宣告。

《最高人民法院关于适用刑法时间效力规定若干问题的解释》

第八条 1997年9月30日以前犯罪，1997年10月1日以后仍在服刑的累犯以及因杀人、爆炸、抢劫、强奸、绑架等暴力性犯罪被判处十年以上有期徒刑、无期徒刑的犯罪分子，适用修订前的刑法第七十三条的规定，可以假释。

第九条　1997年9月30日以前被假释的犯罪分子，在1997年10月1日以后的假释考验期内，又犯新罪、被发现漏罪或者违反法律、行政法规或者国务院公安部门有关假释的监督管理规定的，适用刑法第八十六条的规定，撤销假释。

十九、在刑法第一百条中增加一款作为第二款："犯罪的时候不满十八周岁被判处五年有期徒刑以下刑罚的人，免除前款规定的报告义务。"

【说明】

《刑法修正案（八）》修改后的刑法第100条条文为："依法受过刑事处罚的人，在入伍、就业的时候，应当如实向有关单位报告自己曾受过刑事处罚，不得隐瞒。

犯罪的时候不满十八周岁被判处五年有期徒刑以下刑罚的人，免除前款规定的报告义务。"

本条共分两款。第1款规定了两个方面的内容：

1. 依法受过刑事处罚的人，应当如实向有关单位报告自己曾受过刑事处罚，不得隐瞒。"依法受过刑事处罚的人"，是指依照我国的刑事法律，行为人的行为构成犯罪，并经人民法院判处刑罚。经人民法院判处刑罚，包括被人民法院依法判处刑法规定的各种主刑和附加刑。例如，某犯罪分子被人民法院判处有期徒刑1年，宣告缓刑1年，在缓刑考验期内遵守刑法的有关规定，缓刑考验期满，原判的刑罚不再执行，这种情况也属于依法受过刑事处罚。如果某行为人虽曾受到司法机关的追诉，但其行为符合刑法规定的不需要判处刑罚或者免除刑罚的情形，因而人民法院决定免予刑罚处罚的，则不属于"受过刑事处罚的人"。同样，如果检察机关对上述情况依照刑事诉讼法的规定决定不予起诉的，也不在"受过刑事处罚"之列。

2. 如实报告仅限于在入伍、就业的时候。"入伍"是指加入中国人民解放军或者中国人民武装警察部队。"就业"包括参加任何种类的工作，如进入国家机关，各种公司、企业、事业单位，各种团体等。"向有关单位报告"，是指向自己参加工作的单位报告。法律这样规定，是为了便于用人单位掌握本单位职工的情况,便于安置工作以及对该有关人员开展帮助和教育。

本条第2款的规定有两个条件:

1. 被免除前科报告义务的主体,是犯罪时已满14周岁不满18周岁的人。既包括入伍、就业时未满18周岁的未成年人,也包括入伍、就业时已满18周岁的成年人,只要其犯罪时不满18周岁,就构成适用本条规定的条件之一。

2. 被免除前科报告义务的主体,是被判处5年有期徒刑以下刑罚,包括被判处5年以下有期徒刑、拘役、管制、单处附加刑以及适用缓刑的人。需要注意的是,以上两个条件需同时具备才能适用本款的规定,犯罪时不满18周岁的人如果被判处5年有期徒刑以上刑罚(不包括5年有期徒刑),则不适用本条的规定。

在实践中需要注意的有两点:一是本款的规定只是免除了犯罪的时候不满18周岁被判处5年有期徒刑以下刑罚的人的前科报告义务,这些人在入伍和就业时,征兵部门和招录单位依照招录的有关规定仍然可以对其进行考察。二是这些被免除前科报告义务的人,司法机关仍会保留其犯罪记录,只是对这些记录予以封存,而不是彻底的消灭这些前科记录。

【立法理由】

《刑法修正案(八)》对刑法原第100条的规定进行了修改,增加1款作为第2款,规定:犯罪的时候不满18周岁被判处5年有期徒刑以下刑罚的人,免除前款规定的报告义务。

本条的修改是立法机关根据全国人大代表的建议和有关部门意见,为了贯彻宽严相济刑事政策,从对未成年人从宽处理的角度作出的,这样规定充分体现了我国对未成年犯实行教育为主,惩罚为辅,重在教育、挽救和改造的方针。未成年人处在体力、智力发育过程中,虽已具有一定的辨别和控制自己行为的能力,但由于其经历短,社会知识少,其成熟程度还不同于成年人,因此对于未成年时的犯罪记录与成年后的犯罪记录应当区别对待。对于未成年时有较轻犯罪记录的人,如果要求他们在入伍、就业时如实报告自己曾受刑事处罚的情况,可能会对他们的发展带来负面影响,不利于犯罪人顺利回归社会。同时,根据刑法规定,一般判处5年有期徒刑以下刑罚的犯罪情节较轻,不属于危害特别严重的犯罪行为,未成年犯这些罪行通常是由于缺乏自控能力、一时冲动或者是受其他不良因素影响,犯这些罪的未成年人一般主观恶性不大,易于接受教育改造。因此,刑法对此作出修改,免除了犯罪的时候不满18周岁被判处5年有期徒刑以下刑罚的人的前科报告义务。

在《刑法修正案(八)》起草和审议过程中,有意见提出,当前未成年人犯罪呈上升趋势,且犯罪低龄化的趋势突出,一味地采取轻刑态度不利于发挥刑法预防犯罪的作用。立法机关研究认为,未成年人犯罪率高是当前社会面临的一个现实问题,造成这种现象的原因也是多方面的,预防未成年人犯罪不能只是加重惩罚,而应从教育和社会环境治理着手,消除可能对未成年人造成不良影响的因素。对于未成年时有较轻犯罪记录的人,免除其前科报告义务有利于其摆脱犯罪记录的影响,防止被"标签"化,有利于重新回归社会。

二十、将刑法第一百零七条修改为:"境内外机构、组织或者个人资助实施本章第一百零二条、第一百零三条、第一百零四条、第一百零五条规定之罪的,对直接责任人员,处五年以下有期徒刑、拘役、管制或者剥夺政治权利;情节严重的,处五年以上有期徒刑。"

【说明】

本条是关于资助危害国家安全犯罪活动罪及其刑事处罚的规定。根据本条规定,任何机构、组织或者个人资助实施本条所规定的危害中华人民共和国国家安全犯罪活动的,都将适用本条定罪量刑。这里所规定的"境内外机构、组织或者个人",包括境内外一切机构、组织和个人。这里所说的"资助",是指明知他人进行危害国家安全的犯罪活动,而向其提供金钱、物资、通信器材、交通工具等,使犯罪分子得到物质上的帮助。如果境内外机构、组织或者个人没有提供物质上的帮助,仅是在精神、宣传舆论等方面给予帮助、支持,则不能适用本条,而应适用其他危害国家安全犯罪的规定处理。

本条将资助行为限定于资助实施本章第102条规定的背叛国家罪,第103条规定的分裂国家罪和煽动分裂国家罪,第104条规定的武装叛乱、暴乱罪,第105条规定的颠覆国家政权罪和煽动颠覆国家政权罪的范围。之所以这样规定,主要是因为这几种犯罪对国家安全最具危险性,同时,也是根据维护国家安全的实际需要所作的规定。

根据本条规定,犯本条规定之罪的,对直接责任人员,处5年以下有期徒刑、拘役、管制或者剥夺政治权利;情节严重的,即具有多次资助、资助多人,或者资助金额巨大,或者被资助者的行为造成严重后果等情形的,处5年以上有期徒刑。直接责任人员包括资助行为的决策人以及实际实施的人员。如果资助属个人行为,行为人即为直接责任人员。根据刑法第113条的规定,对犯本罪的,还可以并处没收财产。

【立法理由】

《刑法修正案(八)》对刑法第107条作了修改,删去了对资助对象的限制性规定。根据修改后的规定,被资助者不再限于境内组织或者个人,资助境外组织或者个人实施危害中华人民共和国国家安全相关犯罪的行为,同样可依据本条规定定罪处罚。这一修改,完善了刑法关于资助危害国家安全犯罪活动罪的规定,为在日趋复杂的国际环境下打击这类犯罪提供了法律依据。

【相关规定】

《中华人民共和国刑法》

第一百零二条 勾结外国,危害中华人民共和国的主权、领土完整和安全的,处无期徒刑或者十年以上有期徒刑。

与境外机构、组织、个人相勾结,犯前款罪的,依照前款的规定处罚。

第一百零三条 组织、策划、实施分裂国家、破坏国家统一的,对首要分子或者罪行重大的,处无期徒刑或者十年以上有期徒刑;对积极参加的,处三年以上十年以下有期徒刑;对其他参加的,处三年以下有期徒刑、拘役、管制或者剥夺政治权利。

煽动分裂国家、破坏国家统一的,处五年以下有期徒刑、拘役、管制或者剥夺政治权利;首要分子或者罪行重大的,处五年以上有期徒刑。

第一百零四条 组织、策划、实施武装叛乱或者武装暴乱的,对首要分子或者罪行重大的,处无期徒刑或者十年以上有期徒刑;对积极参加的,处三年以上十年以下有期徒刑;对其他参加的,处三年以下有期徒刑、拘役、管制或者剥夺政治权利。

策动、胁迫、勾引、收买国家机关工作人员、武装部队人员、人民警察、民兵进行武装叛乱或者武装暴乱的,依照前款的规定从重处罚。

第一百零五条 组织、策划、实施颠覆国家政权、推翻社会主义制度的,对首要分子或者罪行重大的,处无期徒刑或者十年以上有期徒刑;对积极参加的,处三年以上十年以下有期徒刑;对其他参加的,处三年以下有期徒刑、拘役、管制或者剥夺政治权利。

以造谣、诽谤或者其他方式煽动颠覆国家政权、推翻社会主义制度的,处五年以下有期徒刑、拘役、管制或者剥夺政治权利;首要分子或者罪行重大的,处五年以上有期徒刑。

第一百一十三条 本章上述危害国家安全罪行中,除第一百零三条第二款、第一百零五条、第一百零七条、第一百零九条外,对国家和人民危害特别严重、情节特别恶劣的,可以判处死刑。

犯本章之罪的,可以并处没收财产。

二十一、将刑法第一百零九条修改为:"国家机关工作人员在履行公务期间,擅离岗位,叛逃境外或者在境外叛逃的,处五年以下有期徒刑、拘役、管制或者剥夺政治权利;情节严重的,处五年以上十年以下有期徒刑。

掌握国家秘密的国家工作人员叛逃境外或者在境外叛逃的,依照前款的规定从重处罚。"

【说明】

本条是关于叛逃罪及其刑事处罚的规定。共分两款。

第1款是国家机关工作人员叛逃罪的规定。根据本款规定,构成本罪的,必须具备以下两个条件:

1. 构成本罪的主体是特殊主体,为国家机关工作人员,即在国家权力机关、行政机关、司法机关以及军事机关中从事公务的人员。

2. 必须是在履行公务期间，擅离岗位，叛逃境外或者在境外叛逃的。这里所说的"履行公务期间"，主要是指在职的国家机关工作人员在执行公务期间，如国家机关代表团在外访问期间、我国驻外使领馆的外交人员以及国家派驻国外执行任务的人员履行职务期间等。国家机关工作人员离职在境外学习，或者到境外探亲访友的，则不属于本款规定中的"履行公务期间"。"擅离岗位"，是指违反规定私自离开岗位的行为。"叛逃境外"，是指同境外的机构、组织联络，由境内逃离到境外的行为；"在境外叛逃的"，是指国家机关工作人员在境外履行公务期间擅自不归国，投靠境外的机构、组织，或者直接投奔国外有关组织，背叛国家的行为。根据本款的规定，构成本罪的，处5年以下有期徒刑、拘役、管制或者剥夺政治权利；情节严重的，处5年以上10年以下有期徒刑。根据刑法第113条的规定，构成本罪，还可以并处没收财产。

本条第2款是关于掌握国家秘密的国家工作人员犯叛逃罪如何处罚的规定。根据保密法的规定，"国家秘密"，是指关系国家的安全和利益，依照法定程序确定，在一定时间内只限一定范围的人员知悉的事项。以下涉及国家安全和利益的事项，泄露后可能损害国家在政治、经济、国防、外交等领域的安全和利益的，应当确定为国家秘密：国家事务重大决策中的秘密事项；国防建设和武装力量活动中的秘密事项；外交和外事活动中的秘密事项以及对外承担保密义务的秘密事项；国民经济和社会发展中的秘密事项；科学技术中的秘密事项；维护国家安全活动和追查刑事犯罪中的秘密事项；经国家保密行政管理部门确定的其他秘密事项。政党的秘密事项中符合上述规定的，也属于国家秘密。

本条第2款较第1款的规定有以下几点不同：

1. 犯罪主体范围更大，为国家工作人员。随着现代经济的发展，国家秘密中占很大比重的是科技、经济领域的秘密，而掌握这一部分国家秘密的人员，不一定全都是国家机关工作人员。如果这些人中有人叛逃境外或在境外叛逃，同样会给国家安全造成严重的危害。而根据刑法第93条的规定，国家工作人员除国家机关工作人员之外，还包括"国有公司、企业、事业单位、人民团体中从事公务的人员和国家机关、国有公司、企业、事业单位委派到非国有公司、企业、事业单位、社会团体从事公务的人员,以及其他依照法律从事公务的人员"。

2. 客观行为与第1款规定比较,没有"在履行公务期间,擅离岗位"的限制条件。这样规定,主要是由于掌握国家秘密的国家工作人员,一旦叛逃,将有可能对国家安全造成更大的危害,因此,这些人员在任何时间、任何情况下叛逃都会被追究刑事责任。

3. 量刑上从重处罚。掌握国家秘密的国家工作人员叛逃境外或者在境外叛逃对国家安全具有更大的危害性,因此,本条第2款规定,对上述人员叛逃境外或者在境外叛逃的,依照本条第1款的规定从重处罚。

【立法理由】

根据维护国家安全,打击犯罪的需要,《刑法修正案(八)》对刑法第109条的规定作了两处修改:

1. 删去了原规定中关于国家机关工作人员叛逃,需危害中华人民共和国国家安全才构成犯罪的规定。之所以作上述修改,是因为:国家机关工作人员在履行公务期间,擅离岗位,叛逃境外或者在境外叛逃的行为,本身就已构成对国家安全的危害,不宜再规定危害国家安全的条件。另外,如在叛逃后危害国家安全的,可能构成本章的其他犯罪,难以界定本罪与本章其他犯罪的界限。

2. 对于掌握国家秘密的国家工作人员构成叛逃罪的条件作了修改,删去了在履行公务期间擅离岗位的限定条件,即掌握国家秘密的国家工作人员无论何时、在何种情况下叛逃都构成本罪,从而加大了对这一犯罪的打击力度。

【相关规定】

《中华人民共和国刑法》

第九十三条 本法所称国家工作人员,是指国家机关中从事公务的人员。

国有公司、企业、事业单位、人民团体中从事公务的人员和国家机关、国有公司、企业、事业单位委派到非国有公司、企业、事业单位、社会团体从事公务的人员,以及其他依照法律从事公务的人员,以国家工作人员论。

第一百一十三条 本章上述危害国家安全罪行中,除第一百零三条第二款、第一百零五条、第一百零七条、第一百零九条外,对国家和人民危害特别严重、情节特别恶劣的,可以判处死刑。

犯本章之罪的,可以并处没收财产。

《中华人民共和国保守国家秘密法》

第三条　国家秘密受法律保护。

一切国家机关、武装力量、政党、社会团体、企业事业单位和公民都有保守国家秘密的义务。

任何危害国家秘密安全的行为,都必须受到法律追究。

第九条　下列涉及国家安全和利益的事项,泄露后可能损害国家在政治、经济、国防、外交等领域的安全和利益的,应当确定为国家秘密:

(一)国家事务重大决策中的秘密事项;

(二)国防建设和武装力量活动中的秘密事项;

(三)外交和外事活动中的秘密事项以及对外承担保密义务的秘密事项;

(四)国民经济和社会发展中的秘密事项;

(五)科学技术中的秘密事项;

(六)维护国家安全活动和追查刑事犯罪中的秘密事项;

(七)经国家保密行政管理部门确定的其他秘密事项。

政党的秘密事项中符合前款规定的,属于国家秘密。

二十二、在刑法第一百三十三条后增加一条,作为第一百三十三条之一:"在道路上驾驶机动车追逐竞驶,情节恶劣的,或者在道路上醉酒驾驶机动车的,处拘役,并处罚金。

有前款行为,同时构成其他犯罪的,依照处罚较重的规定定罪处罚。"

【说明】

本条共分两款。第1款是关于对追逐竞驶以及醉酒驾驶行为定罪处罚的规定。本款规定的犯罪主体为一般主体,即任何道路上行驶的机动车的驾驶人;犯罪侵害的客体主要是道路交通秩序,同时也威胁到不特定多数人的生命、财产安全;犯罪人主观上应当为故意。需要注意的是,本款规定的两种行为构成犯罪的条件不同:在道路上驾驶机动车追逐竞驶,情节恶劣的才构成犯罪;而醉酒驾车行为构成犯罪则无需再具备任何其他要件。

本款规定中的"道路",根据道路交通安全法第119条的规定,是指公路、城市道路和虽在单位管辖范围但允许社会机动车通行的地方,包括广场、公共停车场等用于公众通行的场所。同样,根据该条规定,"机动车",是指以动力装置驱动或者牵引,上道路行驶的供人员乘用或者用于运送物品以及进行工程专项作业的轮式车辆。"追逐竞驶"就是平常所说的"飙车",是指在道路上,以同行的其他车辆为竞争目标,追逐行驶。具体情形包括在道路上进行汽车驾驶"计时赛"、若干车辆在同时行进中互相追赶等,既包括超过限定时速的追逐竞驶,也包括未超过限定时速的追逐竞驶。根据本条规定,在道路上追逐竞驶,情节恶劣的才构成犯罪,判断是否"情节恶劣",应从追逐竞驶造成的危害程度以及危害后果等方面进行认定。

本款规定的另外一种行为是在道路上醉酒驾驶机动车。道路交通安全法的相关规定区分了饮酒和醉酒两种情形。根据国家质量监督检验检疫总局2004年5月31日发布的《车辆驾驶人员血液、呼气酒精含量阈值与检验》(GB 19522-2004)的规定,饮酒驾车是指车辆驾驶人员血液中的酒精含量大于或者等于 20 mg/100 ml,小于 80 mg/100 ml 的驾驶行为;醉酒驾车是指车辆驾驶人员血液中的酒精含量大于或者等于 80 mg/100 ml 的驾驶行为。实践中,执法部门也是依据这一标准来判断酒后驾车和醉酒驾车两种行为的。

根据本款规定,在道路上驾驶机动车追逐竞驶,情节恶劣的,或者在道路上醉酒驾驶机动车的,处拘役,并处罚金。

本条第2款是关于有醉酒驾驶或者追逐竞驶行为,同时又构成其他犯罪如何适用法律的规定。根据本款规定,具有上述竞合情形的,应当依照处罚较重的规定定罪处罚。这里主要涉及如何处理好本条规定的犯罪与交通肇事罪、以危险方法危害公共安全罪等其他罪的关系,主要有以下两种具体情形:

1. 关于本条规定的犯罪与交通肇事罪的关系,如果行为人醉酒驾驶或者追逐竞驶,造成人员伤亡或者公私财产重大损失的,符合刑法第133条交通肇事罪构成要件的,根据第2款规定的原则,应当依照刑法第133条的规定以交通肇事罪定罪处罚,而行为人醉酒驾驶或者追逐竞驶的行为,将会被作为量刑情节予以考虑。

2. 关于本条规定的犯罪与以危险方法危害公共安全罪的关系如何处理。由于刑法第115条规定的以危险方法危害公共安全罪最高可判处死刑,属于严重犯罪,入罪时必须严格把握,对行为人被认定为犯以危险方法危害公共安全罪的也要适当量刑,罚当其罪。

【立法理由】

《刑法修正案(八)》对上述犯罪行为作了规定。危险驾驶行为入罪是《刑法修正案(八)》加强对民生保护的具体体现。

随着经济发展和人们生活水平的提高,汽车逐渐成为重要的代步工具,特别是在一些经济发达、人口密集的城市,汽车的保有量正在逐年提高,相伴而生的是违法驾驶行为及其所致的交通事故频发。特别是醉酒驾车和飙车行为,因其具有高度危险性,极易造成恶性事故,引起了社会的广泛关注。

近年来,一些全国人大代表、法律专家和社会各界纷纷建议,将醉酒驾车等危险驾驶行为入罪,以加大对这类行为的打击力度。在深入调查研究、听取各方面意见和反复论证的基础上,《刑法修正案(八)》将醉酒驾车以及追逐竞驶两种危险驾驶行为写入刑法。

【相关规定】

《中华人民共和国刑法》

第一百一十五条 放火、决水、爆炸以及投放毒害性、放射性、传染病病原体等物质或者以其他危险方法致人重伤、死亡或者使公私财产遭受重大损失的,处十年以上有期徒刑、无期徒刑或者死刑。

过失犯前款罪的,处三年以上七年以下有期徒刑;情节较轻的,处三年以下有期徒刑或者拘役。

第一百三十三条 违反交通运输管理法规,因而发生重大事故,致人重伤、死亡或者使公私财产遭受重大损失的,处三年以下有期徒刑或者拘役;交通运输肇事后逃逸或者有其他特别恶劣情节的,处三年以上七年以下有期徒刑;因逃逸致人死亡的,处七年以上有期徒刑。

《中华人民共和国道路交通安全法》

第九十一条 饮酒后驾驶机动车的,处暂扣一个月以上三个月以下机动车驾驶证,并处二百元以上五百元以下罚款;醉酒后驾驶机动车的,由公安机关交通管理部门约束至酒醒,处十五日以下拘留和暂扣三个月以上六个月以下机动车驾驶证,并处五百元以上二千元以下罚款。

饮酒后驾驶营运机动车的,处暂扣三个月机动车驾驶证,并处五百元罚款;醉酒后驾驶营运机动车的,由公安机关交通管理部门约束至酒醒,处十五日以下拘留和暂扣六个月机动车驾驶证,并处二千元罚款。

一年内有前两款规定醉酒后驾驶机动车的行为,被处罚两次以上的,吊销机动车驾驶证,五年内不得驾驶营运机动车。

第一百一十九条 本法中下列用语的含义:

(一)"道路",是指公路、城市道路和虽在单位管辖范围但允许社会机动车通行的地方,包括广场、公共停车场等用于公众通行的场所。

(二)"车辆",是指机动车和非机动车。

(三)"机动车",是指以动力装置驱动或者牵引,上道路行驶的供人员乘用或者用于运送物品以及进行工程专项作业的轮式车辆。

(四)"非机动车",是指以人力或者畜力驱动,上道路行驶的交通工具,以及虽有动力装置驱动但设计最高时速、空车质量、外形尺寸符合有关国家标准的残疾人机动轮椅车、电动自行车等交通工具。

(五)"交通事故",是指车辆在道路上因过错或者意外造成的人身伤亡或者财产损失的事件。

二十三、将刑法第一百四十一条第一款修改为:"生产、销售假药的,处三年以下有期徒刑或者拘役,并处罚金;对人体健康造成严重危害或者有其他严重情节的,处三年以上十年以下有期徒刑,并处罚金;致人死亡或者有其他特别严重情节的,处十年以上有期徒刑、无期徒刑或者死刑,并处罚金或者没收财产。"

【说明】

《刑法修正案(八)》修改后的刑法第 141 条条文为:"生产、销售假药的,处三年以下有期徒刑或者拘役,并处罚金;对人体健康造成严重危害或者有其他严重情节的,处三年以上十年以下有期徒刑,并处罚金;致人死亡或者有其他特别严重情节的,处十年以上有期徒刑、无期徒刑或者死刑,并处罚金或者没收财产。

本条所称假药,是指依照《中华人民共和国药品管理法》的规定属于假药和按假药处理的药品、非药品。"

本条是关于生产、销售假药罪及其刑事处罚的规定。共分两款。

本条第1款是对生产、销售假药罪的构成要件及其刑事处罚的规定。根据本款规定,生产、销售假药罪有以下构成要件:

1. 本罪客体为复杂客体,不仅侵害了正常的药品生产、销售监管秩序,而且危及不特定多数人的生命健康。

2. 本罪的主体可以是自然人,也可以是单位。根据刑法第150条的规定,单位犯第141条规定之罪的,对单位判处罚金,并对其直接负责的主管人员和其他直接责任人员,依照该条的规定处罚。

3. 行为人在主观上只能是故意。

4. 行为人必须实施了生产、销售假药的行为。根据药品管理法的相关规定,"药品"是指用于预防、治疗、诊断人的疾病,有目的地调节人的生理机能并规定有适应症或者功能主治、用法和用量的物质,包括中药材、中药饮片、中成药、化学原料药及其制剂、抗生素、生化药品、放射性药品、血清、疫苗、血液制品和诊断药品等。

根据本款规定,只要实施了生产、销售假药的行为,即构成犯罪,并不要求一定要有实际的危害结果发生。鉴于生产、销售假药罪的极大危害性,刑法把对人体健康已造成严重危害后果的,作为一个加重处罚的情节。根据2009年5月颁布的《最高人民法院、最高人民检察院关于办理生产、销售假药、劣药刑事案件具体应用法律若干问题的解释》第2条的规定,生产、销售的假药被使用后,造成轻伤以上伤害,或者轻度残疾、中度残疾,或者器官组织损伤导致一般功能障碍或者严重功能障碍,或者有其他严重危害人体健康情形的,应当认定为刑法第141条规定的"对人体健康造成严重危害"。本条规定中的"有其他严重情节"和"其他特别严重情节",主要应当根据行为人生产、销售假药的数量、被害人的人数以及其他严重危害人体健康的情节进行认定。

本条第2款是对假药含义所作的解释。"假药",是指依照《中华人民共和国药品管理法》的规定,属于假药和按假药处理的药品、非药品。根据药品管理法第48条的规定,假药包括:(1)药品所含成份与国家药品标准规定的成份不符的;(2)以非药品冒充药品或者以他种药品冒充此种药品的。有下列情形之一的药品,按假药论处:(1)国务院药品监督管理部门规定禁止使用的;(2)依照本法必须批准而未经批准生产、进口,或者依照本法必须检验而未经检验即销售的;(3)变质的;(4)被污染的;(5)使用依照本法必须取得批准文号而未取得批准文号的原料药生产的;(6)所标明的适应症或者功能主治超出规定范围的。

实践中,还要注意处理好罪与非罪、本罪与其他相关罪名的关系。《最高人民法院、最高人民检察院关于办理生产、销售假药、劣药刑事案件具体应用法律若干问题的解释》对以下几个问题作了专门规定:

第一,医疗机构知道或者应当知道是假药而使用或者销售,符合该解释规定的假药标准的,以销售假药罪追究刑事责任。

第二,知道或者应当知道他人生产、销售假药,而有下列情形之一的,以生产、销售假药罪犯罪的共犯论处:(1)提供资金、贷款、账号、发票、证明、许可证件的;(2)提供生产、经营场所、设备或者运输、仓储、保管、邮寄等便利条件的;(3)提供生产技术,或者提供原料、辅料、包装材料的;(4)提供广告等宣传的。

第三,实施生产、销售假药、劣药犯罪,同时构成生产、销售伪劣产品、侵犯知识产权、非法经营、非法行医、非法采供血等犯罪的,依照处罚较重的规定定罪处罚。

【立法理由】

《刑法修正案(八)》对刑法第141条的规定作了修改。生产、销售假药犯罪危害严重,引起社会公众的广泛关注。近年来,全国人大代表、有关部门及社会公众多次建议完善本罪规定,以适应打击犯罪的需要。为加强对民生的保护,《刑法修正案(八)》对生产、销售假药犯罪的处刑作了修改,加大了对这类犯罪的打击力度。本条修改共有三处:

1. 降低了本罪的入罪门槛，根据原规定，生产、销售假药"足以严重危害人体健康"的才构成犯罪。在修改后的规定中，本罪为行为犯，只要实施生产、销售假药的行为就构成犯罪。这样修改是考虑到药品的主要功能是治疗疾病，维持人体健康，生产、销售假药的行为已经构成对人体健康的威胁。

2. 在加重处罚的情节中增加了"有其他严重情节"和"特别严重情节"的规定，主要是考虑到除对人体健康造成严重危害和致人死亡的情节外，司法实践中还存在其他严重情节和特别严重情节，如生产、销售假药数量巨大，对人体健康具有严重的潜在危害等，也需予以严惩。

3. 删除了罚金刑中关于数额的具体规定，既解决了在实践中假药销售金额难以认定的问题，也避免了与新修订的《中华人民共和国药品管理法》第74条关于生产、销售假药的，处违法生产、销售药品货值金额两倍以上5倍以下的罚款规定的不协调，有利于法官根据案件具体情况决定需要判处的罚金数额。此外，考虑到生产、销售假药的行为危险性较大，一些全国人大常委委员和相关部门提出，对这种犯罪单独判处罚金，不足以发挥刑法的惩戒作用，《刑法修正案（八）》采纳了上述意见，删除了本条中单处罚金的规定。

【相关规定】

《中华人民共和国药品管理法》

第四十八条　禁止生产（包括配制，下同）、销售假药。

有下列情形之一的，为假药：

（一）药品所含成份与国家药品标准规定的成份不符的；

（二）以非药品冒充药品或者以他种药品冒充此种药品的。

有下列情形之一的药品，按假药论处：

（一）国务院药品监督管理部门规定禁止使用的；

（二）依照本法必须批准而未经批准生产、进口，或者依照本法必须检验而未经检验即销售的；

（三）变质的；

（四）被污染的；

（五）使用依照本法必须取得批准文号而未取得批准文号的原料

药生产的；

（六）所标明的适应症或者功能主治超出规定范围的。

第七十四条　生产、销售假药的，没收违法生产、销售的药品和违法所得，并处违法生产、销售药品货值金额二倍以上五倍以下的罚款；有药品批准证明文件的予以撤销，并责令停产、停业整顿；情节严重的，吊销《药品生产许可证》、《药品经营许可证》或者《医疗机构制剂许可证》；构成犯罪的，依法追究刑事责任。

《最高人民法院、最高人民检察院关于办理生产、销售假药、劣药刑事案件具体应用法律若干问题的解释》

第二条　生产、销售的假药被使用后，造成轻伤以上伤害，或者轻度残疾、中度残疾，或者器官组织损伤导致一般功能障碍或者严重功能障碍，或者有其他严重危害人体健康情形的，应当认定为刑法第一百四十一条规定的"对人体健康造成严重危害"。

二十四、将刑法第一百四十三条修改为："生产、销售不符合食品安全标准的食品，足以造成严重食物中毒事故或者其他严重食源性疾病的，处三年以下有期徒刑或者拘役，并处罚金；对人体健康造成严重危害或者有其他严重情节的，处三年以上七年以下有期徒刑，并处罚金；后果特别严重的，处七年以上有期徒刑或者无期徒刑，并处罚金或者没收财产。"

【说明】

本条是关于生产、销售不符合食品安全标准的食品罪及其刑事处罚的规定。

根据本条规定，生产、销售不符合食品安全标准的食品罪必须具备以下要件：

1. 行为人在主观上是故意，即故意生产、销售不符合食品安全标准的食品。

2. 行为人有生产、销售不符合食品安全标准的食品的行为。这里的"食品"，是指各种供人食用或者饮用的成品和原料以及按照传统既是食品又是药品的物品，但不包括以治疗为目的的物品。食品是人们最常用的生活必需品,食品是否符合安全标准与公民的身体健康和生命安全息息相关。国家为了保证食品生产和经营符合安全标准,保障人民群众的身体健康和生命安全,制定了一系列的食品安全法律法规,详细规定了食品安全监督管理的一系列制度和安全标准。

根据食品安全法的规定,食品安全标准是强制执行的标准,包括下列内容:(1)食品、食品相关产品中的致病性微生物、农药残留、兽药残留、重金属、污染物质以及其他危害人体健康物质的限量规定;(2)食品添加剂的品种、使用范围、用量;(3)专供婴幼儿和其他特定人群的主辅食品的营养成分要求;(4)对与食品安全、营养有关的标签、标识、说明书的要求;(5)食品生产经营过程的卫生要求;(6)与食品安全有关的质量要求;(7)食品检验方法与规程;(8)其他需要制定为食品安全标准的内容。食品安全国家标准由国务院卫生行政部门负责制定、公布。

根据食品安全法的规定,"不符合食品安全标准的食品"主要是指:(1)用非食品原料生产的食品或者添加食品添加剂以外的化学物质和其他可能危害人体健康物质的食品,或者用回收食品作为原料生产的食品;(2)致病性微生物、农药残留、兽药残留、重金属、污染物质以及其他危害人体健康的物质含量超过食品安全标准限量的食品;(3)营养成分不符合食品安全标准的专供婴幼儿和其他特定人群的主辅食品;(4)腐败变质、油脂酸败、霉变生虫、污秽不洁、混有异物、掺假掺杂或者感官性状异常的食品;(5)病死、毒死或者死因不明的禽、畜、兽、水产动物肉类及其制品;(6)未经动物卫生监督机构检疫或者检疫不合格的肉类,或者未经检验或者检验不合格的肉类制品;(7)被包装材料、容器、运输工具等污染的食品;(8)超过保质期的食品;(9)无标签的预包装食品;(10)国家为防病等特殊需要明令禁止生产经营的食品;(11)其他不符合食品安全标准或者要求的食品。

3. 生产、销售不符合食品安全标准的食品,足以造成严重食物中毒事故或者其他食源性疾病。根据食品安全法的规定,"食物中毒",是指食用了被有毒有害物质污染的食品或者食用了含有毒有害物质的食品后出现的急性、亚急性疾病。"食源性疾病",是指食品中致病因素进入人体引起的感染性、中毒性等疾病。2001年4月9日发布的《最高人民法院、最高人民检察院关于办理生产、销售伪劣商品刑事案件具体应用法律若干问题的解释》规定，经省级以上卫生行政部门确定的机构鉴定，食品中含有可能导致严重食物中毒事故或者其他严重食源性疾患的超标准的有害细菌或者其他污染物的，应认定为"足以造成严重食物中毒事故或者其他严重食源性疾患"。

对生产、销售不符合食品安全标准的食品罪的处罚，根据其危害的不同，分为三个量刑档次：第一档刑，足以造成严重食物中毒事故或者其他严重食源性疾病的，处3年以下有期徒刑或者拘役，并处罚金。第二档刑，对人体健康造成严重危害或者有其他严重情节，处3年以上7年以下有期徒刑，并处罚金。这里的"对人体健康造成严重危害"，是指对人体器官造成严重损伤以及其他严重损害人体健康的情节。"其他严重情节"，是指具有大量生产、销售不符合食品安全标准的食品等情节。第三档刑，后果特别严重的，处7年以上有期徒刑或者无期徒刑，并处罚金或者没收财产。这里的"后果特别严重"，一般是指生产、销售不符合食品安全标准的食品被食用后，致人死亡、严重残疾、多人重伤或者造成其他特别严重后果的。

【立法理由】

食品安全和人们的日常生活密切相关，生产、销售不符合食品安全标准的食品，会造成食物中毒事故或者其他食源性疾病，损害人民群众的身体健康。1979年《刑法》对食品安全方面的犯罪没有作出具体规定。随着人们对食品安全问题的关注，为了适应打击这种犯罪的实际需要，1993年全国人大常委会制定的《关于惩治生产、销售伪劣商品犯罪的决定》，对生产、销售劣质食品的犯罪作了补充规定。决定第3条第1款规定："生产、销售不符合卫生标准的食品，造成严重食物中毒事故或者其他严重食源性疾患，对人体健康造成严重危害的，处七年以下有期徒刑，并处罚金；后果特别严重的，处七年以上有期徒刑或者无期徒刑，并处罚金或者没收财产。"1997年修订刑法，将上述规定修改后纳入刑法。该条罪的制定对保证食品安全、保障人民群众身体健康，发挥了积极作用，我国食品安全的总体状况得到改善。但是，食品安全问题仍然比较突出,食品安全事故时有发生,人民群众对食品缺乏安全感。为了更好地保证食品安全,对现行食品安全制度加以补充、完善,2009年2月28日,第十一届全国人大常委会第七次会议通过了《中华人民共和国食品安全法》。之后,有人提出,全国人大常委会已经通过了食品安全法,刑法应与食品安全法的有关规定相衔接,并且还应根据近年来食品安全违法犯罪方面出现的新情况,对刑法有关规定进行修改完善,以适应打击犯罪的需要。针对这些情况,《刑法修正案(八)》对本条作了修改,主要有四处修改:

1. 根据食品安全法的有关规定,将"卫生标准"修改为"食品安全标准",将"食源性疾患"改为"食源性疾病"。

2. 在第二档刑罚中,增加了"其他严重情节"的构成条件,以适应打击犯罪的需要。

3. 取消了单处罚金刑,加强了对犯罪的打击力度。

4. 为解决实际执行中有些犯罪的销售金额难以认定的问题,将具体罚金数额,即销售金额50%以上2倍以下罚金的规定改为不再具体规定罚金数额。

【相关规定】

《中华人民共和国食品安全法》

第三章　食品安全标准

第十九条　食品安全标准是强制执行的标准。除食品安全标准外,不得制定其他的食品强制性标准。

第二十条　食品安全标准应当包括下列内容:

(一)食品、食品相关产品中的致病性微生物、农药残留、兽药残留、重金属、污染物质以及其他危害人体健康物质的限量规定;

(二)食品添加剂的品种、使用范围、用量;

(三)专供婴幼儿和其他特定人群的主辅食品的营养成分要求;

(四)对与食品安全、营养有关的标签、标识、说明书的要求;

(五)食品生产经营过程的卫生要求;

(六)与食品安全有关的质量要求;

(七)食品检验方法与规程;

（八）其他需要制定为食品安全标准的内容。

第二十一条　食品安全国家标准由国务院卫生行政部门负责制定、公布，国务院标准化行政部门提供国家标准编号。

食品中农药残留、兽药残留的限量规定及其检验方法与规程由国务院卫生行政部门、国务院农业行政部门制定。

屠宰畜、禽的检验规程由国务院有关主管部门会同国务院卫生行政部门制定。

有关产品国家标准涉及食品安全国家标准规定内容的，应当与食品安全国家标准相一致。

第二十二条　国务院卫生行政部门应当对现行的食用农产品质量安全标准、食品卫生标准、食品质量标准和有关食品的行业标准中强制执行的标准予以整合，统一公布为食品安全国家标准。

本法规定的食品安全国家标准公布前，食品生产经营者应当按照现行食用农产品质量安全标准、食品卫生标准、食品质量标准和有关食品的行业标准生产经营食品。

第二十三条　食品安全国家标准应当经食品安全国家标准审评委员会审查通过。食品安全国家标准审评委员会由医学、农业、食品、营养等方面的专家以及国务院有关部门的代表组成。

制定食品安全国家标准，应当依据食品安全风险评估结果并充分考虑食用农产品质量安全风险评估结果，参照相关的国际标准和国际食品安全风险评估结果，并广泛听取食品生产经营者和消费者的意见。

第二十四条　没有食品安全国家标准的，可以制定食品安全地方标准。

省、自治区、直辖市人民政府卫生行政部门组织制定食品安全地方标准，应当参照执行本法有关食品安全国家标准制定的规定，并报国务院卫生行政部门备案。

第二十五条　企业生产的食品没有食品安全国家标准或者地方标准的，应当制定企业标准，作为组织生产的依据。国家鼓励食品生产企业制定严于食品安全国家标准或者地方标准的企业标准。企业标准应当报省级卫生行政部门备案，在本企业内部适用。

《中华人民共和国食品安全法实施条例》
第三章 食品安全标准
第十七条 食品安全法第二十三条规定的食品安全国家标准审评委员会由国务院卫生行政部门负责组织。

食品安全国家标准审评委员会负责审查食品安全国家标准草案的科学性和实用性等内容。

第十八条 省、自治区、直辖市人民政府卫生行政部门应当将企业依照食品安全法第二十五条规定报送备案的企业标准,向同级农业行政、质量监督、工商行政管理、食品药品监督管理、商务、工业和信息化等部门通报。

《最高人民检察院关于办理非法经营食盐刑事案件具体应用法律若干问题的解释》
第四条 以非碘盐充当碘盐或者以工业用盐等非食盐充当食盐进行非法经营,同时构成非法经营罪和生产、销售伪劣产品罪、生产、销售不符合卫生标准的食品罪、生产、销售有毒、有害食品罪等其他犯罪的,依照处罚较重的规定追究刑事责任。

《最高人民法院关于审理生产、销售伪劣商品刑事案件有关鉴定问题的通知》
三、经鉴定确系伪劣商品,被告人的行为既构成生产、销售伪劣产品罪,又构成生产、销售假药罪或者生产、销售不符合卫生标准的食品罪,或者同时构成侵犯知识产权、非法经营等其他犯罪的,根据刑法第一百四十九条第二款和《解释》第十条的规定,应当依照处罚较重的规定定罪处罚。

《最高人民法院、最高人民检察院关于办理生产、销售伪劣商品刑事案件具体应用法律若干问题的解释》
第四条 经省级以上卫生行政部门确定的机构鉴定,食品中含有可能导致严重食物中毒事故或者其他严重食源性疾患的超标准的有害细菌或者其他污染物的,应认定为刑法第一百四十三条规定的"足以造成严重食物中毒事故或者其他严重食源性疾患"。

生产、销售不符合卫生标准的食品被食用后,造成轻伤、重伤或者其他严重后果的,应认定为"对人体健康造成严重危害"。

生产、销售不符合卫生标准的食品被食用后,致人死亡、严重残疾、三人以上重伤、十人以上轻伤或者造成其他特别严重后果的,应认定为"后果特别严重"。

二十五、将刑法第一百四十四条修改为:"在生产、销售的食品中掺入有毒、有害的非食品原料的,或者销售明知掺有有毒、有害的非食品原料的食品的,处五年以下有期徒刑,并处罚金;对人体健康造成严重危害或者有其他严重情节的,处五年以上十年以下有期徒刑,并处罚金;致人死亡或者有其他特别严重情节的,依照本法第一百四十一条的规定处罚。"

【说明】

本条是关于生产、销售有毒、有害食品罪及其刑事处罚的规定。

根据本条规定,生产、销售有毒、有害食品罪必须具备以下构成要件:

1. 行为人在主观方面出于故意,即故意往食品中掺入有毒、有害的非食品原料或者明知是有毒、有害食品而销售的行为。

2. 行为人在客观上实施了在生产、销售的食品中掺入有毒、有害的非食品原料或者明知是掺有有毒、有害的非食品原料的食品而销售的行为,至于销售后有无具体危害后果的发生并不影响本罪的成立。所谓"有毒、有害的非食品原料",是指对人体具有生理毒性,食用后会引起不良反应、损害机体健康的不能食用的原料。如制酒时加入工业酒精、在饮料中加入国家严禁使用的非食用色素等。如果掺入的是食品原料,由于污染、腐败变质而具有了毒害性,不构成本罪。

对生产、销售有毒、有害食品罪的处罚,分为三个量刑档次:

第一档刑,对于在生产、销售的食品中掺入有毒、有害的非食品原料的,或者销售明知掺有有毒、有害的非食品原料的食品的,处5年以下有期徒刑,并处罚金。

第二档刑,对人体健康造成严重危害或者有其他严重情节的,处5年以上10年以下有期徒刑,并处罚金。这里所说的"对人体健康造成严重危害",是指对人体器官造成严重损伤以及其他严重损害人体健康的情节。"其他严重情节",是指具有大量生产、销售有毒、有害食品等情节。

第三档刑,致人死亡或者有其他特别严重情节的,依照本法第141条的规定处罚,即处10年以上有期徒刑、无期徒刑或者死刑,并处罚金或者没收财产。这里的"致人死亡或者有其他特别严重情节",是指生产、销售的有毒、有害食品被食用后,造成他人死亡或者致使多人严重残疾,以及具有生产、销售特别大量有毒、有害食品的情节。

在实际执行中,应当注意生产、销售有毒、有害食品罪与其他罪的区别:

1. 与生产、销售不符合食品安全标准的食品罪的区别。生产、销售不符合食品安全标准的食品罪在食品中掺入的原料也可能有毒、有害,但其本身是食品原料,其毒害性是由于食品原料污染或者腐败变质所引起的;而生产、销售有毒、有害食品罪往食品中掺入的则是有毒、有害的非食品原料。

2. 与故意投放危险物质罪的区别。故意投放危险物质罪的目的是造成不特定多数人死亡或伤亡;而生产、销售有毒、有害食品罪的目的则是获取非法利润,行为人对在食品中掺入有毒、有害非食品原料虽然是明知的,但并不追求致人伤亡的危害结果的发生。

3. 与过失投放危险物质罪的区别。主要在于主观心理状态不同:过失投放危险物质罪不是故意在食品中掺入有毒害性的非食品原料,而是疏忽大意或者过于自信造成的;生产、销售有毒、有害食品罪则是故意在食品中掺入有毒害性的非食品原料。

【立法理由】

1979年《刑法》对生产、销售有毒、有害食品罪没有作出具体规定。为了适应打击这种犯罪的实际需要,1993年全国人大常委会制定的《关于惩治生产、销售伪劣商品犯罪的决定》对生产、销售有毒、有害食品的犯罪作了补充规定。决定第3条第2款规定:"在生产、销售的食品中掺入有毒、有害的非食品原料的,处五年以下有期徒刑或者拘役,可以并处或者单处罚金;造成严重食物中毒事故或者其他严重食源性疾患,对人体健康造成严重危害的,处五年以上十年以下有期徒刑,并处罚金;致人残废或者对人体健康造成其他特别严重危害的,处十年以上有期徒刑、无期徒刑或者死刑,并处罚金或者没收财产。"1997年修订刑法,将上述规定修改后纳入刑法。近年来,有人提出,全国人大常委会通过了食品安全法,刑法应与食品安全法的有关规定相衔接,有的规定还应针对近年来食品安全违法犯罪方面出现的新情况作相应调整。针对这些情况,《刑法修正案(八)》对本条作了修改,主要有三处修改:

1. 取消了单处罚金刑和拘役刑,加强了对犯罪的打击力度。

2. 为应对犯罪的复杂情况,根据打击犯罪的需要,将第二档刑处刑情节"造成严重食物中毒事故或者其他严重食源性疾患,对人体健康造成严重危害"修改为"对人体健康造成严重危害或者有其他严重情节";将第三档刑处刑情节"致人死亡或者对人体健康造成特别严重危害"修改为"致人死亡或者有其他特别严重情节"。

3. 为解决在适用罚金刑中有的犯罪的销售金额难以认定的问题,将具体罚金数额,即销售金额50%以上2倍以下罚金的规定改为不再具体规定罚金数额。

【相关规定】

《最高人民法院、最高人民检察院关于办理生产、销售伪劣商品刑事案件具体应用法律若干问题的解释》

第五条 生产、销售的有毒、有害食品被食用后,造成轻伤、重伤或者其他严重后果的,应认定为刑法第一百四十四条规定的"对人体健康造成严重危害"。

生产、销售的有毒、有害食品被食用后,致人严重残疾、三人以上重伤、十人以上轻伤或者造成其他特别严重后果的,应认定为"对人体健康造成特别严重危害"。

《最高人民检察院关于办理非法经营食盐刑事案件具体应用法律若干问题的解释》

第四条 以非碘盐充当碘盐或者以工业用盐等非食盐充当食盐进行非法经营,同时构成非法经营罪和生产、销售伪劣产品罪、生产、销售不符合卫生标准的食品罪、生产、销售有毒、有害食品罪等其他犯罪的，依照处罚较重的规定追究刑事责任。

《最高人民法院、最高人民检察院关于办理非法生产、销售、使用禁止在饲料和动物饮用水中使用的药品等刑事案件具体应用法律若干问题的解释》

第三条 使用盐酸克仑特罗等禁止在饲料和动物饮用水中使用的药品或者含有该类药品的饲料养殖供人食用的动物，或者销售明知是使用该类药品或者含有该类药品的饲料养殖的供人食用的动物的，依照刑法第一百四十四条的规定，以生产、销售有毒、有害食品罪追究刑事责任。

第四条 明知是使用盐酸克仑特罗等禁止在饲料和动物饮用水中使用的药品或者含有该类药品的饲料养殖的供人食用的动物，而提供屠宰等加工服务，或者销售其制品的，依照刑法第一百四十四条的规定，以生产、销售有毒、有害食品罪追究刑事责任。

二十六、将刑法第一百五十一条修改为："走私武器、弹药、核材料或者伪造的货币的，处七年以上有期徒刑，并处罚金或者没收财产；情节特别严重的，处无期徒刑或者死刑，并处没收财产；情节较轻的，处三年以上七年以下有期徒刑，并处罚金。

走私国家禁止出口的文物、黄金、白银和其他贵重金属或者国家禁止进出口的珍贵动物及其制品的，处五年以上十年以下有期徒刑，并处罚金；情节特别严重的，处十年以上有期徒刑或者无期徒刑，并处没收财产；情节较轻的，处五年以下有期徒刑，并处罚金。

走私珍稀植物及其制品等国家禁止进出口的其他货物、物品的，处五年以下有期徒刑或者拘役，并处或者单处罚金；情节严重的，处五年以上有期徒刑，并处罚金。

单位犯本条规定之罪的，对单位判处罚金，并对其直接负责的主管人员和其他直接责任人员，依照本条各款的规定处罚。"

【说明】

本条是关于走私国家禁止进出口的货物、物品犯罪及其刑事处罚的规定。本条共分四款。

1. 本条第 1 款是对走私武器、弹药罪、走私核材料罪、走私假币罪及其刑事处罚的规定。"武器、弹药",是指各种军用武器、弹药和爆炸物以及其他类似军用武器、弹药和爆炸物等。"武器、弹药"的种类,参照《中华人民共和国海关进口税则》及《中华人民共和国禁止进出境物品表》的有关规定确定。"核材料",是指铀、钚等可以发生原子核变或聚合反应的放射性材料。"伪造的货币",是指伪造可在国内市场流通或者兑换的人民币、境外货币。根据 2000 年 9 月 26 日颁布的《最高人民法院关于审理走私刑事案件具体应用法律若干问题的解释》的规定,货币面额以人民币计算,走私伪造的境外货币,其面额以案发时国家外汇管理机关公布的外汇牌价折合人民币计算。

对于走私武器、弹药、核材料或者伪造的货币的行为,本款根据情节轻重规定了三个量刑档次:

第一档刑,走私武器、弹药、核材料或者伪造的货币的,处 7 年以上有期徒刑,并处罚金或者没收财产。

《最高人民法院关于审理走私刑事案件具体应用法律若干问题的解释》第 1 条第 2 款规定,走私武器、弹药,具有下列情节之一的,处 7 年以上有期徒刑,并处罚金或者没收财产:(1) 走私军用枪支 1 支或者军用子弹 50 发以上不满 100 发的;(2) 走私非军用枪支 5 支以上不满 10 支或者非军用子弹 500 发以上不满 1000 发的;(3) 走私武器、弹药达到本条第 1 款规定的数量标准,并具有其他恶劣情节的。第 2 条第 3 款规定,走私伪造的货币,具有下列情节之一的,处 7 年以上有期徒刑,并处罚金或者没收财产:(1) 走私伪造的货币,总面额 2 万元以上不足 20 万元或者币量 2000 张(枚)以上不足 2 万张(枚)的;(2) 走私伪造的货币并流入市场,面额达到本条第 2 款规定的数量标准的。

2006 年 11 月 14 日《最高人民法院关于审理走私刑事案件具体应用法律若干问题的解释(二)》第 1 条第 2 款规定,走私各种口径在 60 毫米以下常规炮弹、手榴弹或者枪榴弹等分别或者合计达到 5 枚以上不满 10 枚,或者走私各种口径超过 60 毫米以上常规炮弹合计不满 5 枚的,以走私弹药罪判处 7 年以上有期徒刑,并处罚金或者没收财产。

第二档刑,情节特别严重的,处无期徒刑或者死刑,并处没收财产。

《最高人民法院关于审理走私刑事案件具体应用法律若干问题的解释》第1条第3款规定,具有下列情节之一的,属于走私武器、弹药"情节特别严重",处无期徒刑或者死刑,并处没收财产:(1)走私军用枪支2支以上或者军用子弹100发以上的;(2)走私非军用枪支10支以上或者非军用子弹1000发以上的;(3)犯罪集团的首要分子或者使用特种车,走私武器、弹药达到本条第2款规定的数量标准的;(4)走私武器、弹药达到本条第2款规定的数量标准,并具有其他恶劣情节的。第2条第4款规定,具有下列情节之一的,属于走私假币罪"情节特别严重",处无期徒刑或者死刑,并处没收财产:(1)走私伪造的货币,总面额20万元以上或者币量2万张(枚)以上的;(2)走私伪造的货币并流入市场,面额达到本条第3款第(一)项规定的数量标准的;(3)走私伪造的货币达到本条第3款规定的数量标准,并具有是犯罪集团的首要分子或者使用特种车进行走私等严重情节的。

《最高人民法院关于审理走私刑事案件具体应用法律若干问题的解释(二)》第1条第3款规定,走私本条第2款规定的各种弹药,数量超过该款规定的数量标准,或者走私具有巨大杀伤力的非常规炮弹1枚以上的,属于"情节特别严重"。

第三档刑,情节较轻的,处3年以上7年以下有期徒刑,并处罚金。

《最高人民法院关于审理走私刑事案件具体应用法律若干问题的解释》第1条第1款规定,具有下列情节之一的,属于走私武器、弹药罪"情节较轻":(1)走私军用子弹10发以上不满50发的;(2)走私非军用枪支2支以上不满5支或者非军用子弹100发以上不满500发的;(3)走私武器、弹药虽未达到上述数量标准,但具有走私的武器、弹药被用于实施其他犯罪等恶劣情节的。第2条第2款规定,走私伪造的货币,总面额2000元以上不足2万元或者币量200张(枚)以上不足2000张(枚)的,属于走私假币罪"情节较轻"。

《最高人民法院关于审理走私刑事案件具体应用法律若干问题的解释(二)》第1条第1款规定,走私各种口径在60毫米以下常规炮弹、手榴弹或者枪榴弹等分别或者合计不满5枚的,属于"情节较轻"。

《最高人民法院关于审理走私刑事案件具体应用法律若干问题的解释》第 1 条第 6 款规定,走私管制刀具、仿真枪支构成犯罪的,依照刑法第 153 条的规定定罪处罚。

2. 本条第 2 款是对走私文物罪、走私贵重金属罪、走私珍贵动物、珍贵动物制品罪及其刑事处罚的规定。"国家禁止出口的文物",是指国家馆藏一、二、三级文物及其他国家禁止出口的文物。"珍贵动物",是指列入《国家重点保护野生动物名录》中的国家一、二级保护野生动物和列入《濒危野生动植物种国际贸易公约》附录一、附录二中的野生动物以及驯养繁殖的上述物种。主要有大熊猫、金丝猴、白唇鹿、扬子鳄、丹顶鹤、白鹤、天鹅、野骆驼等。珍贵动物的"制品",是指珍贵野生动物的皮、毛、骨等制成品。"其他贵重金属",是指铂、铱、铑、钛等金属以及国家规定禁止出口的其他贵重金属。

对于走私国家禁止出口的文物、黄金、白银和其他贵重金属或者国家禁止进出口的珍贵动物及其制品的行为,本款根据情节轻重规定了三个量刑档次:

第一档刑,对于走私国家禁止出口的文物、黄金、白银和其他贵重金属或者国家禁止进出口的珍贵动物及其制品的,处 5 年以上 10 年以下有期徒刑,并处罚金。《最高人民法院关于审理走私刑事案件具体应用法律若干问题的解释》第 3 条第 2 款规定,本款处刑主要有以下情节:(1) 走私国家禁止出口的二级文物两件以下或者三级文物 3 件以上 8 件以下的;(2) 走私国家禁止出口的文物达到本条第 1 款规定的数量标准,并具有造成该文物严重毁损或者无法追回等恶劣情节的。第 4 条第 3 款规定,具有下列情节之一的,处本档刑:(1) 走私国家一、二级保护动物达到本解释附表中(一)规定的数量标准的;(2) 走私珍贵动物制品价值 10 万元以上不满 20 万元的;(3) 走私国家一、二级保护动物虽未达到本款规定的数量标准,但具有造成该珍贵动物死亡或者无法追回等恶劣情节的。

第二档刑,情节特别严重的,处 10 年以上有期徒刑或者无期徒刑,并处没收财产。《最高人民法院关于审理走私刑事案件具体应用法律若干问题的解释》第 3 条第 3 款规定,具有下列情节之一的,属于走私文物罪"情节特别严重":(1)走私国家禁止出口的一级文物1件以上或者二级文物3件以上或者三级文物9件以上的;(2)走私国家禁止出口的文物达到本条第2款规定的数量标准,并造成该文物严重毁损或者无法追回的;(3)走私国家禁止出口的文物达到本条第2款规定的数量标准,并具有是犯罪集团的首要分子或者使用特种车进行走私等严重情节的。第4条第4款规定,具有下列情形之一的,属于走私珍贵动物、珍贵动物制品罪"情节特别严重":(1)走私国家一、二级保护动物达到本解释附表中(二)规定的数量标准的;(2)走私珍贵动物制品价值20万元以上的;(3)走私国家一、二级保护动物达到本解释附表中(一)规定的数量标准,并造成该珍贵动物死亡或者无法追回的;(4)走私国家一、二级保护动物达到本解释附表中(一)规定的数量标准,并具有是犯罪集团的首要分子或者使用特种车进行走私等严重情节的。

第三档刑,情节较轻的,处5年以下有期徒刑,并处罚金。《最高人民法院关于审理走私刑事案件具体应用法律若干问题的解释》第3条第1款规定,走私国家禁止出口的三级文物两件以下的,属于走私文物罪"情节较轻"。第4条第2款规定,走私国家二级保护动物未达到本解释附表中(一)规定的数量标准或者走私珍贵动物制品价值10万元以下的,属于走私珍贵动物、珍贵动物制品罪"情节较轻"。

3. 本条第3款是对走私珍稀植物、珍稀植物制品罪等国家禁止进出口的其他货物、物品犯罪及其刑事处罚的规定。本款规定中的"珍稀植物及其制品",是指国家珍稀植物树种及其植物标本,如苏铁树、桫椤、珙桐等。"其他国家禁止进出口的货物、物品",是指本条所列货物、物品以外的,被列入国家禁止进出口物品目录或者法律规定禁止进出口的货物、物品,如来自疫区的动植物及其制品、古植物化石等。

对于走私珍稀植物、珍稀植物制品等国家禁止进出口的其他货物、物品犯罪,本款规定了两个量刑档次:

第一档刑,对走私珍稀植物及其制品等国家禁止进出口的其他货物、物品的,处5年以下有期徒刑或者拘役,并处或者单处罚金。

第二档刑,情节严重的,处5年以上有期徒刑,并处罚金。

4. 本条第 4 款是对单位走私国家禁止进出口物品罪的处罚规定。依照本款的规定,单位犯本条规定之罪的,对单位判处罚金,并对直接负责的主管人员和其他直接责任人员依照本条各款的规定处罚。

犯本条所列国家禁止进出口物品罪,行为人主观上必须具有犯罪故意,客观上必须有逃避海关监管,非法运输、携带、邮寄国家禁止进出口的物品进出口的行为。由于本条所列物品有的是违禁品,有的是国家严禁出口的物品,对走私本条所列物品犯罪的条件,在数量上一般没有限制,凡是走私本条所列物品,原则上都构成犯罪。在实施执行中应当抓住走私罪的本质特征,注意区分罪与非罪的界限。如行为人不知其所携带出境的文物是国家禁止出口的文物,且如实申报而没有逃避海关监管,即使其运输、携带或者邮寄的属于禁止出口的文物,也不能作为犯罪处理。

【立法理由】

走私犯罪直接侵犯国家的外贸监管制度,严重影响国家的关税征收、资金积累,冲击国内市场,具有很大的社会危害性。世界各国刑法都有关于走私罪的规定。1997 年《刑法》在第 151 条中以具体列举的方式对走私国家禁止进出口货物、物品的犯罪作了专门规定,包括走私武器、弹药罪,走私核材料罪,走私假币罪,走私文物罪,走私贵重金属罪,走私珍贵动物、珍贵动物制品罪,走私珍稀植物、珍稀植物制品罪。对走私所列举的违禁货物、物品以外的普通货物、物品的,则按照偷逃关税的数额定罪量刑。

1997 年《刑法》实施后,有关部门提出,除了刑法所具体列举的禁止进出口的货物、物品外,国家还根据维护国家安全和社会公共利益的需要,规定了其他一些禁止进出口的货物、物品,如禁止进口来自疫区的动植物及其制品、禁止出口古植物化石等。对走私这类国家明令禁止进出口的货物、物品的,应直接定为犯罪,不应也无法同走私普通货物、物品一样,按其偷逃关税的数额定罪量刑。为适应惩治这类危害较大的走私行为的需要,2009 年 2 月 28 日,第十一届全国人大常委会第七次会议通过的《刑法修正案(七)》对刑法第 151 条第 3 款的规定作适当修改,增加走私"国家禁止进出口的其他货物、物品"的犯罪及刑事责任的规定。

中央关于深化司法体制和工作机制改革要求进一步落实宽严相济的刑事政策,完善死刑法律规定,适当减少死刑罪名,调整死刑与无期徒刑、有期徒刑之间的结构关系。各有关方面反复研究,一致认为,我国的刑罚结构总体上能够适应当前惩治犯罪、教育改造罪犯、预防和减少犯罪的需要。但在实际执行中也存在死刑偏重、生刑偏轻等问题,需要通过修改刑法适当调整。

一是,刑法规定的死刑罪名较多,共68个,从司法实践看,有些罪名较少适用或基本未适用过,可以适当减少。

二是,根据我国现阶段经济社会发展实际,适当取消一些经济性非暴力犯罪的死刑,不会给我国社会稳定大局和治安形势带来负面影响。针对上述情况,《刑法修正案(八)》取消了近年来较少适用或基本未适用过的13个经济性非暴力犯罪的死刑。具体是:走私文物罪,走私贵重金属罪,走私珍贵动物、珍贵动物制品罪,走私普通货物、物品罪,票据诈骗罪,金融凭证诈骗罪,信用证诈骗罪,虚开增值税专用发票、用于骗取出口退税、抵扣税款发票罪,伪造、出售伪造的增值税专用发票罪,盗窃罪,传授犯罪方法罪,盗掘古文化遗址、古墓葬罪,盗掘古人类化石、古脊椎动物化石罪。以上取消的13个死刑罪名,占死刑罪名总数的19.1%。

根据《刑法修正案(八)》的规定,本条作了两处修改:

第一,取消走私文物罪,走私贵重金属罪,走私珍贵动物、珍贵动物制品罪的死刑规定。

第二,对走私文物罪,走私贵重金属罪,走私珍贵动物、珍贵动物制品罪取消死刑后,相应调整了这类犯罪的处刑,将原"处五年以上有期徒刑"的规定修改为"五年以上十年以下有期徒刑",将原"无期徒刑"的规定修改为"十年以上有期徒刑、无期徒刑"。

【相关规定】

《中华人民共和国文物保护法》

第六十四条 违反本法规定,有下列行为之一,构成犯罪的,依法追究刑事责任:

（一）盗掘古文化遗址、古墓葬的；
（二）故意或者过失损毁国家保护的珍贵文物的；
（三）擅自将国有馆藏文物出售或者私自送给非国有单位或者个人的；
（四）将国家禁止出境的珍贵文物私自出售或者送给外国人的；
（五）以牟利为目的倒卖国家禁止经营的文物的；
（六）走私文物的；
（七）盗窃、哄抢、私分或者非法侵占国有文物的；
（八）应当追究刑事责任的其他妨害文物管理行为。

第六十五条　违反本法规定，造成文物灭失、损毁的，依法承担民事责任。

违反本法规定，构成违反治安管理行为的，由公安机关依法给予治安管理处罚。

违反本法规定，构成走私行为，尚不构成犯罪的，由海关依照有关法律、行政法规的规定给予处罚。

《中华人民共和国野生动物保护法》

第三十五条　违反本法规定，出售、收购、运输、携带国家或者地方重点保护野生动物或者其产品的，由工商行政管理部门没收实物和违法所得，可以并处罚款。

违反本法规定，出售、收购国家重点保护野生动物或者其产品，情节严重、构成投机倒把罪、走私罪的，依照刑法有关规定追究刑事责任。

没收的实物，由野生动物行政主管部门或者其授权的单位按照规定处理。

第三十六条　非法进出口野生动物或者其产品的，由海关依照海关法处罚；情节严重、构成犯罪的，依照刑法关于走私罪的规定追究刑事责任。

《中华人民共和国人民币管理条例》

第三十一条　禁止伪造、变造人民币。禁止出售、购买伪造、变造的人民币。禁止走私、运输、持有、使用伪造、变造的人民币。

《国务院关于打击盗掘和走私文物活动的通告》

二、文物购销统由文物部门经营,国内外人士不得私自买卖文物。未经省级和省级以上文化主管部门委托并经工商行政管理部门许可,任何单位和个人不得经营文物。违法经营的,由工商行政管理部门依照《文物保护法》的有关规定处罚;进行文物走私或者进行文物投机倒把活动情节严重的,依法追究其刑事责任。

三、对盗掘、走私文物知情不举的,要追究其责任;窝藏、包庇盗掘、走私文物犯罪分子的,依法追究其刑事责任。

文物部门职工利用职权盗窃文物或者内外勾结走私文物的,依法从重处罚。国家工作人员玩忽职守,致使文物被盗掘、流失遭受重大损失的,依照《刑法》的有关规定,予以惩处。

五、公安、司法、工商、海关和文化行政管理等有关部门要相互配合,密切协作,坚决打击盗掘和走私文物的违法活动。

六、对揭发检举盗掘和走私文物犯罪分子以及破案有功的人员和单位,由文物主管部门报请同级人民政府批准后,给予表彰或奖励。

七、凡盗窃、私掘、投机倒把和走私文物的违法犯罪分子,在本通告发布之日起两个月内,向当地公安部门自首,彻底坦白,交出非法所得和现存文物的,可予以宽大处理;拒不坦白或继续违法犯罪的,要从严从重惩处。

《中华人民共和国濒危野生动植物进出口管理条例》

第二十六条 非法进口、出口或者以其他方式走私濒危野生动植物及其产品的,由海关依照海关法的有关规定予以处罚;情节严重,构成犯罪的,依法追究刑事责任。

罚没的实物移交野生动植物主管部门依法处理;罚没的实物依法需要实施检疫的,经检疫合格后,予以处理。罚没的实物需要返还原出口国(地区)的,应当由野生动植物主管部门移交国家濒危物种进出口管理机构依照公约规定处理。

《最高人民法院关于审理走私刑事案件具体应用法律若干问题的解释》

第一条 根据刑法第一百五十一条第一款的规定,具有下列情节

之一的,属于走私武器、弹药罪"情节较轻",处三年以上七年以下有期徒刑,并处罚金:

（一）走私军用子弹十发以上不满五十发的;

（二）走私非军用枪支二支以上不满五支或者非军用子弹一百发以上不满五百发的;

（三）走私武器、弹药虽未达到上述数量标准,但具有走私的武器、弹药被用于实施其他犯罪等恶劣情节的。

走私武器、弹药,具有下列情节之一的,处七年以上有期徒刑,并处罚金或者没收财产:

（一）走私军用枪支一支或者军用子弹五十发以上不满一百发的;

（二）走私非军用枪支五支以上不满十支或者非军用子弹五百发以上不满一千发的;

（三）走私武器、弹药达到本条第一款规定的数量标准,并具有其他恶劣情节的。

具有下列情节之一的,属于走私武器、弹药罪"情节特别严重",处无期徒刑或者死刑,并处没收财产:

（一）走私军用枪支二支以上或者军用子弹一百发以上的;

（二）走私非军用枪支十支以上或者非军用子弹一千发以上的;

（三）犯罪集团的首要分子或者使用特种车,走私武器、弹药达到本条第二款规定的数量标准的;

（四）走私武器、弹药达到本条第二款规定的数量标准,并具有其他恶劣情节的。

走私其他武器、弹药的,参照本条各款规定的量刑标准处罚。

走私成套枪支散件的,以走私相应数量的枪支计;走私非成套枪支散件的,以每三十件为一套枪支散件计。

走私管制刀具、仿真枪支构成犯罪的,依照刑法第一百五十三条的规定定罪处罚。

刑法第一百五十一条第一款规定的"武器、弹药"的种类,参照《中华人民共和国海关进口税则》及《中华人民共和国禁止进出境物品表》的有关规定确定。

第二条　刑法第一百五十一条第一款规定的"货币",是指可在国内市场流通或者兑换的人民币、境外货币。

走私伪造的货币,总面额二千元以上不足二万元或者币量二百张(枚)以上不足二千张(枚)的,属于走私假币罪"情节较轻",处三年以上七年以下有期徒刑,并处罚金。

走私伪造的货币,具有下列情节之一的,处七年以上有期徒刑,并处罚金或者没收财产:

(一)走私伪造的货币,总面额二万元以上不足二十万元或者币量二千张(枚)以上不足二万张(枚)的;

(二)走私伪造的货币并流入市场,面额达到本条第二款规定的数量标准的。

具有下列情节之一的,属于走私假币罪"情节特别严重",处无期徒刑或者死刑,并处没收财产:

(一)走私伪造的货币,总面额二十万元以上或者币量二万张(枚)以上的;

(二)走私伪造的货币并流入市场,面额达到本条第三款第(一)项规定的数量标准的;

(三)走私伪造的货币达到本条第三款规定的数量标准,并具有是犯罪集团的首要分子或者使用特种车进行走私等严重情节的。

货币面额以人民币计。走私伪造的境外货币的,其面额以案发时国家外汇管理机关公布的外汇牌价折合人民币计算。

第三条　走私国家禁止出口的三级文物二件以下的,属于走私文物罪"情节较轻",处五年以下有期徒刑,并处罚金。

走私文物,具有下列情节之一的,处五年以上有期徒刑,并处罚金:

(一)走私国家禁止出口的二级文物二件以下或者三级文物三件以上八件以下的;

(二)走私国家禁止出口的文物达到本条第一款规定的数量标准,并具有造成该文物严重毁损或者无法追回等恶劣情节的。

具有下列情节之一的,属于走私文物罪"情节特别严重",处无期徒刑或者死刑,并处没收财产:

第 26 条　《中华人民共和国刑法修正案（八）》条文说明、立法理由及相关规定

（一）走私国家禁止出口的一级文物一件以上或者二级文物三件以上或者三级文物九件以上的；

（二）走私国家禁止出口的文物达到本条第二款规定的数量标准，并造成该文物严重毁损或者无法追回的；

（三）走私国家禁止出口的文物达到本条第二款规定的数量标准，并具有是犯罪集团的首要分子或者使用特种车进行走私等严重情节的。

第四条　刑法第一百五十一条第二款规定的"珍贵动物"，是指列入《国家重点保护野生动物名录》中的国家一、二级保护野生动物和列入《濒危野生动植物种国际贸易公约》附录一、附录二中的野生动物以及驯养繁殖的上述物种。

走私国家二级保护动物未达到本解释附表中（一）规定的数量标准或者走私珍贵动物制品价值十万元以下的，属于走私珍贵动物、珍贵动物制品罪"情节较轻"，处五年以下有期徒刑，并处罚金。

走私珍贵动物及其制品，具有下列情节之一的，处五年以上有期徒刑，并处罚金：

（一）走私国家一、二级保护动物达到本解释附表中（一）规定的数量标准的；

（二）走私珍贵动物制品价值十万元以上不满二十万元的；

（三）走私国家一、二级保护动物虽未达到本款规定的数量标准，但具有造成该珍贵动物死亡或者无法追回等恶劣情节的。

具有下列情形之一的，属于走私珍贵动物、珍贵动物制品罪"情节特别严重"，处无期徒刑或者死刑，并处没收财产：

（一）走私国家一、二级保护动物达到本解释附表中（二）规定的数量标准的；

（二）走私珍贵动物制品价值二十万元以上的；

（三）走私国家一、二级保护动物达到本解释附表中（一）规定的数量标准，并造成该珍贵动物死亡或者无法追回的；

（四）走私国家一、二级保护动物达到本解释附表中（一）规定的数量标准，并具有是犯罪集团的首要分子或者使用特种车进行走私等严

重情节的。

走私《濒危动植物种国际贸易公约》附录一、附录二中的动物及其制品的，参照本解释附表中规定的同属或者同科动物的定罪量刑标准执行。

第十条　单位犯刑法第一百五十一条、第一百五十二条规定的各罪以及走私国家禁止进口的固体废物的，对单位判处罚金，并对其直接负责的主管人员和其他直接责任人员，分别依照本解释的有关规定处罚。

《最高人民法院关于审理走私刑事案件具体应用法律若干问题的解释(二)》

第一条　走私各种口径在六十毫米以下常规炮弹、手榴弹或者枪榴弹等分别或者合计不满五枚的，属于刑法第一百五十一条第一款规定的"情节较轻"，以走私弹药罪判处三年以上七年以下有期徒刑，并处罚金。

走私各种口径在六十毫米以下常规炮弹、手榴弹或者枪榴弹等分别或者合计达到五枚以上不满十枚，或者走私各种口径超过六十毫米以上常规炮弹合计不满五枚的，依照刑法第一百五十一条第一款规定，以走私弹药罪判处七年以上有期徒刑，并处罚金或者没收财产。

走私本条第二款规定的各种弹药，数量超过该款规定的数量标准，或者走私具有巨大杀伤力的非常规炮弹一枚以上的，属于刑法第一百五十一条第四款规定的"情节特别严重"，以走私弹药罪判处无期徒刑或者死刑，并处没收财产。

第二条　走私各种弹药的弹头、弹壳，构成犯罪的，依照刑法第一百五十一条第一款规定，以走私弹药罪定罪处罚。

走私报废或者无法组装并使用的各种弹药的弹头、弹壳，构成犯罪的，以走私普通货物、物品罪定罪处罚；经国家有关技术部门鉴定为废物的，以走私废物罪定罪处罚。

对走私的各种弹药的弹头、弹壳是否属于"报废或者无法组装并使用"的，可由国家有关技术部门进行鉴定。

第三条　走私各种炮弹、手榴弹、枪榴弹的弹头、弹壳的定罪量刑数量标准,按照本解释第一条规定的定罪量刑数量标准的五倍执行。

走私军用子弹、非军用子弹的弹头、弹壳的定罪量刑数量标准,按照最高人民法院法释[2000]30号《关于审理走私刑事案件具体应用法律若干问题的解释》第一条规定的关于走私军用子弹或者非军用子弹的定罪量刑数量标准的五倍执行。

第四条　实施本解释第一条、第二条规定的走私犯罪行为,符合最高人民法院法释[2000]30号《关于审理走私刑事案件具体应用法律若干问题的解释》第一条的第一款第(三)项、第二款第(三)项、第三款第(三)项和第(四)项规定的相应情形的,按照该解释有关规定的处罚原则处理。

第五条　对在走私的普通货物、物品或者废物中藏匿刑法第一百五十一条、第一百五十二条、第三百四十七条、第三百五十条规定的货物、物品,构成犯罪的,以实际走私的货物、物品定罪处罚;构成数罪的,实行数罪并罚。

《最高人民法院、最高人民检察院、海关总署关于办理走私刑事案件适用法律若干问题的意见》

七、关于走私珍贵动物制品行为的处罚问题

走私珍贵动物制品的,应当根据刑法第一百五十一条第二、四、五款和《最高人民法院关于审理走私刑事案件具体应用法律若干问题的解释》(以下简称《解释》)第四条的有关规定予以处罚,但同时具有下列情形,情节较轻的,一般不以犯罪论处：

(一)珍贵动物制品购买地允许交易;

(二)入境人员为留作纪念或者作为礼品而携带珍贵动物制品进境,不具有牟利目的的。

同时具有上述两种情形,达到《解释》第四条第三款规定的量刑标准的,一般处五年以下有期徒刑,并处罚金;达到《解释》第四条第四款规定的量刑标准的,一般处五年以上有期徒刑,并处罚金。

二十七、将刑法第一百五十三条第一款修改为:"走私本法第一百五十一条、第一百五十二条、第三百四十七条规定以外的货物、物品的,根据情节轻重,分别依照下列规定处罚:

(一)走私货物、物品偷逃应缴税额较大或者一年内曾因走私被给予二次行政处罚后又走私的,处三年以下有期徒刑或者拘役,并处偷逃应缴税额一倍以上五倍以下罚金。

(二)走私货物、物品偷逃应缴税额巨大或者有其他严重情节的,处三年以上十年以下有期徒刑,并处偷逃应缴税额一倍以上五倍以下罚金。

(三)走私货物、物品偷逃应缴税额特别巨大或者有其他特别严重情节的,处十年以上有期徒刑或者无期徒刑,并处偷逃应缴税额一倍以上五倍以下罚金或者没收财产。"

【说明】

《刑法修正案(八)》修改后的刑法第153条条文为:"走私本法第一百五十一条、第一百五十二条、第三百四十七条规定以外的货物、物品的,根据情节轻重,分别依照下列规定处罚:

(一)走私货物、物品偷逃应缴税额较大或者一年内曾因走私被给予二次行政处罚后又走私的,处三年以下有期徒刑或者拘役,并处偷逃应缴税额一倍以上五倍以下罚金。

(二)走私货物、物品偷逃应缴税额巨大或者有其他严重情节的,处三年以上十年以下有期徒刑,并处偷逃应缴税额一倍以上五倍以下罚金。

(三)走私货物、物品偷逃应缴税额特别巨大或者有其他特别严重情节的,处十年以上有期徒刑或者无期徒刑,并处偷逃应缴税额一倍以上五倍以下罚金或者没收财产。

单位犯前款罪的,对单位判处罚金,并对其直接负责的主管人员和其他直接责任人员,处三年以下有期徒刑或者拘役;情节严重的,处三年以上十年以下有期徒刑;情节特别严重的,处十年以上有期徒刑。

对多次走私未经处理的,按照累计走私货物、物品的偷逃应缴税额处罚。"

第27条　　《中华人民共和国刑法修正案(八)》条文说明、立法理由及相关规定

本条是关于走私普通货物、物品罪及其刑事处罚的规定。本条共分三款。

本条第1款是对走私普通货物、物品的处罚规定。构成本罪必须具备以下要件：

1. 行为人主观方面是故意犯罪，具有偷逃关税的目的。

2. 行为人在客观上具有逃避海关监管，走私普通货物、物品，偷逃应缴税额，应当追究刑事责任的行为。刑法第151条规定了对走私武器、弹药、核材料、伪造的货币、国家禁止出口的文物、黄金、白银和其他贵重金属、国家禁止进出口的珍贵动物及其制品、国家禁止进出口的珍稀植物及其制品等国家禁止进出口的其他货物、物品的刑事处罚。第152条规定了走私淫秽物品的刑事处罚。第347条规定了走私、贩卖、运输、制造毒品的刑事处罚。本款规定的"本法第一百五十一条、第一百五十二条、第三百四十七条规定以外的货物、物品"，实践中主要包括两类：一类是国家限制进出口的货物、物品，即国家对其进口或者出口实行配额或者许可证管理的货物、物品。例如，烟、酒、贵重中药材及其成药、汽车、摩托车等。另一类是应纳税货物、物品。例如，玻璃制品、造纸材料、塑料等进口货物和钨矿砂及精矿、淡水鱼、虾、海蜇等出口物品。本条之所以要把走私一般货物、物品同走私国家禁止进出口物品、走私淫秽物品以及走私毒品分开来规定，是因为走私物品的种类不同，其社会危害性也不同，在处罚上也应有所区别。第151条、第152条和第347条所列物品，都是国家禁止进出口的物品，走私这类物品，对社会的危害性大，往往难以用物品的价额或者偷逃应缴税额来计算。因此，对于走私国家禁止进出口物品和淫秽物品的处刑，都没有规定价额或者数额标准，原则上只要走私就构成犯罪，但走私普通货物、物品，其危害程度主要是根据偷逃应缴税额的大小来决定的。这里的"应缴税额"，是指进出口货物、物品应当缴纳的进出口关税和进口环节、海关代征代扣的其他税款，偷逃应缴税额越大，危害性也就越大。考虑到普通货物、物品的进出口税率是不一样的，走私相同价额不同种类的货物、物品，由于国家规定的税率不同，可能偷逃的关税和可能给国家造成的损失也不同。因此，本条将衡量定罪处罚的标准规定为"应缴税额"。

对于走私普通货物、物品的处罚,本款根据偷逃应缴税额的大小规定了三个量刑档次:

第一档刑:走私货物、物品偷逃应缴税额较大或者1年内曾因走私被给予两次行政处罚后又走私的,处3年以下有期徒刑或者拘役,并处偷逃应缴税额1倍以上5倍以下罚金。根据2000年《最高人民法院关于审理走私刑事案件具体应用法律若干问题的解释》的规定,走私货物、物品所偷逃的应缴税额,应当以走私行为案发时所适用的税则、税率、汇率和海关审定的完税价格计算,并以海关出具的证明为准。

第二档刑:走私货物、物品偷逃应缴税额巨大或者有其他严重情节的,处3年以上10年以下有期徒刑,并处偷逃应缴税额1倍以上5倍以下罚金。其中,"其他严重情节"主要是指,虽然走私货物、物品偷逃应缴税额尚未达到"巨大"标准,但具有多次走私等严重情节。

第三档刑:走私货物、物品偷逃应缴税额特别巨大或者有其他特别严重情节的,处10年以上有期徒刑或者无期徒刑,并处偷逃应缴税额1倍以上5倍以下罚金或者没收财产。

本条第2款是对单位犯走私普通货物、物品罪的处罚规定。单位走私普通货物、物品的,根据本款规定对单位判处罚金,并对其直接负责的主管人员和直接责任人员,处3年以下有期徒刑或者拘役;情节严重的,处3年以上10年以下有期徒刑,情节特别严重的,处10年以上有期徒刑。

本条第3款是对多次走私未经处理的处罚规定。"多次走私未经处理",是指走私未受到行政执法机关或者司法机关处理的,如果其走私行为受到某一机关处理过,不管行政处罚或者刑事处罚,就不属于未经处理之列。根据本款规定,对多次走私未经处理的,按照累计走私货物、物品的偷逃应缴税额处罚。

在执法中,应注意在走私本条规定的货物、物品的同时,走私刑法第151条、第152条、第347条、第350条规定的物品的如何正确处理的问题。根据《最高人民法院关于审理走私刑事案件具体应用法律若干问题的解释(二)》规定,对在走私的普通货物、物品中藏匿刑法第151条、第152条、第347条、第350条规定的货物、物品,构成犯罪的,以实际走私的货物、物品定罪处罚;构成数罪的,实行数罪并罚。

【立法理由】

1988年1月21日,第六届全国人大常委会第二十四次会议通过的《关于惩治走私罪的补充规定》第4条规定,走私本规定严禁出入境以外的货物、物品的,根据情节轻重,分别依照下列规定处罚:(1)走私货物、物品价额在50万元以上的,处10年以上有期徒刑或者无期徒刑,并处罚金或者没收财产;情节特别严重的,处死刑,并处没收财产。(2)走私货物、物品价额在15万元以上不满50万元的,处7年以上有期徒刑,并处罚金或者没收财产;情节特别严重的,处无期徒刑,并处没收财产。(3)走私货物、物品价额在5万元以上不满15万元的,处3年以上10年以下有期徒刑,并处罚金。(4)走私货物、物品价额在2万元以上不满5万元的,处3年以下有期徒刑或者拘役,并处罚金;情节较轻的,或者价额不满2万元的,由海关没收走私货物、物品和违法所得,可以并处罚款。1997年修订刑法时将上述规定修改后纳入刑法。

《刑法修正案(八)》对本条作了修改。本条主要作了四处修改:

第一,根据中央深化司法体制和工作机制改革中关于落实宽严相济刑事政策,适当减少死刑罪名的精神,取消了走私普通货物、物品罪的死刑规定。

第二,针对实践中出现的"蚂蚁搬家"式的走私行为,无法予以追究刑事责任的情况,将1年内曾因走私被给予两次行政处罚后又走私的行为规定为犯罪。近年来,有的部门和一些全国人大代表的议案、建议提出,在我国一些地区,小额多次走私的情况严重,由于行为人有意将每次偷逃应缴税额控制在5万元以下,海关查获后只能予以行政处罚。行为人屡罚屡犯,从主观恶性和社会危害性程度上看,应当以犯罪处理,才能起到惩戒作用,有效维护海关监管秩序。因此,本款进行了相应修改。

第三,根据司法实践的经验和打击犯罪的需要,将"偷逃应缴税额在五万元以上不满十五万元"改为"偷逃应缴税额较大";将"偷逃应缴税额在十五万元以上不满五十万元"改为"偷逃应缴税额巨大或者有其他严重情节";将"偷逃应缴税额在五十万元以上"改为"偷逃应缴税额特别巨大或者有其他特别严重情节"。

第四,调整处罚顺序,由重到轻改为由轻到重;整合处刑档次,将五档处刑改为三档处刑。

【相关规定】

《最高人民法院关于审理走私刑事案件具体应用法律若干问题的解释》

第六条 刑法第一百五十三条规定的"应缴税额",是指进出口货物、物品应当缴纳的进出口关税和进口环节海关代征税的税额。

走私货物、物品所偷逃的应缴税额,应当以走私行为案发时所适用的税则、税率、汇率和海关审定的完税价格计算,并以海关出具的证明为准。

刑法第一百五十三条第三款规定的"对多次走私未经处理的",是指对多次走私未经行政处罚处理的。

《最高人民法院关于审理走私刑事案件具体应用法律若干问题的解释(二)》

第五条 对在走私的普通货物、物品或者废物中藏匿刑法第一百五十一条、第一百五十二条、第三百四十七条、第三百五十条规定的货物、物品,构成犯罪的,以实际走私的货物、物品定罪处罚;构成数罪的,实行数罪并罚。

第八条 经许可进口国家限制进口的可用作原料的废物时,偷逃应缴税额,构成犯罪的,应当依照刑法第一百五十三条规定,以走私普通货物罪定罪处罚;既未经许可,又偷逃应缴税额,同时构成走私废物罪和走私普通货物罪的,应当按照刑法处罚较重的规定定罪处罚。

虽经许可,但超过许可数量进口国家限制进口的可用作原料的废物,超过部分以未经许可论。

《最高人民法院、最高人民检察院、海关总署关于办理走私刑事案件适用法律若干问题的意见》

八、关于走私旧汽车、切割车等货物、物品的行为的定罪问题

走私刑法第一百五十一条、第一百五十二条、第三百四十七条、第三百五十条规定的货物、物品以外的,已被国家明令禁止进出口的货物、物品,例如旧汽车、切割车、侵犯知识产权的货物、来自疫区的动植

物及其产品等,应当依照刑法第一百五十三条的规定,以走私普通货物、物品罪追究刑事责任。

九、关于利用购买的加工贸易登记手册、特定减免税批文等涉税单证进口货物行为的定性处理问题

加工贸易登记手册、特定减免税批文等涉税单证是海关根据国家法律法规以及有关政策性规定,给予特定企业用于保税货物经营管理和减免税优惠待遇的凭证。利用购买的加工贸易登记手册、特定减免税批文等涉税单证进口货物,实质是将一般贸易货物伪报为加工贸易保税货物或者特定减免税货物进口,以达到偷逃应缴税款的目的,应当适用刑法第一百五十三条以走私普通货物、物品罪定罪处罚。如果行为人与走私分子通谋出售上述涉税单证,或者在出卖批文后又以提供印章、向海关伪报保税货物、特定减免税货物等方式帮助买方办理进口通关手续的,对卖方依照刑法第一百五十六条以走私罪共犯定罪处罚。买卖上述涉税单证情节严重尚未进口货物的,依照刑法第二百八十条的规定定罪处罚。

十、关于在加工贸易活动中骗取海关核销行为的认定问题

在加工贸易经营活动中,以假出口、假结转或者利用虚假单证等方式骗取海关核销,致使保税货物、物品脱离海关监管,造成国家税款流失,情节严重的,依照刑法第一百五十三条的规定,以走私普通货物、物品罪追究刑事责任。但有证据证明因不可抗力原因导致保税货物脱离海关监管,经营人无法办理正常手续而骗取海关核销的,不认定为走私犯罪。

《电影管理条例》

第五十七条 走私电影片,依照刑法关于走私罪的规定,依法追究刑事责任;尚不够刑事处罚的,由海关依法给予行政处罚。

《音像制品管理条例》

第四十一条 走私音像制品的,依照刑法关于走私罪的规定,依法追究刑事责任;尚不够刑事处罚的,由海关依法给予行政处罚。

《出版管理条例》

第五十七条 有下列行为之一的,由出版行政部门责令停止违法行为,没收出版物、违法所得,违法经营额1万元以上的,并处违法经营

额 5 倍以上 10 倍以下的罚款;违法经营额不足 1 万元的,并处 1 万元以上 5 万元以下的罚款;情节严重的,责令限期停业整顿或者由原发证机关吊销许可证:

(一)进口、印刷或者复制、发行国务院出版行政部门禁止进口的出版物的;

(二)印刷或者复制走私的境外出版物的;

(三)发行进口出版物未从本条例规定的出版物进口经营单位进货的。

第五十八条 走私出版物的,依照刑法关于走私罪的规定,依法追究刑事责任;尚不够刑事处罚的,由海关依照海关法的规定给予行政处罚。

二十八、将刑法第一百五十七条第一款修改为:"武装掩护走私的,依照本法第一百五十一条第一款的规定从重处罚。"

【说明】

《刑法修正案(八)》修改后的刑法第 157 条条文为:"武装掩护走私的,依照本法第一百五十一条第一款的规定从重处罚。

以暴力、威胁方法抗拒缉私的,以走私罪和本法第二百七十七条规定的阻碍国家机关工作人员依法执行职务罪,依照数罪并罚的规定处罚。"

本条是对武装掩护走私和以暴力、威胁方法抗拒缉私犯罪刑事处罚的规定。共分两款。

本条第 1 款是关于武装掩护走私刑事处罚的规定。"武装掩护走私",是指行为人携带武器用以保护走私活动的行为。在实践中,有的犯罪分子在遇到缉私检查时,公然持武器进行抵抗,有的没有用武器进行抵抗或者没有来得及用武器进行抵抗,便被捕获。只要犯罪分子携带武器武装掩护,无论是否使用武器,都不影响本条的适用。武装掩护走私,是最严重的走私行为之一,社会危害性极大,所以本款规定,对武装掩护走私的,依照本法第 151 条第 1 款的规定从重处罚。第 151 条第 1 款将量刑幅度分为三个档次:走私武器、弹药、核材料或者伪造的货币的,处 7 年以上有期徒刑,并处罚金或者没收财产;情节特别严重的,处无期徒刑或者死刑,并处没收财产;情节较轻的,处 3 年以上 7 年以下有期徒刑,并处罚金。本款所说的从重处罚,是指根据情节轻重,在相应的量刑档次内从重,而不是在该档的量刑幅度以外从重。另外,应当注意的是,刑法对武装掩护走私有特别规定的,根据特别规定处罚。比如,对于武装掩护走私、贩卖、运输、制造毒品的,应当根据刑法第 347 条第 2 款的规定,处 15 年有期徒刑、无期徒刑或者死刑,并处没收财产,而不是适用本条的规定进行处罚。

本条第 2 款是对以暴力、威胁方法抗拒缉私行为刑事处罚的规定。"暴力",一般是指使用有形的力量,如殴打、捆绑等。"威胁",一般是指使用无形的力量,使对方在精神上形成压力,在心理上造成一种恐惧感。例如,扬言对他人使用暴力,或以杀害、毁坏财产、报复家人、破坏名誉等相威胁。如果走私分子使用暴力、威胁手段抗拒缉私,根据本款的规定,应当以走私罪和本法第 277 条规定的阻碍国家机关工作人员依法执行职务罪数罪并罚。

在实际执行中应当注意的是,行为人必须是走私分子,而且其走私行为已经构成犯罪,又有以暴力、威胁方法抗拒缉私的行为,才能以数罪并罚的规定处罚。根据刑法第 69 条的规定,数罪并罚,是指对两个以上独立的犯罪实行并罚。如果行为人的走私行为尚不构成走私罪,但使用暴力、威胁方法抗拒缉私的,则只能按刑法第 277 条阻碍国家机关工作人员依法执行职务罪定罪处罚。

【立法理由】

在实践中,有的犯罪分子在走私时以武装进行掩护,这种武装走私的犯罪行为给缉私带来了威胁,更具有危险性和危害性。犯罪分子武装掩护走私或者以暴力、威胁方法抗拒缉私的行为必然会对国家缉私人员的人身安全构成威胁,增加查禁走私的危险程度,最终会破坏我国的经济发展秩序。这是走私犯罪活动中最为嚣张的犯罪,必须予以严惩。为了严厉打击武装掩护走私行为,1988 年 1 月 21 日,第六届全国人民代表大会常务委员会第二十四次会议通过的《关于惩治走私罪的补充规定》第 10 条规定:"武装掩护走私的,依照本规定第一条的规定从重处罚。以暴力、威胁方法抗拒缉私的，以走私罪和刑法第一百五十七条规定的阻碍国家工作人员依法执行职务罪，依照数罪并罚的规定处罚。"1997年修订刑法时将上述规定纳入了刑法，在第157条中规定："武装掩护走私的，依照本法第一百五十一条第一款、第四款的规定从重处罚。以暴力、威胁方法抗拒缉私的，以走私罪和本法第二百七十七条规定的阻碍国家机关工作人员依法执行职务罪，依照数罪并罚的规定处罚。"也就是说，对于武装掩护走私的，可以根据刑法第151条第4款，对"犯第一款、第二款罪，情节特别严重的，处无期徒刑或者死刑，并处没收财产"。

《刑法修正案（八）》根据社会、经济情况的变化，对刑法第151条进行了修改：一是删除其第4款的规定，取消了走私文物罪、走私贵重金属罪、走私珍贵动物、珍贵动物制品罪等走私犯罪的死刑。二是在第1款中增加了"情节特别严重的，处无期徒刑或者死刑，并处没收财产"的规定。由于《刑法修正案（八）》删除了原第151条第4款，原刑法第157条第1款中"依照第一百五十一条第四款从重处罚"的规定也就不再适用，《刑法修正案（八）》因此作了相应修改，删除了"依照一百五十一条第一款、第四款从重处罚"中的"第四款"。

二十九、将刑法第一百六十四条修改为："为谋取不正当利益，给予公司、企业或者其他单位的工作人员以财物，数额较大的，处三年以下有期徒刑或者拘役；数额巨大的，处三年以上十年以下有期徒刑，并处罚金。

为谋取不正当商业利益，给予外国公职人员或者国际公共组织官员以财物的，依照前款的规定处罚。

单位犯前两款罪的，对单位判处罚金，并对其直接负责的主管人员和其他直接责任人员，依照第一款的规定处罚。

行贿人在被追诉前主动交待行贿行为的，可以减轻处罚或者免除处罚。"

【说明】

本条是关于对公司、企业或者其他单位的工作人员，以及外国公职人员或者国际公共组织官员行贿犯罪及其刑事处罚的规定。共分四款。

本条第1款是关于个人向公司、企业或者其他单位的工作人员行贿及其刑事处罚的规定。包含三层含义：

1. 行为人必须具有谋取不正当利益的目的。根据2008年11月20日《最高人民法院、最高人民检察院关于办理商业贿赂刑事案件适用法律若干问题的意见》的规定，在行贿犯罪中"谋取不正当利益"，是指行贿人谋取违反法律、法规、规章或者政策规定的利益，或者要求对方违反法律、法规、规章、政策、行业规范的规定提供帮助或者方便条件。另外，在招标投标、政府采购等商业活动中，违背公平原则，给予相关人员财物以谋取竞争优势的，属于"谋取不正当利益"。

2. 行为人必须实施了给予公司、企业或者其他单位的工作人员以财物的行为。这里的"给予"应当是实际给付行为，即作为贿赂物的财物已经从行贿人手中转移到受贿人控制之下。

3. 行贿的财物必须达到数额较大，才构成犯罪。本条在罪状表述上，只原则规定了"数额较大"、"数额巨大"，其具体数额标准可由最高人民法院、最高人民检察院在总结司法实践经验的基础上，根据案件实际情况，通过司法解释解决。对行贿数额不大的，可以通过其他方式予以处理。根据本款规定，对公司、企业或者其他单位的工作人员行贿犯罪的处罚，分为两档刑：数额较大的，处3年以下有期徒刑或者拘役；数额巨大的，处3年以上10年以下有期徒刑，并处罚金。

本条第2款是关于为谋取不正当商业利益，给予外国公职人员或者国际公共组织官员以财物的犯罪的规定。这里所称"外国公职人员"，是指外国经任命或选举担任立法、行政、行政管理或者司法职务的人员，以及为外国国家及公共机构或者公营企业行使公共职能的人员；"国际公共组织官员"，是指国际公务员或者经国际组织授权代表该组织行事的人员；"财物"，是指不论是物质的还是非物质的、动产还是不动产、有形的还是无形的各种资产，以及证明对资产的产权或者权益的法律文件或者文书。根据本款规定，为谋取不正当商业利益，给予外国公职人员或者国际公共组织官员以财物的，依照第1款的规定处罚，即数额较大的,处3年以下有期徒刑或者拘役;数额巨大的,处3年以上10年以下有期徒刑,并处罚金。

本条第3款是关于单位向公司、企业的工作人员行贿及其刑事处罚的规定。对单位犯本罪的,本条采取了双罚制原则,即对单位判处罚金,并对其直接负责的主管人员和其他直接责任人员,依照本条第1款关于个人向公司、企业人员行贿的规定处罚。

对于向公司、企业人员行贿的追诉标准,2010年5月7日《最高人民检察院、公安部关于公安机关管辖的刑事案件立案追诉标准的规定(二)》规定,为谋取不正当利益,给予公司、企业或者其他单位的工作人员以财物,个人行贿数额在1万元以上的,单位行贿数额在20万元以上的,应予立案追诉。

本条第4款是关于对行贿人可以减免刑罚的条件规定。根据本款规定,对行贿人减免刑罚必须具备两个条件:一是必须主动交待行贿行为;二是交待的时间必须在被追诉之前,二者缺一不可。所谓"主动交待",是指行贿人自己或者由亲属陪同主动向司法机关或者其他有关部门如实交待行贿事实。因司法机关调查或者其他有关部门查询而不得不交待的,或者为了避重就轻不如实交待的,均不属于本款中的"主动交待"。本款所称"在被追诉之前",是指在司法机关立案、开始追究刑事责任之前。如果司法机关已经发现了行贿事实,并认为应当追究刑事责任而立案后,行贿人交待行贿行为的,不适用本款规定。本款规定的目的,在于鼓励行贿人悔过,揭发检举受贿人,有利于打击受贿行为。

【立法理由】

1997年《刑法》第163条规定:"公司、企业的工作人员利用职务上的便利,索取他人财物或者非法收受他人财物,为他人谋取利益,数额较大的,处五年以下有期徒刑或者拘役;数额巨大的,处五年以上有期徒刑,可以并处没收财产。"第164条第1款规定:"为谋取不正当利益,给予公司、企业的工作人员以财物,数额较大的,处三年以下有期徒刑或者拘役;数额巨大的,处三年以上十年以下有期徒刑,并处罚金。"2006年6月29日,第十届全国人大常委会第二十二次会议通过的《刑法修正案(六)》对刑法第163条规定的非国家工作人员受贿罪作了修改,增加了关于公司、企业以外的"其他单位"的非国家工作人员受贿犯罪的规定。考虑到行贿与受贿互为对向犯,与此对应,《刑法修正案(六)》对刑法第 164 条作了修改,将向公司、企业以外的"其他单位"的非国家工作人员行贿的行为也规定为犯罪。

《刑法修正案(八)》对本条进行了修改,将"为谋取不正当商业利益,给予外国公职人员或者国际公共组织官员以财物的行为"增加规定为犯罪,作为本条的第 2 款,原第 2 款、第 3 款分别作为修改后的第 3 款、第 4 款。这样修改,是考虑到随着我国改革开放的进行,国际经济交往日益增多,在这些交往中如果出现贿赂外国公职人员或者国际公共组织官员以谋取不正当商业利益的情况,不仅违背公平竞争的市场规则,也影响正常的商业秩序,不利于我国的经济发展,特别是国际经济交往。为了维护我国正常的经济秩序,保障国家经济社会健康发展,有必要将这类行为规定为犯罪并给予刑事处罚。另外,《联合国反腐败公约》要求各缔约国应当采取必要的立法措施,将贿赂外国公职人员或者国际公共组织官员的行为规定为犯罪并追究刑事责任。2005 年 10 月 27 日,第十届全国人民代表大会常务委员会第十八次会议批准了《联合国反腐败公约》。我国作为《联合国反腐败公约》的缔约国,将贿赂外国公职人员或者国际公共组织官员的行为规定为犯罪并处罚,也是我国坚决履行反腐败公约的重要举措。

【相关规定】

《最高人民法院、最高人民检察院关于办理商业贿赂刑事案件适用法律若干问题的意见》

二、刑法第一百六十三条、第一百六十四条规定的"其他单位",既包括事业单位、社会团体、村民委员会、居民委员会、村民小组等常设性的组织,也包括为组织体育赛事、文艺演出或者其他正当活动而成立的组委会、筹委会、工程承包队等非常设性的组织。

三、刑法第一百六十三条、第一百六十四条规定的"公司、企业或者其他单位的工作人员",包括国有公司、企业以及其他国有单位中的非国家工作人员。

七、商业贿赂中的财物,既包括金钱和实物,也包括可以用金钱计算数额的财产性利益,如提供房屋装修、含有金额的会员卡、代币卡(券)、旅游费用等。具体数额以实际支付的资费为准。

八、收受银行卡的,不论受贿人是否实际取出或者消费,卡内的存款数额一般应全额认定为受贿数额。使用银行卡透支的,如果由给予银行卡的一方承担还款责任,透支数额也应当认定为受贿数额。

九、在行贿犯罪中,"谋取不正当利益",是指行贿人谋取违反法律、法规、规章或者政策规定的利益,或者要求对方违反法律、法规、规章、政策、行业规范的规定提供帮助或者方便条件。

在招标投标、政府采购等商业活动中,违背公平原则,给予相关人员财物以谋取竞争优势的,属于"谋取不正当利益"。

十、办理商业贿赂犯罪案件,要注意区分贿赂与馈赠的界限。主要应当结合以下因素全面分析、综合判断:(1)发生财物往来的背景,如双方是否存在亲友关系及历史上交往的情形和程度;(2)往来财物的价值;(3)财物往来的缘由、时机和方式,提供财物方对于接受方有无职务上的请托;(4)接受方是否利用职务上的便利为提供方谋取利益。

十一、非国家工作人员与国家工作人员通谋,共同收受他人财物,构成共同犯罪的,根据双方利用职务便利的具体情形分别定罪追究刑事责任:

(1)利用国家工作人员的职务便利为他人谋取利益的,以受贿罪追究刑事责任。

(2)利用非国家工作人员的职务便利为他人谋取利益的,以非国家工作人员受贿罪追究刑事责任。

(3)分别利用各自的职务便利为他人谋取利益的,按照主犯的犯罪性质追究刑事责任,不能分清主从犯的,可以受贿罪追究刑事责任。

《最高人民检察院、公安部关于公安机关管辖的刑事案件立案追诉标准的规定(二)》

第十一条 [对非国家工作人员行贿案(刑法第一百六十四条)] 为谋取不正当利益,给予公司、企业或者其他单位的工作人员以财物,个人行贿数额在一万元以上的,单位行贿数额在二十万元以上的,应予立案追诉。

三十、将刑法第一百九十九条修改为:"犯本节第一百九十二条规定之罪,数额特别巨大并且给国家和人民利益造成特别重大损失的,处无期徒刑或者死刑,并处没收财产。"

【说明】

本条是关于对集资诈骗犯罪判处无期徒刑、死刑的条件的规定。

根据我国慎用死刑的一贯政策,本条对犯集资诈骗罪可以判处死刑的条件作了非常严格的限制,即犯集资诈骗罪,"数额特别巨大并且给国家和人民利益造成特别重大损失的,处无期徒刑或者死刑,并处没收财产"。根据这一规定,犯集资诈骗罪判处死刑,不仅要看数额是否达到特别巨大,还要看是否给国家和人民利益造成特别重大损失。而且即使以上两个条件都符合,也不一定都必须判处死刑,还可以判处无期徒刑。根据《最高人民法院关于审理非法集资刑事案件具体应用法律若干问题的解释》,个人进行集资诈骗数额在 100 万元以上的,应当认定为"数额特别巨大"。"给国家和人民利益造成特别重大损失"的标准,可由司法机关结合司法实践,总结经验,通过司法解释确定。

【立法理由】

《刑法修正案(八)》对本条规定进行了修改。1997 年《刑法》第 199 条规定,犯刑法第 192 条、第 194 条、第 195 条规定之罪,即集资诈骗罪、票据诈骗罪、金融凭证诈骗罪和信用证诈骗罪,数额特别巨大并且给国家和人民利益造成特别重大损失的,处无期徒刑或者死刑,并处没收财产。当时对于这几种严重破坏国家金融秩序,危害国家和人民利益的金融诈骗犯罪,规定在犯罪数额特别巨大并且给国家和人民利益造成特别重大损失的情况下,判处无期徒刑或者死刑。对于严厉打击和震慑金融诈骗犯罪活动,维护社会主义市场经济秩序,有十分重要的意义。在十几年来的实践中,司法机关对这些金融诈骗犯罪适用死刑,是十分慎重的。近年来,我国社会主义市场经济体制建设不断推进,金融监管、风险防范的制度日臻完善,金融诈骗犯罪的势头得到了有效的遏制。有关部门、一些全国人大代表和专家多次提出,我国刑法规定得死刑罪名较多,对于一些社会危害性没有达到极其严重,判处生刑足以起到惩罚和震慑作用的犯罪,可以考虑不再规定死刑。中央深化司法体制和工作机制改革的意见要求,适当减少死刑罪名。立法机关经研究认为,刑法第 194 条、第 195 条规定的票据诈骗罪、金融凭证诈骗罪和信用证诈骗罪,属于非暴力的经济性犯罪,社会危害性不是最严重,取消其死刑,符合宪法尊重和保障人权的要求,不会给社会稳定大局和治安形势带来负面影响。对于犯这些罪,数额特别巨大或者有其他特别严重情节的,依照刑法第 194 条、第 195 条规定判处无期徒刑,足以起到惩罚和震慑的作用。《刑法修正案(八)》对本条进行了修改,删去了这三个罪名可以判处死刑的规定。

在刑法修正案(八)草案的起草和审议过程中,有些部门和专家学者建议,一并取消刑法第 192 条规定的集资诈骗罪的死刑。立法机关经研究认为,集资诈骗罪虽然与票据诈骗罪、金融凭证诈骗罪和信用证诈骗罪同属金融诈骗犯罪,但该罪的被害人往往是不特定的人民群众,受害者人数众多,涉案金额惊人,不仅侵犯人民群众的财产权益,扰乱金融秩序,还严重影响社会稳定。近年来,这类犯罪尚未得到有效遏制,在个别地方仍然时有发生。在这种情况下,对于集资诈骗数额特别巨大并且给国家和人民利益造成特别重大损失的犯罪,在现阶段仍然需要保持高压态势,适当保留死刑是必要的。因此,本条保留了集资诈骗犯罪可以判处死刑的规定。

【相关规定】

《最高人民法院关于审理非法集资刑事案件具体应用法律若干问题的解释》

第五条 个人进行集资诈骗,数额在 10 万元以上的,应当认定为"数额较大";数额在 30 万元以上的,应当认定为"数额巨大";数额在 100 万元以上的,应当认定为"数额特别巨大"。

单位进行集资诈骗,数额在 50 万元以上的,应当认定为"数额较大";数额在 150 万元以上的,应当认定为"数额巨大";数额在 500 万元以上的,应当认定为"数额特别巨大"。

集资诈骗的数额以行为人实际骗取的数额计算,案发前已归还的数额应予扣除。行为人为实施集资诈骗活动而支付的广告费、中介费、手续费、回扣,或者用于行贿、赠与等费用,不予扣除。行为人为实施集资诈骗活动而支付的利息,除本金未归还可予折抵本金以外,应当计入诈骗数额。

三十一、将刑法第二百条修改为:"单位犯本节第一百九十二条、第一百九十四条、第一百九十五条规定之罪的,对单位判处罚金,并对其直接负责的主管人员和其他直接责任人员,处五年以下有期徒刑或者拘役,可以并处罚金;数额巨大或者有其他严重情节的,处五年以上十年以下有期徒刑,并处罚金;数额特别巨大或者有其他特别严重情节的,处十年以上有期徒刑或者无期徒刑,并处罚金。"

【说明】

本条是关于单位犯集资诈骗罪、票据诈骗罪和信用证诈骗罪的刑事处罚的规定。

根据本条规定,对于单位犯集资诈骗罪、票据诈骗罪和信用证诈骗罪的采用双罚制原则,即对单位判处罚金,并对其直接负责的主管人员和其他直接责任人员,处5年以下有期徒刑或者拘役,可以并处罚金;数额巨大或者有其他严重情节的,处5年以上10年以下有期徒刑,并处罚金;数额特别巨大或者有其他特别严重情节的,处10年以上有期徒刑或者无期徒刑,并处罚金。

【立法理由】

我国刑法规定了单位犯罪双罚制原则。刑法第31条规定,单位犯罪的,对单位判处罚金,并对其直接负责的主管人员和其他直接责任人员判处刑罚。实践中在单位经济犯罪的情况下,直接负责的主管人员或者直接责任人员不仅是单位犯罪的实施者,在为单位获取非法利益的同时,往往本人也获得非法利益。对这种单位犯罪中直接负责的主管人员和其他直接责任人员规定罚金刑,一方面是罪刑相适应原则的要求,有利于这几条在刑罚适用上的均衡,另一方面也使犯罪分子在经济上占不到便宜,并且剥夺其再次实施犯罪的能力,符合双罚制原则的要求。同样,对于集资诈骗、票据诈骗和信用证诈骗的犯罪行为,实践中既有个人实施的情形,也存在单位实施的情形。为稳定金融市场秩序,对单位犯这些罪的也应当予以打击。由于上述三种犯罪行为都规定在金融诈骗罪一节中,从立法技术考虑,将单位犯这三种罪的处罚在本节最后一条单独规定,有利于做到对三种犯罪在适用刑罚上的均衡,体现罪刑相适应原则。另外,对于个人犯刑法第192条、第194条、第195条规定之罪的,各条都有并处罚金刑的规定。在单位犯这几条规定之罪情况下,对其直接负责的主管人员和其他直接责任人员,根据双罚制的要求并处罚金,对于统一量刑标准也是必要的。因此,2011年2月25日,第十一届全国人民代表大会常务委员会第十九次会议通过的《刑法修正案(八)》增加了在单位犯第192条、第194条、第195条规定之罪情况下,对直接负责的主管人员和其他直接责任人员"并处罚金"的规定。

三十二、删去刑法第二百零五条第二款。

【说明】

《刑法修正案(八)》修改后的刑法第205条条文为:"虚开增值税专用发票或者虚开用于骗取出口退税、抵扣税款的其他发票的,处三年以下有期徒刑或者拘役,并处二万元以上二十万元以下罚金;虚开的税款数额较大或者有其他严重情节的,处三年以上十年以下有期徒刑,并处五万元以上五十万元以下罚金;虚开的税款数额巨大或者有其他特别严重情节的,处十年以上有期徒刑或者无期徒刑,并处五万元以上五十万元以下罚金或者没收财产。

单位犯本条规定之罪的,对单位判处罚金,并对其直接负责的主管人员和其他直接责任人员,处三年以下有期徒刑或者拘役;虚开的税款数额较大或者有其他严重情节的,处三年以上十年以下有期徒刑;虚开的税款数额巨大或者有其他特别严重情节的,处十年以上有期徒刑或者无期徒刑。

虚开增值税专用发票或者虚开用于骗取出口退税、抵扣税款的其他发票,是指有为他人虚开、为自己虚开、让他人为自己虚开、介绍他人虚开行为之一的。"

本条是关于虚开增值税专用发票、用于骗取出口退税、抵扣税款发票罪及其刑事处罚的规定。共分三款。

本条第 1 款是关于虚开增值税专用发票或者可以用于骗取出口退税、抵扣税款的其他发票罪的规定。本条规定的"增值税专用发票"，是指国家税务部门根据增值税征收管理需要，兼记货物或劳务所负担的增值税税额而设定的一种专用发票。根据十届全国人大常委会第十九次会议 2005 年 12 月 29 日所作的立法解释，"出口退税、抵扣税款的其他发票"，是指除增值税专用发票以外的，具有出口退税、抵扣税款功能的收付款凭证或者完税凭证。目前，在我国的税收征管制度中，除增值税专用发票以外，还有几种其他发票也具有抵扣税款的功能。主要是农林牧水产品收购发票、废旧物品收购发票、运输发票以及海关出具的代征增值税专用缴款书等，征课消费税的产品出口所开具的发票也可以作为出口退税的凭证。随着税收征管工作的进一步加强，今后还可能会出现一些具有抵扣税款或者退税功能的专用发票。另外，本款规定的"虚开"主要有两种情况：一种是根本不存在商品交易，无中生有，虚构商品交易内容和税额开具发票，然后利用虚开的发票抵扣税款；另一种是虽然存在真实的商品交易，但是以少开多，达到偷税的目的。

根据本款规定，凡有本款所规定行为的，即构成犯罪，处 3 年以下有期徒刑或者拘役，并处 2 万元以上 20 万元以下罚金；虚开的税款数额较大或者有其他严重情节的，处 3 年以上 10 年以下有期徒刑，并处 5 万元以上 50 万元以下罚金；虚开的税款数额巨大或者有其他特别严重情节的，处 10 年以上有期徒刑或者无期徒刑，并处 5 万元以上 50 万元以下罚金或者没收财产。

本条第 2 款是关于单位犯本条规定之罪及处刑的规定。

本款中"单位犯本条规定之罪的"，是指单位触犯本条关于虚开发票罪的规定而构成犯罪的情况。本款对单位犯本条规定之罪的处刑规定采取了双罚制，即对单位判处罚金，同时规定对单位直接负责的主管人员和其他直接责任人员，处 3 年以下有期徒刑或者拘役；虚开的税款数额较大或者有其他严重情节的，处 3 年以上 10 年以下有期徒刑；虚开的税款数额巨大或者有其他特别严重情节的，处 10 年以上有期徒刑或者无期徒刑。

本条第 3 款是关于虚开发票的定义的规定。

本款规定,虚开增值税专用发票或者虚开用于骗取出口退税、抵扣税款的其他发票,是指有为他人虚开、为自己虚开、让他人为自己虚开、介绍他人虚开行为之一的行为。"为他人虚开"是指行为人本人无商品交易活动,但利用所持有的上述发票,采用无中生有或者以少开多的手段,为他人虚开发票的行为。其中也包括以往所说的"代开"发票的行为。这里规定的"他人"既包括企业、事业单位、机关团体,也包括个人。"为自己虚开",是指利用自己所持有的上述发票,虚开以后自己使用,如进行抵扣税款或者骗取出口退税。"让他人为自己虚开"是指要求或者诱骗收买他人为自己虚开上述发票的行为。"介绍他人虚开"是指在虚开上述发票的犯罪过程中起牵线搭桥、组织策划作用的犯罪行为。

根据本条的规定,虚开增值税专用发票、用于骗取出口退税、抵扣税款发票罪属于行为犯,即只要具有虚开行为,便构成犯罪,没有"数额"、"情节"的限定。但是,任何犯罪行为都存在情节问题,因此,虚开行为情节显著轻微危害不大,根据刑法第 13 条的规定,不认为是犯罪,如虚开的数额较小等。从这个意义上讲,构成虚开增值税专用发票、用于骗取出口退税、抵扣税款发票罪,也存在定罪的标准,1996 年 10 月 17 日最高人民法院颁布的《关于适用〈全国人民代表大会常务委员会关于惩治虚开、伪造和非法出售增值税专用发票犯罪的决定〉的若干问题的解释》曾对此作出过规定,在没有新的司法解释颁布前仍可参考使用。根据该解释的规定,虚开税款数额 1 万元以上的或者虚开上述发票致使国家税款被骗取 5000 元以上的,构成本罪。其中,虚开税款数额 10 万元以上的,属于"数额较大"。有下列情形之一的,属于"有其他严重情节":(1)因虚开上述发票致使国家税款被骗 5 万元以上的;(2)具有其他严重情节的。

【立法理由】

1994 年我国对税收体制进行了重大改革,建立了以增值税为主体的流转税制度。增值税专用发票不仅具有其他发票所具有的记载商品或者劳务的销售额以作为财务收支记账凭证的功能,而且是兼记销货方纳税义务和购货方进项税额的主要依据，是购货方据以抵扣税款的证明。正因为增值税专用发票具有可以抵扣税款的功能，所以，在增值税专用发票实施的近几年，一些不法分子为谋取暴利，千方百计地利用虚开发票进行偷税、骗取国家税款，给国家财政收入造成重大损失，严重干扰了国家税收改革的正常进行。当时，有关部门查处的这类案件多且数额巨大，有的虚开数额高达亿元甚至几十亿元，给国家造成直接税款损失高达几千万元、上亿元。利用虚开增值税专用发票侵吞巨额国家税款的犯罪活动达到十分猖獗的地步，严重地威胁了国家新税制的改革和正常运行。针对这种情况，1995 年第八届全国人大常委会第十六次会议通过了《关于惩治虚开、伪造和非法出售增值税专用发票犯罪的决定》。1997 年修改刑法时，考虑到增值税专用发票犯罪的严重性，将决定中第 1 条、第 5 条的内容修改后纳入刑法第 205 条，共有四款内容。为严厉打击这类犯罪，该条将这类犯罪规定为行为犯，同时还规定了最高刑为死刑。1997 年《刑法》实施十几年来，这一规定有力地打击了虚开增值税专用发票等犯罪行为，原第 205 条第 2 款虚开增值税专用发票或者虚开用于骗取出口退税、抵扣税款的其他发票骗取国家税款的，处死刑的规定，对犯罪分子也起到了震慑作用。在维护国家的税收制度，保障国家的财政收入方面起到了积极的作用。

  随着税收制度的不断完善，政府管理部门也在不断探索对发票的新的管理方法，提高监管能力，如近几年实行的"金税工程"，使税收制度信息化、网络化，在税收管理手段上提高科技含量和透明度，加强监管力度，从制度上杜绝对发票弄虚作假的行为，使犯罪分子无空可钻。近几年的实践证明，虚开增值税专用发票、伪造增值税专用发票和虚开伪造的增值税专用发票等行为在逐年减少。考虑到虚开发票的犯罪，属于经济性非暴力犯罪，且近年来这种犯罪已基本得到遏制，根据司法体制和工作机制改革的要求，完善死刑法律规定，适当减少死刑罪名，体现宽严相济的刑事政策，这次对刑法的修改取消了虚开增值税专用发票或者虚开用于骗取出口退税、抵扣税款的其他发票骗取国家税款死刑的规定。也就是说，修改后的虚开增值税专用发票或者虚开用于骗取出口退税、抵扣税款的其他发票犯罪的最高刑为无期徒刑。

删去刑法第205条第2款关于死刑的规定,是本次修正案减少的13个死刑罪名中的一个。在草案征求意见的过程中,对这一问题有两种不同的意见:多数意见认为,应当取消其死刑。主要理由是:(1)从近几年虚开发票犯罪的情况看,案件在逐年减少,尤其是大案、要案基本上降到了最低点。(2)经济类犯罪和暴力性犯罪虽都是犯罪行为,但其性质是有区别的,社会危害程度也不同。对于经济类犯罪除了在经济上给予严厉处罚外,最高刑规定为无期徒刑基本符合罪刑相适应原则。(3)世界上其他一些国家对于经济类犯罪也基本不规定死刑,符合世界刑罚轻刑化趋势。立法机关采纳了这一意见。

【相关规定】

《最高人民法院关于适用〈全国人民代表大会常务委员会关于惩治虚开、伪造和非法出售增值税专用发票犯罪的决定〉的若干问题的解释》

一、根据《决定》第一条规定,虚开增值税专用发票的,构成虚开增值税专用发票罪。

具有下列行为之一的,属于"虚开增值税专用发票":(1)没有货物购销或者没有提供或接受应税劳务而为他人、为自己、让他人为自己、介绍他人开具增值税专用发票;(2)有货物购销或者提供或接受了应税劳务但为他人、为自己、让他人为自己、介绍他人开具数量或者金额不实的增值税专用发票;(3)进行了实际经营活动,但让他人为自己代开增值税专用发票。

虚开税款数额1万元以上的或者虚开增值税专用发票致使国家税款被骗取5000元以上的,应当依法定罪处罚。

虚开税款数额10万元以上的,属于"虚开的税款数额较大";具有下列情形之一的,属于"有其他严重情节":(1)因虚开增值税专用发票致使国家税款被骗取5万元以上的;(2)具有其他严重情节的。

虚开税款数额50万元以上的,属于"虚开的税款数额巨大";具有下列情形之一的,属于"有其他特别严重情节":(1)因虚开增值税专用发票致使国家税款被骗取30万元以上的;(2)虚开的税款数额接近巨大并有其他严重情节的;(3)具有其他特别严重情节的。

虚开增值税专用发票犯罪分子与骗取税款犯罪分子均应当对虚开的税款数额和实际骗取的国家税款数额承担刑事责任。

《最高人民法院关于对〈审计署关于咨询虚开增值税专用发票罪问题的函〉的复函》

地方税务机关实施"高开低征"或者"开大征小"等违规开具增值税专用发票的行为,不属于刑法第二百零五条规定的虚开增值税专用发票的犯罪行为,造成国家税款重大损失的,对有关主管部门的国家机关工作人员,应当根据刑法有关渎职罪的规定追究刑事责任。

《最高人民检察院法律政策研究室关于税务机关人员通过企业以"高开低征"的方法代开增值税专用发票的行为如何适用法律问题的答复》

税务机关及其工作人员将不具备条件的小规模纳税人虚报为一般纳税人,并让其采用"高开低征"的方法为他人代开增值税专用发票的行为,属于虚开增值税专用发票。对于造成国家税款损失,构成犯罪的,应当依照刑法第二百零五条的规定追究刑事责任。

三十三、在刑法第二百零五条后增加一条,作为第二百零五条之一:"虚开本法第二百零五条规定以外的其他发票,情节严重的,处二年以下有期徒刑、拘役或者管制,并处罚金;情节特别严重的,处二年以上七年以下有期徒刑,并处罚金。

单位犯前款罪的,对单位判处罚金,并对其直接负责的主管人员和其他直接责任人员,依照前款的规定处罚。"

【说明】

本条是关于对虚开第205条规定以外的其他发票行为定罪和刑事处罚的规定。本条共分两款。

本条第1款是关于虚开第205条规定以外的其他发票行为的处罚规定。"虚开发票",是指为他人虚开、为自己虚开、让他人为自己虚开、介绍他人虚开等行为。虚开的手段则多种多样,比如大头小尾开阴阳票、改变品目、使用地税营业税发票开国税业务发票,甚至使用假发票等。虚开的目的，可以是为了赚取手续费，也可以是通过虚开发票少报收入、偷税、骗税，甚至是用于非法经营、贪污贿赂、侵占等违法犯罪活动。"第二百零五条规定以外的其他发票"，是指除增值税专用发票或者其他具有退税、抵扣税款功能的发票以外的普通发票，既包括真的，也包括伪造、变造的普通发票。根据本款规定，对于虚开本法第205条规定以外的其他发票，情节严重的，处2年以下有期徒刑、拘役或者管制，并处罚金；情节特别严重的，处2年以上7年以下有期徒刑，并处罚金。对于情节认定的具体标准，可以由最高人民法院、最高人民检察院根据司法实践情况通过制定司法解释确定。对于尚不属于"情节严重"或者"情节特别严重"的一般虚开其他发票的行为，尚不够刑罚处罚的，可以根据《中华人民共和国发票管理办法》的规定，由税务机关没收违法所得；虚开金额在1万元以下的，可以并处5万元以下的罚款；虚开金额超过1万元的，并处5万元以上50万元以下的罚款。税务机关在处理这些行为的过程中，如果发现其虚开发票的行为已经构成犯罪的，应当依法移送司法机关追究刑事责任。

本条第2款是关于单位犯罪的规定。对于单位犯本条规定之罪的，实行双罚制，即对单位判处罚金，同时对其直接负责的主管人员和其他直接责任人员，依照第1款的规定处罚，即情节严重的，处2年以下有期徒刑、拘役或者管制，并处罚金；情节特别严重的，处2年以上7年以下有期徒刑，并处罚金。

【立法理由】

1997年修订刑法时，针对当时虚开增值税专用发票或者虚开用于骗取出口退税、抵扣税款的其他发票特别严重的情况，将虚开增值税专用发票或者虚开用于骗取出口退税、抵扣税款的其他发票的行为规定为犯罪。但对于虚开这些发票以外的其他发票的行为，1997年《刑法》没有单独规定罪名。近年来，虚开增值税专用发票的违法犯罪行为得到有效遏制，不法分子把违法犯罪目标和重点转向其他发票，虚开普通发票的行为泛滥猖獗。对于发票的管理和使用，有关法律法规作了严格规定。《中华人民共和国发票管理办法》规定，所有单位和从事生产、经营活动的个人在购买商品、接受服务以及从事其他经营活动支付款项时,应当向收款方取得发票。取得发票时,不得要求变更品名和金额。开具发票应当按照规定的时限、顺序、栏目,全部联次一次性如实开具,并加盖发票专用章。但在实践中,一些单位和个人为了获取非法利益,采取以虚假身份注册多个公司的方式,用貌似合法的经营和纳税为掩护,从税务机关大量套购骗领发票,在无实际经营业务的情况下,从事虚开发票活动,采取"大头小尾"、"阴阳票"等手段虚开发票,有些甚至直接用伪造的假发票虚开。虚开发票的行为泛滥,不仅直接诱发逃税等税收违法犯罪行为,还为财务造假、贪污贿赂、挥霍公款、洗钱等违法犯罪行为提供了条件,严重扰乱市场经济秩序和社会管理秩序,并滋生各类腐败现象,败坏社会风气,具有严重的社会危害性。为了进一步加强发票管理,加大对虚开发票行为的打击力度,维护正常的经济秩序,《刑法修正案(八)》将虚开第205条规定以外的其他发票的行为规定为犯罪。

【相关规定】

《中华人民共和国发票管理办法》

第三十七条 违反本办法第二十二条第二款的规定虚开发票的,由税务机关没收违法所得;虚开金额在1万元以下的,可以并处5万元以下的罚款;虚开金额超过1万元的,并处5万元以上50万元以下的罚款;构成犯罪的,依法追究刑事责任。

非法代开发票的,依照前款规定处罚。

三十四、删去刑法第二百零六条第二款。

【说明】

《刑法修正案(八)》修改后的刑法第206条条文为:"伪造或者出售伪造的增值税专用发票的,处三年以下有期徒刑、拘役或者管制,并处二万元以上二十万元以下罚金;数量较大或者有其他严重情节的,处三年以上十年以下有期徒刑,并处五万元以上五十万元以下罚金;数量巨大或者有其他特别严重情节的,处十年以上有期徒刑或者无期徒刑,并处五万元以上五十万元以下罚金或者没收财产。

单位犯本条规定之罪的,对单位判处罚金,并对其直接负责的主管人员和其他直接责任人员,处三年以下有期徒刑、拘役或者管制;数量较大或者有其他严重情节的,处三年以上十年以下有期徒刑;数量巨大或者有其他特别严重情节的,处十年以上有期徒刑或者无期徒刑。"

本条是关于伪造、出售伪造的增值税专用发票罪及其刑事处罚的规定。共分两款。

本条第1款是关于伪造或者出售伪造的增值税专用发票的犯罪及处罚的规定。其中,"伪造增值税专用发票",是指仿照增值税专用发票的形状、样式、色彩、图案等,使用各种仿制方法制造假增值税专用发票的行为。"出售伪造的增值税专用发票",是指将伪造的增值税专用发票进行出售的行为。

本款关于处罚规定分为三档刑,人民法院可在审理这类案件时,根据本条的规定和案件的情况,适用相应的刑罚规定。第一档刑为"处三年以下有期徒刑、拘役或者管制,并处二万元以上二十万元以下罚金",这是对一般的伪造或者出售伪造的增值税专用发票行为的处罚规定。第二档刑为"数量较大或者有其他严重情节的,处三年以上十年以下有期徒刑,并处五万元以上五十万元以下罚金"。第三档刑为"数量巨大或者有其他特别严重情节的,处十年以上有期徒刑或者无期徒刑,并处五万元以上五十万元以下罚金或者没收财产"。其中,对"数量较大"、"有其他严重情节"、"数量巨大"、"有其他特别严重情节"没有作具体规定,一般是指伪造或者出售增值税专用发票的本数、份数较大、巨大,或者屡教不改、以伪造或者出售伪造的增值税专用发票为常业等。

本条第2款是对单位犯本条规定之罪及处罚的规定。其中,"单位犯本条规定之罪的",是指单位触犯本条规定的伪造或者出售伪造和伪造并出售伪造的增值税专用发票的构成犯罪的情况。对单位犯本条规定之罪的处罚规定采取双罚制的原则,即"对单位判处罚金",同时规定,对单位直接负责的主管人员和其他责任人员,处3年以下有期徒刑、拘役或者管制;数量较大或者有其他严重情节的,处3年以上10年以下有期徒刑;数量巨大或者有其他特别严重情节的,处10年以上有期徒刑或者无期徒刑。

根据本条规定,构成本罪,只要具有伪造或者出售伪造的增值税专用发票的其中一种行为即可,不要求同时具备两种行为。如果同一主体同时具有伪造和出售伪造的增值税专用发票的行为,则应以伪造、出售伪造的增值税专用发票罪定罪处刑,而不是数罪并罚,但出售行为应作为量刑情节在量刑时予以考虑。

【立法理由】

《刑法修正案(八)》删去了本条第 2 款规定。主要是删去本条有关死刑的规定。本条原第 2 款规定,伪造并出售伪造的增值税专用发票,数量特别巨大,情节特别严重,严重破坏经济秩序的,处无期徒刑或者死刑,并处没收财产。规定了对于伪造并出售伪造的增值税专用发票的犯罪,最高刑期可判处死刑。刑法原来的这一规定,在当时对于打击有关增值税专用发票的犯罪,起到了一定的震慑作用。特别是在当时我国正处于税制改革的初期,有关伪造和出售增值税专用发票的犯罪非常猖狂,给国家的税制造成了严重的破坏。利用刑罚手段来保证国家税制改革的顺利进行和严厉打击这方面的犯罪,在当时的情况下是非常必要的。经过了这些年,随着我国在税制方面改革的进一步深化,特别是经过逐步建立健全有关税制方面的制度建设,采取了先进的科学防伪措施等行政监管的有效机制,使得这方面的犯罪得到了一定程度的有效控制和防范,使得伪造并出售增值税专用发票的犯罪不再显得那么突出了,需要在有关这方面犯罪的刑罚规定方面作出一些调整。这次《刑法修正案(八)》对刑法中有关死刑规定的减少,就包括了删去本条关于伪造并出售增值税专用发票的死刑规定。

　　三十五、在刑法第二百一十条后增加一条,作为第二百一十条之一:"明知是伪造的发票而持有,数量较大的,处二年以下有期徒刑、拘役或者管制,并处罚金;数量巨大的,处二年以上七年以下有期徒刑,并处罚金。

　　单位犯前款罪的,对单位判处罚金,并对其直接负责的主管人员和其他直接责任人员,依照前款的规定处罚。"

【说明】

本条是关于持有伪造的发票犯罪及其刑事处罚的规定。共分两款。

本条第 1 款是关于明知是伪造的发票而持有，数量较大的犯罪及其刑事处罚的规定。对于认定构成本条规定的犯罪，应当注意把握三点：一是行为人对持有伪造的发票必须以明知为前提，不明知的不能认定为犯罪。当然，是否明知不能光听嫌疑人本人的辩解，应当结合案件的有关证据材料全面分析，综合判断。并且在认定"持有"之前，应当尽量查证清楚伪造发票的真正来源，只有当有关证据确实无法获取的情况下，才能以本罪认定并处罚行为人。二是本条所说的"持有"是指行为人对伪造的发票处于占有、支配、控制的一种状态。不仅随身携带的伪造的发票可以认定为持有，而且在其住所、驾驶的运输工具上发现的伪造的发票也同样可以认定为持有。这里规定的持有的"伪造的发票"，不仅包括伪造的普通发票，而且还包括伪造的增值税专用发票和其他具有出口退税、抵扣税款功能的收付款凭证或者完税凭证。三是对持有伪造的发票必须达到数量较大，才构成犯罪。至于构成"数量较大"的具体标准，法律目前还难以作出具体规定，应在总结司法办案实践的基础上，通过司法解释明确。

本款对持有伪造的发票犯罪规定了两档刑，考虑到这类犯罪是牟利性的，除自由刑外，还规定了附加刑：持有伪造的发票，数量较大的，处 2 年以下有期徒刑、拘役或者管制，并处罚金；数量巨大的，处 2 年以上 7 年以下有期徒刑，并处罚金。

鉴于目前查获的假发票犯罪涉及单位的也不少，所以本条第 2 款对单位持有伪造的发票犯罪也作了处罚规定，即对单位判处罚金，并对其直接负责的主管人员和其他直接责任人员，依照前款的规定处罚。

【立法理由】

《刑法修正案(八)》增加了本条规定。《刑法修正案(八)》第 35 条规定，在刑法第 210 条后增加 1 条，作为第 210 条之一，对持有伪造发票的犯罪作了具体规定。

1997 年修改刑法时，对在增值税专用发票和其他发票方面，利用种种犯罪手段和方法，破坏国家税制的各种犯罪行为作了明确的规定。其中包括了虚开增值税专用发票或者虚开用于骗取出口退税、抵扣税款的其他发票的犯罪；伪造或者出售伪造的增值税专用发票的犯罪；非法出售增值税专用发票的犯罪;非法购买增值税专用发票或者购买伪造的增值税专用发票的犯罪;伪造、擅自制造或者出售伪造、擅自制造的可以用于骗取出口退税、抵扣税款的其他发票的犯罪;盗窃增值税专用发票或者可以用于骗取出口退税、抵扣税款的其他发票的犯罪。这些规定对于打击利用增值税专用发票和其他发票破坏国家税制的犯罪,提供了有力的法律武器。近年来,国家"金税工程"的联网实施,对于伪造、虚开增值税专用发票等犯罪起到了明显的遏制作用。一些不法分子把目光转向普通发票犯罪。伪造、出售、虚开普通假发票已经成为不法分子获取暴利的一个捷径。一张假发票的成本只有几分钱,但是经过运输、批发和销售等中间环节,最高可卖到几十元,如果按开票金额出售,甚至可卖到数百乃至数千元。在巨额利润驱动下,假发票市场迅速繁荣,并呈现出一些新特点:

1. 犯罪职业化、网络化、地域特征明显。一些不法分子以家族、朋友、地缘关系为纽带,常年盘踞在各大中城市,形成了分工细致、组织严密的伪造、销售、虚开假发票的职业犯罪网络,并不断向周边地区蔓延,呈现出明显的地域性特征。

2. 犯罪手段高科技、专业化,隐蔽性强。从查获的案件看,近年来假发票的制作水平明显提高。不法分子利用电脑、照相机、扫描仪、晒版机、印刷机等专业设备及专业绘图软件伪造发票,仿真度极高,真伪难辨,且不断变换手法,通过经常性迁移制假生产线、采取按需印制、流窜兜售、单线联系等方法逃避打击,隐蔽性强。

3. 假发票种类繁多、数量大、涉及面广。近几年,公安、税务机关每年缴获的假发票数量迅速增长,2010年仅公安机关缴获的假发票数量就超亿份。就目前查处的假发票窝点情况看,每一窝点假发票种类最少的也有十几种,最多的达几百种,涉及十余省、市、自治区。

假发票的泛滥不仅严重扰乱市场经济秩序,还为其他违法犯罪提供了条件,进一步滋生贪污腐败,败坏社会风气,社会危害性大。1997年《刑法》对发票犯罪是作了比较全面的规定的。无论是对真增值税专用发票或者可以用于骗取出口退税、抵扣税款的其他发票的非法出售、非法购买、盗窃、骗取,还是假增值税专用发票或者可以用于骗取出口退税、抵扣税款的其他发票的伪造、擅自制造、出售、购买或虚开；无论是对非法出售真的普通发票，还是对伪造、擅自制造或者出售伪造、擅自制造假普通发票等犯罪行为，都作了规定。近些年，公安、税务机关反映，在查处发票犯罪案件时，经常在嫌疑人的身边、处所或者运输工具上查获大量的假发票，但无法查明假发票是否系嫌疑人伪造。虽然根据种种迹象判断这些假发票很可能是用于出售，只是还未出售出去而已，但由于行为人即便出售假发票大多没有账本，没有其他证据，有时认定非法出售发票罪追究刑事责任比较困难。对这类处于伪造与出售假发票中间环节的行为处理存在法律上的盲区。如果对这类行为不追究刑事责任，对于打击和遏制猖獗的假发票犯罪势头毫无益处。

为加大对假发票犯罪的打击力度，《刑法修正案（八）》增加了非法持有伪造的发票罪，规定在刑法第210条后增加1条，作为第210条之一："明知是伪造的发票而持有，数量较大的，处二年以下有期徒刑、拘役或者管制，并处罚金；数量巨大的，处二年以上七年以下有期徒刑，并处罚金。单位犯前款罪的，对单位判处罚金，并对其直接负责的主管人员和其他直接责任人员，依照前款的规定处罚。"

三十六、将刑法第二百二十六条修改为："以暴力、威胁手段，实施下列行为之一，情节严重的，处三年以下有期徒刑或者拘役，并处或者单处罚金；情节特别严重的，处三年以上七年以下有期徒刑，并处罚金：

（一）强买强卖商品的；

（二）强迫他人提供或者接受服务的；

（三）强迫他人参与或者退出投标、拍卖的；

（四）强迫他人转让或者收购公司、企业的股份、债券或者其他资产的；

（五）强迫他人参与或者退出特定的经营活动的。"

【说明】

本条是关于强迫交易罪及其刑事处罚的规定。本条共规定了五种行为：

第一种行为是以暴力、威胁手段强买强卖商品的犯罪行为。其中，"以暴力、威胁手段"，是指行为人采取了暴力方法或威胁手段。例如，在商品交易中，不是以公平自愿的方式，而是对交易对方采取殴打等暴力方法或者以人多力强等威胁方式，迫使交易对方接受不公平的交易的行为；"强买强卖商品"，是指在商品交易中违反法律、法规和商品交易规则，不顾交易对方是否同意，以暴力、威胁手段强行买进或者强行卖出的行为。

第二种行为是以暴力、威胁手段强迫他人提供或者接受服务的行为。"强迫他人提供服务"，主要是指行为人在享受服务消费时，不遵守公平自愿的原则，不顾提供服务方是否同意，以暴力、威胁手段，强迫对方提供某种服务的行为；"强迫他人接受服务"，主要是指餐饮业、旅游业、娱乐业、美容服务业、维修业等服务性质的行业在营业中，违反法律、法规和商业道德及公平自愿的原则，不顾消费者是否同意，以暴力、威胁手段强迫消费者接受其服务的行为。

第三种行为是以暴力、威胁手段强迫他人参与或者退出投标、拍卖的行为。主要是指在一些工程竞标、拍卖等活动中，使用暴力或者威胁手段，强迫参与竞标的参与者退出投标、拍卖活动。目的是为了使自己中标或者在没有竞拍者竞拍的情况下以不公平的价格购买到拍卖品。按照正常的市场运作情况，竞标市场或者拍卖市场应当是在公平竞争的原则下，均以平等的身份参与竞标或竞拍活动的，也只有这样才能使具有真正实力和资质的竞标者或竞拍者胜出，以达到竞标项目或拍卖品竞拍的最终目的，使得竞标项目或工程得到符合要求的保证高质量的完成以及竞拍的拍卖品能让有真正收藏实力的人收藏。而以暴力、威胁手段强迫他人参与或者退出投标、拍卖的行为，不但破坏了正常的竞标和竞拍的市场秩序，在不公平的情况下得到竞标结果和拍卖品，而且使没有资质和实力的施工队伍或项目经营者混入了市场，使他人不能合法参与竞争。

第四种行为是以暴力、威胁手段强迫他人转让或者收购公司、企业的股份、债券或者其他资产的行为。公司、企业的资产转让，应当按照正常的市场法则进行。以暴力、威胁手段强迫他人转让或者收购公司、企业的股份、债券或者其他资产的行为,就是为了获得不正当的利益,以暴力、威胁手段,强迫他人在不符合市场价值规律和不利于出让人的情况下转让公司、企业的股份、债券或者其他资产,自己从中获取不法利益,而使他人利益受损。

第五种行为是以暴力、威胁手段强迫他人参与或者退出特定的经营活动的行为。其中特定的经营活动,是指在不法分子指定的经营活动范围内,由于屈从于暴力、威胁手段,在没有选择的情况下,从事或者退出经营活动的情况。

犯本条规定的犯罪,处两档刑:情节严重的,处 3 年以下有期徒刑或者拘役,并处或者单处罚金。情节特别严重的,处 3 年以上 7 年以下有期徒刑,并处罚金。其中,"情节特别严重",主要是指采用的强迫交易手段特别恶劣、非法牟利数额特别巨大、造成特别严重后果等情形。

应当注意的是,如果行为人在使用暴力过程中造成被害人重伤死亡的,则应依照本法有关规定定罪处罚。

【立法理由】

《刑法修正案(八)》对本条作了修改。《刑法》原第 226 条规定:"以暴力、威胁手段强买强卖商品、强迫他人提供服务或者强迫他人接受服务,情节严重的,处三年以下有期徒刑或者拘役,并处或者单处罚金。"

这次《刑法修正案(八)》对本条的修改:一是增加了三种新的犯罪行为,即强迫他人参与或者退出投标、拍卖的行为;强迫他人转让或者收购公司、企业的股份、债券或者其他资产的行为;强迫他人参与或者退出特定的经营活动的行为;二是该罪的法定刑由原来的 3 年提高到 7 年。1997 年修改刑法时,对扰乱市场经济的行为有针对性的规定了强迫交易罪,其中包括强买强卖商品和强迫他人提供或者接受服务的犯罪行为。由于当时我国市场经济正在发展中,对一些扰乱市场经济的违法犯罪行为看得还不是很清楚。特别是对一些行为是否需要用刑事法律进行调整,还需要进一步探索。近年来,在工程招标、物品拍卖同业经营竞争和资产转让收购等领域,强迫交易犯罪行为愈加猖狂,并已成为黑恶势力攫取社会财富和资源的常用手段。这种以暴力、威胁手段为后盾的强迫交易行为，不仅严重破坏社会主义市场秩序，而且侵犯了公民的人身权利。具有严重的社会危害性。应当予以严厉打击。

【相关规定】
《中华人民共和国治安管理处罚法》
第四十六条　强买强卖商品，强迫他人提供服务或者强迫他人接受服务的，处五日以上十日以下拘留，并处二百元以上五百元以下罚款；情节较轻的，处五日以下拘留或者五百元以下罚款。

三十七、在刑法第二百三十四条后增加一条，作为第二百三十四条之一："组织他人出卖人体器官的，处五年以下有期徒刑，并处罚金；情节严重的，处五年以上有期徒刑，并处罚金或者没收财产。

未经本人同意摘取其器官，或者摘取不满十八周岁的人的器官，或者强迫、欺骗他人捐献器官的，依照本法第二百三十四条、第二百三十二条的规定定罪处罚。

违背本人生前意愿摘取其尸体器官，或者本人生前未表示同意，违反国家规定，违背其近亲属意愿摘取其尸体器官的，依照本法第三百零二条的规定定罪处罚。"

【说明】
《刑法》第234条之一共分3款。
第1款规定，组织他人出卖人体器官的，处5年以下有期徒刑，并处罚金；情节严重的，处5年以上有期徒刑，并处罚金或者没收财产。其中，"组织他人出卖人体器官"，是指在违反国家有关规定的情况下，组织他人进行出卖人体器官的行为。根据国务院2007年颁发的《人体器官移植条例》的规定，任何组织或者个人不得以任何形式买卖人体器官，不得从事与买卖人体器官有关的活动。由此可见，组织他人出卖人体器官的行为严重破坏了国家人体器官移植规范的正常秩序，严重损害他人的身体健康、侵犯了他人的基本人权，具有严重的社会危害性，必须给予严厉打击。根据本条规定，构成组织他人出卖人体器官犯罪的，处5年以下有期徒刑，并处罚金；情节严重的，处

5年以上有期徒刑,并处罚金或者没收财产。其中,"情节严重的"是指,多次组织他人出卖人体器官或者获利数额较大的等情况。具体还有那些情况属于情节严重,可由司法机关根据司法实践作出具体的司法解释。

第2款规定,未经本人同意摘取其器官,或者摘取不满18周岁的人的器官,或者强迫、欺骗他人捐献器官的,依照本法第234条、第232条的规定定罪处罚。首先,应当说明的是,本条规定的"摘取",不包括出于医学治疗需要摘取、切除,而是指违反国家规定,非医学治疗需要的摘取人体器官。"未经本人同意摘取其器官",是指在没有得到被摘取器官的本人的同意,就摘取其器官的行为。包括在本人不明真相的情况下摘取其器官和未经本人同意,采取强制手段摘取其器官两种情况。根据国务院的《人体器官移植条例》,严禁未经公民本人同意摘取其活体器官。因此,未经本人同意摘取其器官,根据本条的规定就已经构成了犯罪行为。"摘取未满十八周岁的人的器官",是指摘取未满18周岁的未成年人的器官。未成人的合法权利一向是被法律重点保护的对象。由于他们处于身体发育阶段,对事物的判断能力还不成熟,是社会中的弱势群体,更需要法律加以特殊的保护。因此不论未成年人本人是否同意,只要是非医学救治的需要而摘取其器官就构成犯罪。"强迫、欺骗他人捐献器官",是指采取强迫、欺骗的手段,使他人捐献器官的行为。公民捐献器官,一般是出于人道主义,自愿地对身患严重疾病或绝症的人给予人体器官捐赠的行为。国务院颁布的《人体器官移植条例》规定,人体器官捐献应当遵循自愿、无偿的原则。公民享有捐献或者不捐献其人体器官的权利;任何组织或者个人不得强迫、欺骗或者利诱他人捐献人体器官。根据本条的规定,强迫、欺骗他人捐献器官,违背了本人意愿,是对公民的人身权利的赤裸裸的侵犯。从本款规定的三种情形看,未经本人同意摘取其器官,或者摘取不满18周岁的人的器官,或者强迫、欺骗他人捐献器官的行为,有一些共同特点:即违背了器官被摘取者的意愿,行为人都知道摘取他人人体器官会对他人身体造成严重损害,甚至可能导致死亡。因此,本条规定对于上述行为的刑事责任,"依照本法第二百三十四条、第二百三十二条的规定定罪处罚"。即可依照故意伤害罪、故意杀人罪定罪处罚。最高刑可判处死刑。

第 3 款规定,违背本人生前意愿摘取其尸体器官,或者本人生前未表示同意,违反国家规定,违背其近亲属意愿摘取其尸体器官的,依照本法第 302 条的规定定罪处罚。其中,"违背本人生前遗愿摘取其器官",是指已故公民在生前已经明确表示死后不愿意捐献人体器官但仍违背其生前遗愿摘取其器官的行为。"违反国家规定,违背其近亲属意愿摘取其尸体器官的",是指违反了国务院颁发的《人体器官移植条例》的规定,即公民生前未表示不同意捐献其人体器官的,该公民死亡后,其配偶、成年子女、父母可以以书面形式共同表示同意捐献该公民人体器官的意愿。从这一规定可以看出,对没有在生前留下捐献器官意愿的死者,在没有其近亲属以书面形式共同表示同意摘取其器官的情况下,如果摘取其器官,也是被禁止的,也就构成了本条规定的犯罪。根据本款规定,构成本款规定犯罪的,依照本法第 302 条的规定处罚。《刑法》第 302 条规定,盗窃、侮辱尸体的,处 3 年以下有期徒刑。本款规定的违背本人生前遗愿摘取其尸体器官,或者本人生前未表示同意,违反国家规定,违背其近亲属意愿摘取其尸体器官的行为,对死者尸体的完整性造成了破坏,不仅是对死者的人格尊严的亵渎,也会给死者近亲属带来极大的痛苦和伤害。属于《刑法》规定的有关侮辱尸体行为,因此本款规定依照该罪定罪处罚。

【立法理由】

《刑法修正案(八)》第 37 条规定,在《刑法》第 234 条后增加一条,作为第 234 条之一,对非法摘取他人人体器官的犯罪行为作了具体规定。

近些年来,一些不法之徒利用我国人体器官移植需求量大,而自愿捐献人体器官人数较少的情况,组织他人出卖人体器官,自己从中获利,他们采取种种卑劣的手段和方法,获得他人的人体器官进行不法交易,或采取强迫、欺骗手段,或利用他人家境贫困、急需用钱的窘况,多方串通、联系,组织所谓的"器官捐献者"出卖人体器官。有的未经本人同意,摘除其器官,甚至有的专门摘取不满 18 周岁的未成年人的器官;

还有的违背本人生前意愿摘取其尸体器官。这些行为严重侵害了公民生命、健康权利，违反了社会伦理道德底线，扰乱了社会管理秩序，具有严重的社会危害性。因此，对这种行为应当给予严厉的打击。在近几年的全国人民代表大会开会期间，许多人民代表也纷纷提出立法建议，要求对这种行为使用刑事法律加以调整。为了适应打击这类犯罪活动的客观需要和顺应社会各方面的强烈要求以及确保建设和谐社会的顺利进行，《刑法修正案（八）》第 37 条中明确规定，在《刑法》第 234 条后增加一条作为第 234 条之一，对组织他人出卖或者非法摘取他人人体器官的犯罪作了具体规定。

【相关规定】

《中华人民共和国刑法》

第二百三十二条　故意杀人的。处死刑、无期徒刑或者十年以上有期徒刑；情节较轻的，处三年以上十年以下有期徒刑。

第二百三十四条　故意伤害他人身体的，处三年以下有期徒刑、拘役或者管制。

犯前款罪，致人重伤的，处三年以上十年以下有期徒刑；致人死亡或者以特别残忍手段致人重伤造成严重残疾的，处十年以上有期徒刑、无期徒刑或者死刑。本法另有规定的，依照规定。

第三百零二条　盗窃、侮辱尸体的，处三年以下有期徒刑、拘役或者管制。

《人体器官移植条例》

第三条　任何组织或者个人不得以任何形式买卖人体器官，不得从事与买卖人体器官有关的活动。

第八条第二款　公民生前未表示不同意捐献其人体器官的，该公民死亡后，其配偶、成年子女、父母可以以书面形式共同表示同意捐献该公民人体器官的意愿。

第二十五条第（一）项　违反本条例规定，有下列情形之一，构成犯罪的，依法追究刑事责任：（一）未经公民本人同意摘取其活体器官的。

第38条　《中华人民共和国刑法修正案(八)》条文说明、立法理由及相关规定

三十八、将刑法第二百四十四条修改为:"以暴力、威胁或者限制人身自由的方法强迫他人劳动的,处三年以下有期徒刑或者拘役,并处罚金;情节严重的,处三年以上十年以下有期徒刑,并处罚金。

明知他人实施前款行为,为其招募、运送人员或者有其他协助强迫他人劳动行为的,依照前款的规定处罚。

单位犯前两款罪的,对单位判处罚金,并对其直接负责的主管人员和其他直接责任人员,依照第一款的规定处罚。"

【说明】

《刑法》第344条是关于强迫劳动犯罪及其刑事处罚的规定。共分三款。

第1款是关于强迫劳动犯罪行为及其处刑的规定。根据本款规定,强迫劳动犯罪,是指以暴力、威胁或者限制人身自由的方法强迫他人劳动的行为。所谓"暴力",是指犯罪分子直接对被害人实施殴打、伤害等危及其人身安全的行为,使其不能反抗、逃跑。"威胁",是指犯罪分子对被害人施以恫吓,进行精神强制,使其不敢反抗、逃跑。"限制人身自由的方法",则是指以限制离厂、不让回家,甚至雇用打手看管等方法非法限制被害人的人身自由,强迫其参加劳动。"他人",既包括与用人单位订有劳动合同的职工,也包括犯罪分子非法招募的工人、智障人等。本罪是故意犯罪。根据本款规定,实施强迫劳动犯罪的,处3年以下有期徒刑或者拘役,并处罚金;情节严重的,处3年以上10年以下有期徒刑,并处罚金。与1997年《刑法》对强迫职工劳动罪的处刑相比,本款规定取消了第一档刑中单处罚金的规定,增加了第二档刑,体现了对强迫劳动犯罪严厉打击的精神。所谓"情节严重"通常是指强迫多人劳动,长时间强迫他人劳动,以非人道手段对待被强迫劳动者等,具体标准应由司法机关根据实际情况通过司法解释确定。

第2款是关于协助强迫他人劳动行为处罚的规定。本款规定的协助强迫他人劳动行为,包括招募、运送人员和其他协助强迫他人劳动的行为。所谓"招募",是指通过所谓"合法"或非法途径,面向特定或者

不特定的群体募集人员的行为。实践中犯罪分子往往利用被害人求职心切，以合法就业岗位、优厚待遇等手段诱骗被害人。"运送"，是指用各种交通工具运输人员。"其他协助强迫他人劳动行为"是指除招募、运送人员外，为强迫劳动的人转移、窝藏或接收人员等行为。上述协助强迫他人劳动的行为，助长了强迫劳动犯罪，严重侵犯公民的人身权利和社会秩序，应当予以刑事处罚。我国加入的国际公约也要求将这种行为规定为犯罪。根据本款规定，明知他人实施本条第1款规定的强迫劳动行为，为其招募、运送人员的或者有其他协助强迫他人劳动行为的，依照本条第1款的规定处罚。即处3年以下有期徒刑或者拘役，并处罚金；情节严重的，处3年以上10年以下有期徒刑，并处罚金。

第3款是关于单位犯强迫劳动罪的处罚规定。根据本款规定，单位犯本条第1、2款规定的以暴力、威胁或者限制人身自由的方法强迫他人劳动，或者明知他人实施强迫劳动行为，为其招募、运送人员或者有其他协助强迫他人劳动行为的犯罪的，对单位判处罚金，并对其直接负责的主管人员和其他直接责任人员，依照本条第1款的规定处罚。即处3年以下有期徒刑或者拘役，并处罚金；情节严重的，处3年以上10年以下有期徒刑，并处罚金。

实践中，对于犯罪分子在强迫劳动的过程中使用暴力，致使被害人伤残、死亡的，应当根据本法的有关规定，以强迫劳动、故意伤害或故意杀人罪数罪并罚。

【立法理由】

《刑法修正案（八）》对1997年《刑法》第244条规定进行了修改。

1997年《刑法》第244条规定了强迫职工劳动罪，对用人单位违反劳动管理法规，以限制人身自由方法强迫职工劳动，情节严重的行为规定了刑事责任。近年来，在这方面社会上出现了一些新的情况。有的企业和业主，用诱骗等手段招募工人，雇用打手或者通过黑恶势力，以暴力、威胁手段剥夺工人的人身自由，强迫甚至奴役他们长时间从事高强度劳动。那些被媒体曝光为"黑砖窑"、"黑煤窑"的场所，劳动环境恶劣，有的造成了工人伤残、死亡的严重后果，社会影响极其恶劣。一些不法分子明知他人实施上述强迫劳动的行为，为牟取利益，专门以

"招工"等诱骗手段为其招募、运送劳动力或者以其他手段协助实施强迫劳动行为，形成了利益共同体。1997 年《刑法》第 244 条的规定不能适应打击这类行为的需要。一是该条规定的犯罪主体是用人单位，而强迫劳动情形恶劣的"黑砖窑"等往往是未办理合法手续的，能否认定为"用人单位"实践中常引起争议。二是该条规定的犯罪行为是"违反劳动管理法规，以限制人身自由方法强迫职工劳动"，侧重维护劳动关系中劳动者的权益。"黑砖窑"一类组织与被其强迫劳动的工人，往往是赤裸裸的强迫乃至奴役的关系，而非劳动法律规定的劳资关系。非法雇主违反了有关公民人身自由和人格尊严的法律，以暴力、威胁等手段限制乃至剥夺工人的人身自由，而非违反劳动管理法规。三是对强迫劳动情节恶劣的人员，该条规定的"三年以下有期徒刑或者拘役，并处或者单处罚金"的刑罚不能做到罚当其罪。四是对于为强迫劳动的单位和个人招募、运送人员等协助强迫劳动的行为没有规定刑事责任。一些专家学者、人大代表多次呼吁在《刑法》中设立强迫劳动罪、奴役罪。

2009 年 12 月 26 日，第十一届全国人大常委会第十二次会议决定，我国加入《联合国打击跨国有组织犯罪公约关于预防、禁止和惩治贩运人口特别是妇女和儿童行为的补充议定书》，该议定书要求缔约国采取必要的立法和其他措施，将为强迫劳动、奴役等剥削目的而通过暴力、威胁或者其他形式的胁迫，招募、运送、转移、窝藏或接收人员的行为规定为刑事犯罪。

针对实践中出现的新情况，根据惩治犯罪，保护公民权利的需要和落实国际公约的要求，《刑法修正案（八）》对强迫职工劳动罪的规定进行了修改。将犯罪主体由用人单位扩大到包括个人和单位在内的一般主体，将犯罪对象由"职工"修改为"他人"，完善了犯罪行为的规定，加重了法定刑，将为强迫劳动的单位和个人招募、运送人员或者以其他手段协助强迫劳动的行为规定为犯罪。

【相关规定】

《中华人民共和国劳动法》

第九十六条 用人单位有下列行为之一，由公安机关对责任人员处以十五日以下拘留、罚款或者警告；构成犯罪的，对责任人员依法追究刑事责任：

（一）以暴力、威胁或者非法限制人身自由的手段强迫劳动的；

（二）侮辱、体罚、殴打、非法搜查和拘禁劳动者的。

《联合国打击跨国有组织犯罪公约关于预防、禁止和惩治贩运人口特别是妇女和儿童行为的补充议定书》

第三条 术语的使用

在本议定书中：

（一）"人口贩运"系指为剥削目的而通过暴力威胁或使用暴力手段，或通过其他形式的胁迫，通过诱拐、欺诈、欺骗、滥用权力或滥用脆弱境况，或通过授受酬金或利益取得对另一人有控制权的某人的同意等手段招募、运送、转移、窝藏或接收人员；剥削应至少包括利用他人卖淫进行剥削或其他形式的性剥削、强迫劳动或服务、奴役或类似奴役的做法、劳役或切除器官；

（二）如果已使用本条第（一）项所述任何手段，则人口贩运活动被害人对第（一）项所述的预谋进行的剥削所表示的同意并不相干；

（三）为剥削目的而招募、运送、转移、窝藏或接收儿童，即使并不涉及本条第（一）项所述任何手段，也应视为"人口贩运"；

（四）"儿童"系指任何18岁以下者。

第五条 刑事定罪

一、各缔约国均应采取必要的立法和其他措施，将本议定书第三条所列故意行为规定为刑事犯罪。

二、各缔约国还均应采取必要的立法和其他措施，

（一）在符合本国法律制度基本概念的情况下，把实施根据本条第一款所确立的犯罪未遂定为刑事犯罪；

（二）把作为共犯参与根据本条第一款所确立的犯罪定为刑事犯罪；以及

（三）把组织或指挥他人实施根据本条第一款所确立的犯罪定为刑事犯罪。

第39条　《中华人民共和国刑法修正案(八)》条文说明、立法理由及相关规定

三十九、将刑法第二百六十四条修改为:"盗窃公私财物,数额较大的,或者多次盗窃、入户盗窃、携带凶器盗窃、扒窃的,处三年以下有期徒刑、拘役或者管制,并处或者单处罚金;数额巨大或者有其他严重情节的,处三年以上十年以下有期徒刑,并处罚金;数额特别巨大或者有其他特别严重情节的,处十年以上有期徒刑或者无期徒刑,并处罚金或者没收财产。"

【说明】

《刑法》第264条是关于盗窃罪及其刑事处罚的规定。

本条规定的"盗窃",是指以非法占有为目的,秘密窃取公私财物的行为。本罪的主体是一般犯罪主体。构成盗窃罪必须具备以下条件:

1. 行为人具有非法占有公私财物的目的。

2. 行为人实施了秘密窃取公私财物的行为。秘密窃取,是指采用不易被财物所有人、保管人或者其他人发现的方法,将公私财物占为己有的行为。如溜门撬锁、挖洞跳墙、潜入他人室内、掏兜割包、利用网络技术窃取等。秘密窃取是盗窃罪的重要特征,也是区别其他侵犯财产罪的主要标志。

3. 盗窃的公私财物数额较大的,或者多次盗窃、入户盗窃、携带凶器盗窃、扒窃的。数额较大,是盗窃行为构成犯罪的基本要件。如果盗窃的财物数额较小,一般应当依照《治安管理处罚法》的规定予以处罚,不需要动用刑罚。但对于一些特定的盗窃行为,只要实施了该盗窃行为,即使达不到数额较大的条件,因该行为本身的社会危害性,本条也规定其构成犯罪。这些行为包括:(1)多次盗窃。盗窃犯罪具有常习性,且犯罪分子又具有一定的反侦查能力,一经抓获,往往只能认定现场查获的数额,而对其以往数额的交代也难以查证。将多次盗窃规定为犯罪正是针对盗窃犯罪的这一特点。根据最高人民法院有关司法解释,对于1年内盗窃3次以上的,应当认定为"多次盗窃",以盗窃罪定罪处罚。(2)入户盗窃。这里所说的"户",是指公民日常生活的住所,包括用于生活的与外界相对隔离的封闭的院落、牧民的帐篷、渔民生活的渔船等,不包括办公场所。入户盗窃不仅侵犯了公民的财产,还侵犯了公民的住宅,并对公民的人身安全形成严重威胁,应当予以严厉打

击。(3) 携带凶器盗窃。"凶器"是指枪支、爆炸物、管制刀具等可用于实施暴力的器具。行为人携带凶器盗窃,往往有恃无恐,一旦被发现或者被抓捕时,则使用凶器进行反抗。这种行为以暴力为后盾,不仅侵犯他人的财产,而且对他人的人身形成严重威胁,应当予以刑事处罚。需要明确的是,本条规定的构成盗窃罪的"携带凶器盗窃",是指行为人携带凶器进行盗窃而未使用的情况,如果行为人在携带凶器盗窃时,为窝藏赃物、抗拒抓捕或者毁灭罪证而当场使用凶器施暴或者威胁的,根据本法第269条的规定,应当以抢劫罪定罪处罚。(4) 扒窃。"扒窃"是指在公共场所或者公共交通工具上窃取他人随身携带的财物。扒窃行为往往采取掏兜、割包等手法,严重侵犯公民财产和人身安全,扰乱公共场所秩序。且技术性强,多为屡抓屡放的惯犯,应当予以严厉打击。《刑法修正案(八)》将入户盗窃、携带凶器盗窃和扒窃增加规定为犯罪,体现了刑法对人民群众人身财产安全的切实关注和严格保护,为打击盗窃犯罪提供了更有力的法律武器。

本条对盗窃罪量刑档次的划分采取了数额加情节的标准。根据本条规定,对盗窃公私财物,数额较大的,或者多次盗窃、入户盗窃、携带凶器盗窃、扒窃的,处3年以下有期徒刑、拘役或者管制,并处或者单处罚金;数额巨大或者有其他严重情节的,处3年以上10年以下有期徒刑,并处罚金;数额特别巨大或者有其他特别严重情节的,处10年以上有期徒刑或者无期徒刑,并处罚金或者没收财产。

关于数额,根据《最高人民法院、最高人民检察院、公安部关于盗窃罪数额认定标准问题的规定》,个人盗窃公私财物"数额较大",以500元至2000元为起点。个人盗窃公私财物"数额巨大",以5000元至2万元为起点。个人盗窃公私财物"数额特别巨大",以3万元至10万元为起点。各省、自治区、直辖市高级人民法院、人民检察院、公安厅(局),可以根据本地区经济发展状况,并考虑社会治安状况,在上述数额幅度内,共同研究确定本地区执行的盗窃罪"数额较大"、"数额巨大"、"数额特别巨大"的具体数额标准,并分别报最高人民法院、最高人民检察院、公安部备案。

关于情节,根据《最高人民法院关于审理盗窃案件具体应用法律若干问题的解释》,盗窃数额达到"数额较大"或者"数额巨大"的起点,并具有下列情形之一的,可以分别认定为"其他严重情节"或者"其他特别严重情节":(1)犯罪集团的首要分子或者共同犯罪中情节严重的主犯;(2)盗窃金融机构的;(3)流窜作案危害严重的;(4)累犯;(5)导致被害人死亡、精神失常或者其他严重后果的;(6)盗窃救灾、抢险、防汛、优抚、扶贫、移民、救济、医疗款物,造成严重后果的;(7)盗窃生产资料,严重影响生产的;(8)造成其他重大损失的。

办理盗窃案件,应当注意区分盗窃罪与其他犯罪的界限:(1)盗窃广播电视设施、公用电信设施价值数额不大,但是构成危害公共安全犯罪的,依照《刑法》第124条关于破坏广播电视设施、公用电信设施罪的规定定罪处罚;盗窃广播电视设施、公用电信设施同时构成盗窃罪和破坏广播电视设施、公用电信设施罪的,择一重罪处罚。(2)盗窃使用中的电力设备,同时构成盗窃罪和破坏电力设备罪的,择一重罪处罚。(3)为盗窃其他财物,盗窃机动车辆当犯罪工具使用的,被盗机动车辆的价值计入盗窃数额;为实施其他犯罪盗窃机动车辆的,以盗窃罪和所实施的其他犯罪实行数罪并罚。为实施其他犯罪,偷开机动车辆当犯罪工具使用后,将偷开的机动车辆送回原处或者停放到原处附近,车辆未丢失的,按照其所实施的犯罪从重处罚。(4)为练习开车、游乐等目的,多次偷开机动车辆,并将机动车辆丢失的,以盗窃罪定罪处罚;在偷开机动车辆过程中发生交通肇事构成犯罪,又构成其他罪的,应当以交通肇事罪和其他罪实行数罪并罚;偷开机动车辆造成车辆损坏的,按照《刑法》第275条关于故意毁坏公私财物罪的规定定罪处罚;偶尔偷开机动车辆,情节轻微的,可以不认为是犯罪。(5)实施盗窃犯罪,造成公私财物损毁的,以盗窃罪从重处罚;又构成其他犯罪的,择一重罪从重处罚;盗窃公私财物未构成盗窃罪,但因采用破坏性手段造成公私财物损毁数额较大的,以故意毁坏财物罪定罪处罚。盗窃后,为掩盖盗窃罪行或者报复等,故意破坏公私财物构成犯罪的,应当以盗窃罪和构成的其他罪实行数罪并罚。(6)盗窃技术成果等商业秘密的,按照《刑法》第219条关于侵犯商业秘密罪的规定定罪处罚。

【立法理由】

《刑法修正案(八)》对《刑法》第 264 条规定进行了修改。1997 年《刑法》第 264 条规定,盗窃公私财物,数额较大或者多次盗窃的,构成盗窃罪。该条还根据盗窃罪的社会危害性,取消了此前有关单行刑法关于盗窃罪情节特别严重的可以判处死刑的规定,仅对盗窃金融机构,数额特别巨大的和盗窃珍贵文物,情节严重的两种行为保留了死刑。近年来,有关部门、一些全国人大代表和专家多次提出,盗窃罪属于非暴力的财产性犯罪,一般情况下不会造成人身或者其他方面的严重损害。1997 年《刑法》保留死刑的两种情形,也不属于社会危害性最严重的犯罪,建议取消盗窃罪可以判处死刑的规定。同时,有关部门提出,实际中一些盗窃行为,虽然达不到"数额较大或者多次盗窃"的入罪门槛,但严重危害广大人民群众的财产安全,并对群众人身安全形成威胁,具有严重的社会危害性,应当予以刑事处罚。立法机关经研究认为,完全取消盗窃罪的死刑,不会给社会稳定大局和治安形势带来负面影响。对于 1997 年《刑法》保留死刑的两种情形,依法判处无期徒刑或者其他刑罚是可以起到惩罚和震慑作用的。《刑法修正案(八)》对《刑法》第 264 条进行了修改,删去了对盗窃罪可以判处死刑的规定。并根据有关部门的意见,增加了入户盗窃、携带凶器盗窃、扒窃三类行为直接构成盗窃罪的规定。这样修改,充分体现了宽严相济的刑事政策,实现了打击犯罪与保障人权的统一。

【相关规定】

《最高人民法院关于审理盗窃案件具体应用法律若干问题的解释》

第一条 根据刑法第二百六十四条的规定,以非法占有为目的,秘密窃取公私财物数额较大或者多次盗窃公私财物的行为,构成盗窃罪。

(一)盗窃数额,是指行为人窃取的公私财物的数额。

(二)盗窃未遂,情节严重,如以数额巨大的财物或者国家珍贵文物等为盗窃目标的,应当定罪处罚。

(三)盗窃的公私财物,包括电力、煤气、天然气等。

(四)偷拿自己家的财物或者近亲属的财物,一般可不按犯罪处理;对确有追究刑事责任必要的,处罚时也应与在社会上作案的有所区别。

第三条 盗窃公私财物"数额较大"、"数额巨大"、"数额特别巨大"的标准如下：

（一）个人盗窃公私财物价值人民币五百元至二千元以上的，为"数额较大"。

（二）个人盗窃公私财物价值人民币五千元至二万元以上的，为"数额巨大"。

（三）个人盗窃公私财物价值人民币三万元至十万元以上的，为"数额特别巨大"。

各省、自治区、直辖市高级人民法院可根据本地区经济发展状况，并考虑社会治安状况，在前款规定的数额幅度内，分别确定本地区执行的"数额较大"、"数额巨大"、"数额特别巨大"的标准。

第五条 被盗物品的数额，按照下列方法计算：

（一）被盗物品的价格，应当以被盗物品价格的有效证明确定。对于不能确定的，应当区别情况，根据作案当时、当地的同类物品的价格，并按照下列核价方法，以人民币分别计算：

1. 流通领域的商品，按市场零售价的中等价格计算；属于国家定价的，按国家定价计算；属于国家指导价的，按指导价的最高限价计算。

2. 生产领域的产品，成品按本项之1规定的方法计算；半成品比照成品价格折算。

3. 单位和公民的生产资料、生活资料等物品，原则上按购进价计算，但作案当时市场价高于原购进价的，按当时市场价的中等价格计算。

4. 农副产品，按农贸市场同类产品的中等价格计算。

大牲畜，按交易市场同类同等大牲畜的中等价格计算。

5. 进出口货物、物品，按本项之1规定的方法计算。

6. 金、银、珠宝等制作的工艺品，按国有商店零售价格计算；国有商店没有出售的，按国家主管部门核定的价格计算。

黄金、白银按国家定价计算。

7. 外币,按被盗当日国家外汇管理局公布的外汇卖出价计算。

8. 不属于馆藏三级以上的一般文物,包括古玩、古书画等,按国有文物商店的一般零售价计算,或者按国家文物主管部门核定的价格计算。

9. 以牟利为目的,盗接他人通信线路、复制他人电信码号的,盗窃数额按当地邮电部门规定的电话初装费、移动电话入网费计算;销赃数额高于电话初装费、移动电话入网费的,盗窃数额按销赃数额计算。移动电话的销赃数额,按减去裸机成本价格计算。

10. 明知是盗接他人通信线路、复制他人电信码号的电信设备、设施而使用的,盗窃数额按合法用户为其支付的电话费计算。盗窃数额无法直接确认的,应当以合法用户的电信设备、设施被盗接、复制后的月缴费额减去被复制前6个月的平均电话费推算;合法用户使用电信设备、设施不足6个月的,按实际使用的月平均电话费推算。

11. 盗接他人通信线路后自己使用的,盗窃数额按本项之10的规定计算;复制他人电信码号后自己使用的,盗窃数额按本项之9、10规定的盗窃数额累计计算。

(二)有价支付凭证、有价证券、有价票证,按下列方法计算:

1. 不记名、不挂失的有价支付凭证、有价证券、有价票证,不论能否即时兑现,均按票面数额和案发时应得的孳息、奖金或者奖品等可得收益一并计算。股票按被盗当日证券交易所公布的该种股票成交的平均价格计算。

2. 记名的有价支付凭证、有价证券、有价票证,如果票面价值已定并能即时兑现的,如活期存折、已到期的定期存折和已填上金额的支票,以及不需证明手续即可提取货物的提货单等,按票面数额和案发时应得的利息或者可提货物的价值计算。如果票面价值未定,但已经兑现的,按实际兑现的财物价值计算;尚未兑现的,可作为定罪量刑的情节。

不能即时兑现的记名有价支付凭证、有价证券、有价票证或者能即时兑现的有价支付凭证、有价证券、有价票证已被销毁、丢弃,而失主可以通过挂失、补领、补办手续等方式避免实际损失的,票面数额不作为

第39条　《中华人民共和国刑法修正案(八)》条文说明、立法理由及相关规定

定罪量刑的标准,但可作为定罪量刑的情节。

(三)邮票、纪念币等收藏品、纪念品,按国家有关部门核定的价格计算。

(四)同种类的大宗被盗物品,失主以多种价格购进,能够分清的,分别计算;难以分清的,应当按此类物品的中等价格计算。

(五)被盗物品已被销赃、挥霍、丢弃、毁坏的,无法追缴或者几经转手,最初形态被破坏的,应当根据失主、证人的陈述、证言和提供的有效凭证以及被告人的供述,按本条第(一)项规定的核价方法,确定原被盗物品的价值。

(六)失主以明显低于被盗当时、当地市场零售价购进的物品,应当按本条第(一)项规定的核价方法计算。

(七)销赃数额高于按本解释计算的盗窃数额的,盗窃数额按销赃数额计算。

(八)盗窃违禁品,按盗窃罪处理的,不计数额,根据情节轻重量刑。

(九)被盗物品价格不明或者价格难以确定的,应当按国家计划委员会、最高人民法院、最高人民检察院、公安部《扣押、追缴、没收物品估价管理办法》的规定,委托指定的估价机构估价。

(十)对已陈旧、残损或者使用过的被盗物品,应当结合作案当时、当地同类物品的价格和被盗时的残旧程度,按本条第(九)项的规定办理。

(十一)残次品,按主管部门核定的价格计算;废品,按物资回收利用部门的收购价格计算;假、劣物品,有价值的,按本条第(九)项的规定办理,以实际价值计算。

(十二)多次盗窃构成犯罪,依法应当追诉的,或者最后一次盗窃构成犯罪,前次盗窃行为在一年以内的,应当累计其盗窃数额。

(十三)盗窃行为给失主造成的损失大于盗窃数额的,损失数额可作为量刑的情节。

第六条　审理盗窃案件,应当根据案件的具体情形认定盗窃罪的情节:

（一）盗窃公私财物接近"数额较大"的起点，具有下列情形之一的，可以追究刑事责任：

1. 以破坏性手段盗窃造成公私财产损失的；
2. 盗窃残疾人、孤寡老人或者丧失劳动能力人的财物的；
3. 造成严重后果或者具有其他恶劣情节的。

（二）盗窃公私财物虽已达到"数额较大"的起点，但情节轻微，并具有下列情形之一的，可不作为犯罪处理：

1. 已满十六周岁不满十八周岁的未成年人作案的；
2. 全部退赃、退赔的；
3. 主动投案的；
4. 被胁迫参加盗窃活动，没有分赃或者获赃较少的；
5. 其他情节轻微、危害不大的。

（三）盗窃数额达到"数额较大"或者"数额巨大"的起点，并具有下列情形之一的，可以分别认定为"其他严重情节"或者"其他特别严重情节"：

1. 犯罪集团的首要分子或者共同犯罪中情节严重的主犯；
2. 盗窃金融机构的；
3. 流窜作案危害严重的；
4. 累犯；
5. 导致被害人死亡、精神失常或者其他严重后果的；
6. 盗窃救灾、抢险、防汛、优抚、扶贫、移民、救济、医疗款物，造成严重后果的；
7. 盗窃生产资料，严重影响生产的；
8. 造成其他重大损失的。

第十二条　审理盗窃案件，应当注意区分盗窃罪与其他犯罪的界限：

（一）盗窃广播电视设施、公用电信设施价值数额不大，但是构成危害公共安全犯罪的，依照刑法第一百二十四条的规定定罪处罚；盗窃广播电视设施、公用电信设施同时构成盗窃罪和破坏广播电视设施、公用电信设施罪的，择一重罪处罚。

（二）盗窃使用中的电力设备，同时构成盗窃罪和破坏电力设备罪的，择一重罪处罚。

（三）为盗窃其他财物，盗窃机动车辆当犯罪工具使用的，被盗机动车辆的价值计入盗窃数额；为实施其他犯罪盗窃机动车辆的，以盗窃罪和所实施的其他犯罪实行数罪并罚。为实施其他犯罪，偷开机动车辆当犯罪工具使用后，将偷开的机动车辆送回原处或者停放到原处附近，车辆未丢失的，按照其所实施的犯罪从重处罚。

（四）为练习开车、游乐等目的，多次偷开机动车辆，并将机动车辆丢失的，以盗窃罪定罪处罚；在偷开机动车辆过程中发生交通肇事构成犯罪，又构成其他罪的，应当以交通肇事罪和其他罪实行数罪并罚；偷开机动车辆造成车辆损坏的，按照刑法第二百七十五条的规定定罪处罚；偶尔偷开机动车辆，情节轻微的，可以不认为是犯罪。

（五）实施盗窃犯罪，造成公私财物损毁的，以盗窃罪从重处罚；又构成其他犯罪的，择一重罪从重处罚；盗窃公私财物未构成盗窃罪，但因采用破坏性手段造成公私财物损毁数额较大的，以故意毁坏财物罪定罪处罚。盗窃后，为掩盖盗窃罪行或者报复等，故意破坏公私财物构成犯罪的，应当以盗窃罪和构成的其他罪实行数罪并罚。

（六）盗窃技术成果等商业秘密的，按照刑法第二百一十九条的规定定罪处罚。

第十三条　对于依法应当判处罚金刑的盗窃犯罪分子，应当在一千元以上盗窃数额的二倍以下判处罚金；对于依法应当判处罚金刑，但没有盗窃数额或者无法计算盗窃数额的犯罪分子，应当在一千元以上十万元以下判处罚金。

《最高人民法院、最高人民检察院、公安部关于盗窃罪数额认定标准问题的规定》

根据刑法第二百六十四条的规定，结合当前的经济发展水平和社会治安状况，现对盗窃罪数额认定标准规定如下：

一、个人盗窃公私财物"数额较大"，以五百元至二千元为起点。

二、个人盗窃公私财物"数额巨大"，以五千元至二万元为起点。

三、个人盗窃公私财物"数额特别巨大"，以三万元至十万元为起点。

各省、自治区、直辖市高级人民法院、人民检察院、公安厅(局),可以根据本地区经济发展状况,并考虑社会治安状况,在上述数额幅度内,共同研究确定本地区执行的盗窃罪"数额较大"、"数额巨大"、"数额特别巨大"的具体数额标准,并分别报最高人民法院、最高人民检察院、公安部备案。

《最高人民法院关于审理扰乱电信市场管理秩序案件具体应用法律若干问题的解释》

第七条 将电信卡非法充值后使用,造成电信资费损失数额较大的,依照刑法第二百六十四条的规定,以盗窃罪定罪处罚。

第八条 盗用他人公共信息网络上网账号、密码上网,造成他人电信资费损失数额较大的,依照刑法第二百六十四条的规定,以盗窃罪定罪处罚。

《最高人民法院、最高人民检察院、公安部关于铁路运输过程中盗窃罪数额认定标准问题的规定》

根据《刑法》第二百六十四条的规定,结合铁路运输的治安状况和盗窃案件特点,现对铁路运输过程中盗窃罪数额认定标准规定如下:

一、个人盗窃公私财物"数额较大",以一千元为起点;

二、个人盗窃公私财物"数额巨大",以一万元为起点;

三、个人盗窃公私财物"数额特别巨大",以六万元为起点。

《最高人民检察院关于单位有关人员组织实施盗窃行为如何适用法律问题的批复》

单位有关人员为谋取单位利益组织实施盗窃行为,情节严重的,应当依照刑法第二百六十四条的规定以盗窃罪追究直接责任人员的刑事责任。

《最高人民法院、最高人民检察院关于办理盗窃油气、破坏油气设备等刑事案件具体应用法律若干问题的解释》

第三条 盗窃油气或者正在使用的油气设备,构成犯罪,但未危害公共安全的,依照刑法第二百六十四条的规定,以盗窃罪定罪处罚。

盗窃油气,数额巨大但尚未运离现场的,以盗窃未遂定罪处罚。

为他人盗窃油气而偷开油气井、油气管道等油气设备阀门排放油气或者提供其他帮助的,以盗窃罪的共犯定罪处罚。

第四条　盗窃油气同时构成盗窃罪和破坏易燃易爆设备罪的,依照刑法处罚较重的规定定罪处罚。

第五条　明知是盗窃犯罪所得的油气或者油气设备,而予以窝藏、转移、收购、加工、代为销售或者以其他方法掩饰、隐瞒的,依照刑法第三百一十二条的规定定罪处罚。

实施前款规定的犯罪行为,事前通谋的,以盗窃犯罪的共犯定罪处罚。

《最高人民法院关于审理未成年人刑事案件具体应用法律若干问题的解释》

第九条　已满十六周岁不满十八周岁的人实施盗窃行为未超过三次,盗窃数额虽已达到"数额较大"标准,但案发后能如实供述全部盗窃事实并积极退赃,且具有下列情形之一的,可以认定为"情节显著轻微危害不大",不认为是犯罪:

(一)系又聋又哑的人或者盲人;

(二)在共同盗窃中起次要或者辅助作用,或者被胁迫;

(三)具有其他轻微情节的。

已满十六周岁不满十八周岁的人盗窃未遂或者中止的,可不认为是犯罪。

已满十六周岁不满十八周岁的人盗窃自己家庭或者近亲属财物,或者盗窃其他亲属财物但其他亲属要求不予追究的,可不按犯罪处理。

第十条　已满十四周岁不满十六周岁的人盗窃、诈骗、抢夺他人财物,为窝藏赃物、抗拒抓捕或者毁灭罪证,当场使用暴力,故意伤害致人重伤或者死亡,或者故意杀人的,应当分别以故意伤害罪或者故意杀人罪定罪处罚。

已满十六周岁不满十八周岁的人犯盗窃、诈骗、抢夺罪,为窝藏赃物、抗拒抓捕或者毁灭罪证而当场使用暴力或者以暴力相威胁,应当依照刑法第二百六十九条的规定定罪处罚;情节轻微的,可以不以抢劫罪定罪处罚。

《最高人民法院关于审理破坏森林资源刑事案件具体应用法律若干问题的解释》

第九条 将国家、集体、他人所有并已经伐倒的树木窃为己有,以及偷砍他人房前屋后、自留地种植的零星树木,数额较大的,依照刑法第二百六十四条的规定,以盗窃罪定罪处罚。

第十五条 非法实施采种、采脂、挖笋、掘根、剥树皮等行为,牟取经济利益数额较大的,依照刑法第二百六十四条的规定,以盗窃罪定罪处罚。同时构成其他犯罪的,依照处罚较重的规定定罪处罚。

四十、将刑法第二百七十四条修改为:"敲诈勒索公私财物,数额较大或者多次敲诈勒索的,处三年以下有期徒刑、拘役或者管制,并处或者单处罚金;数额巨大或者有其他严重情节的,处三年以上十年以下有期徒刑,并处罚金;数额特别巨大或者有其他特别严重情节的,处十年以上有期徒刑,并处罚金。"

【说明】

《刑法》第274条是关于敲诈勒索罪及其刑事处罚的规定。

本条规定的"敲诈勒索",是指以非法占有为目的,对公私财物的所有人、保管人使用威胁或者要挟的方法,勒索公私财物的行为。本罪的主体是一般犯罪主体。构成敲诈勒索罪必须具备以下条件:

1. 行为人具有非法占有他人财物的目的。

2. 行为人实施了以威胁或者要挟的方法勒索财物的行为,这是敲诈勒索罪的最主要的特点。威胁和要挟,是指通过对被害人及其关系密切的人精神上的强制,对其在心理上造成恐惧,产生压力。威胁或者要挟的方法多种多样,如以将要实施暴力;揭发隐私、违法犯罪活动;毁坏名誉相威胁等。其形式可以是口头的,也可以是书面的,还可以通过第三者转达;可以是明示,也可以是暗示。在取得他人财物的时间上,既可以迫使对方当场交出,也可以限期交出。总之,是通过对公私财物的所有人、保管人实施精神上的强制,使其产生恐惧、畏惧心理,不得已而交出财物。

3. 敲诈勒索的财物数额较大或者多次敲诈勒索的。数额较大,是敲诈勒索行为构成犯罪的基本要件。如果敲诈勒索的财物数额较小，一般应当依照《治安管理处罚法》的规定予以处罚，不需要动用刑罚。多次敲诈勒索，是《刑法修正案（八）》增加规定的构成犯罪的条件。有的犯罪分子，特别是黑社会性质组织和恶势力团伙成员，凭借其组织或团伙的非法控制或影响，频繁实施敲诈勒索行为，欺压群众，扰乱社会治安，具有严重的社会危害性。对多次敲诈勒索的行为，即使敲诈勒索的财物数额没有达到较大的标准，也应当依法定罪处罚。

第274条对敲诈勒索罪量刑档次的划分采取了数额加情节的标准。根据本条规定，对敲诈勒索公私财物，数额较大或者多次敲诈勒索的，处3年以下有期徒刑、拘役或者管制，并处或者单处罚金；数额巨大或者有其他严重情节的，处3年以上10年以下有期徒刑，并处罚金；数额特别巨大或者有其他特别严重情节的，处10年以上有期徒刑，并处罚金。《刑法修正案（八）》对敲诈勒索罪的量刑作了两处修改。一是为适应打击实际中一些敲诈勒索财物数额特别巨大或者情节特别严重的犯罪的需要，增设了"十年以上有期徒刑，并处罚金"这一量刑档次。二是为在经济上打击敲诈勒索这一财产性犯罪，在每一量刑档次都增加规定了财产刑。根据《最高人民法院关于敲诈勒索罪数额认定标准问题的规定》，敲诈勒索公私财物"数额较大"，以1000元至3000元为起点；"数额巨大"，以一万元至三万元为起点。各省、自治区、直辖市高级人民法院可以根据本地区实际情况，在上述数额幅度内，研究确定本地区执行的敲诈勒索罪"数额较大"、"数额巨大"的具体数额标准，并报最高人民法院备案。敲诈勒索的犯罪分子是否"有其他严重情节"、"有其他特别严重情节"，应当考虑犯罪分子是否为累犯或者惯犯，是否为共同犯罪的首要分子或者黑社会性质组织、恶势力团伙的组织领导者，敲诈勒索手段是否恶劣，是否有冒充国家工作人员进行敲诈勒索等情节，是否造成严重后果等。"多次敲诈勒索"的具体次数标准，"数额特别巨大"的具体数额，"其他严重情节"、"其他特别严重情节"的具体标准，应由司法机关根据实际情况通过司法解释确定。

在实际执行中要注意：（1）区分敲诈勒索罪和抢劫罪的界限。由于以暴力相威胁是敲诈勒索的手段，也是胁迫性抢劫罪的手段，因此二者容易混淆。敲诈勒索罪的威胁行为仅使被害人产生畏惧心理,被害人尚有相当程度的意志自由,还有延缓的余地。而在抢劫罪中,被害人的人身安全受到现实的威胁,已没有延缓的余地。(2)区分敲诈勒索罪与绑架罪的界限。以扣押人质的方式勒索财物的,是绑架罪。声称绑架人质,实际上并未实施,勒索他人财物的,是敲诈勒索行为。

【立法理由】

1997年《刑法》第274条规定,敲诈勒索公私财物,数额较大的,处3年以下有期徒刑、拘役或者管制;数额巨大或者有其他严重情节的,处3年以上10年以下有期徒刑。近年来,敲诈勒索犯罪方面出现了一些新的情况。一些地方的黑社会性质组织和恶势力团伙,把敲诈勒索行为作为他们称霸一方,欺压、残害群众的经常性手段。有的犯罪分子频繁实施敲诈勒索行为,被害群众敢怒不敢言。他们敲诈勒索的具体方法也多是以明确的暴力相威胁。这些犯罪行为严重侵犯了人民群众的人身财产权益,破坏了社会稳定。1997年《刑法》第274条的规定在一定程度上已不能完全适应打击现实中敲诈勒索犯罪的需要。一是单纯以数额为依据的入罪门槛不够科学。二是未规定财产刑,不能在经济上打击犯罪分子。三是对于敲诈勒索数额特别巨大或者情节特别严重的,最高10年有期徒刑的法定刑偏轻。有关部门和专家学者多次提出修改完善敲诈勒索罪规定的建议。《刑法修正案(八)》对本条的规定进行了修改,增加了多次敲诈勒索构成犯罪的规定,增设了第三个量刑档次,增加规定了财产刑。

【相关规定】

《最高人民法院关于敲诈勒索罪数额认定标准问题的规定》

根据刑法第二百七十四条的规定,现对敲诈勒索罪数额认定标准规定如下:

一、敲诈勒索公私财物"数额较大",以一千元至三千元为起点;

二、敲诈勒索公私财物"数额巨大",以一万元至三万元为起点。

各省、自治区、直辖市高级人民法院可以根据本地区实际情况,在上述数额幅度内,研究确定本地区执行的敲诈勒索罪"数额较大"、"数额巨大"的具体数额标准,并报最高人民法院备案。

第41条　《中华人民共和国刑法修正案(八)》条文说明、立法理由及相关规定

四十一、在刑法第二百七十六条后增加一条，作为第二百七十六条之一："以转移财产、逃匿等方法逃避支付劳动者的劳动报酬或者有能力支付而不支付劳动者的劳动报酬，数额较大，经政府有关部门责令支付仍不支付的，处三年以下有期徒刑或者拘役，并处或者单处罚金；造成严重后果的，处三年以上七年以下有期徒刑，并处罚金。

单位犯前款罪的，对单位判处罚金，并对其直接负责的主管人员和其他直接责任人员，依照前款的规定处罚。

有前两款行为，尚未造成严重后果，在提起公诉前支付劳动者的劳动报酬，并依法承担相应赔偿责任的，可以减轻或者免除处罚。"

【说明】

《刑法》第276条规定的犯罪是新增加的犯罪。共分三款。

第1款是关于以转移财产、逃匿等手段，逃避支付或不支付劳动者的劳动报酬的犯罪及其刑事处罚的规定。

本款规定的逃避支付或者不支付劳动者报酬的犯罪是故意犯罪，主体是自然人。主观方面必须有逃避支付或者不支付劳动者的劳动报酬的故意。其侵犯的客体为双重客体，既侵犯了劳动者的获得劳动报酬的权利，又扰乱了市场经济秩序。客观方面，行为人实施了以转移财产或逃匿等手段，逃避支付劳动者的劳动报酬或者虽没有转移财产和逃匿等行为，但有能力支付而故意不支付劳动者的劳动报酬的行为。

本款所说的"转移财产"，是指行为人为逃避欠薪将所经营的收益转移到他处，以使行政机关、司法机关或被欠薪者无法查找到。"逃匿"，是指行为人为逃避支付劳动报酬或者为躲避行政机关或司法机关的追究而逃离当地或躲藏起来。"劳动报酬"，是指劳动者按照《劳动法》和《劳动合同法》的规定，通过自己的劳动而应得的报酬，其范围不仅限于工资。"有能力支付"，是指经调查有事实证明企业或单位确有可供支付劳动者报酬的资金或者财产。"经政府有关部门责令支付仍不支付的"，这里的"政府有关部门"，一般是指地方政府劳动行政部门，即劳动和社会保障部门。《劳动法》明确了劳动行政部门在劳动工作中

的地位和职责。即国务院劳动行政部门主管全国的劳动工作。县级以上地方人民政府劳动行政部门主管本行政区域内的劳动工作。这里的"责令支付仍不支付",是指经政府劳动行政部门责令支付（一次）仍没有支付的情况。根据《劳动法》第91条的规定,用人单位违反劳动法的规定,政府劳动行政部门有权责令其支付。即用人单位具有克扣或者无故拖欠劳动者工资、拒不支付劳动者延长工作时间工资报酬、低于当地最低工资标准支付劳动者工资、解除劳动合同后,未依照劳动法规定给予劳动者经济补偿的侵害劳动者合法权益情形之一的,由劳动行政部门责令支付劳动者的工资报酬、经济补偿,并可以责令支付赔偿金"。根据本款规定,"数额较大并经政府有关部门责令支付仍不支付"是构成本罪的必备条件,缺一不可。也就是说,行为人采取转移财产、逃匿等方法逃避支付劳动者的劳动报酬,或者有能力支付而不支付劳动者的劳动报酬都必须达到数额较大且经政府有关部门责令支付仍不支付的,才能构成本罪。仅符合数额较大的条件或者经政府有关部门责令支付仍不支付的条件都不构成本罪。本条对"数额较大"没有作具体的规定,司法机关可在法律实施过程中总结司法实践经验的基础上,作出具体的司法解释。

　　本款对逃避支付或不支付劳动者的劳动报酬的犯罪规定了两档刑：即对于逃避支付劳动者的劳动报酬,数额较大,并经政府有关部门责令支付仍不支付的,处3年以下有徒刑或者拘役,并处或者单处罚金；对造成严重后果的,规定处3年以上7年以下有徒刑,并处罚金。"造成严重后果的",一般是指对劳动者的人身、家庭安全、生活造成严重伤害或在社会上造成极为恶劣的影响,如由于不支付或没有及时支付劳动者报酬,以至于影响到劳动者的家庭生活或生存；导致劳动者自伤、精神失常或因生活无着迫使其实施犯罪,严重危害社会秩序的；引发群体性事件等严重后果。

　　第2款是关于单位犯罪的处罚规定。

　　本款所说的"单位",是指《劳动合同法》中规定的用人单位,包括具备合法经营资格的用人单位和不具备合法经营资格的用人单位以及劳务派遣单位。对于个人承包经营者犯罪的,应当以个人犯罪追究其刑事责任。根据本款规定,单位犯逃避支付或不支付劳动者的劳动报酬罪的,对单位判处罚金,同时,对其直接负责的主管人员和其他直接责任人员,依照第 1 款规定的刑罚予以处罚。也就是说,单位犯罪的构成条件是依照第 1 款关于个人犯罪的规定,对单位直接负责的主管人员和其他直接责任人员的处罚,也是依照第 1 款所规定的两档刑分别予以处罚。

第 3 款是关于不支付劳动报酬尚未造成严重后果,在提起公诉前欠薪者支付了劳动者的劳动报酬,可以减轻或者免除处罚的规定。

本款中的"有前两款行为",是指有第 1 款关于个人犯罪和第 2 款关于单位犯罪的规定。也就是说,本款规定的犯罪主体是个人或单位。"尚未造成严重后果",一般是指:(1) 虽然没有支付或没有及时支付劳动者报酬,但没有严重影响到劳动者家庭的生活或生存;(2) 没有造成劳动者自伤、精神失常或者实施犯罪行为;(3) 没有引发群体性事件等严重后果。"在提起公诉前支付劳动者报酬",是指在人民检察院提起公诉前,欠薪的单位或个人全额支付了劳动者报酬的情况。"依法承担相应赔偿责任",主要是指依据《劳动合同法》第 85 条规定的赔偿金和经济补偿责任。具体规定如下:用人单位有下列情形之一的,由劳动行政部门责令限期支付劳动报酬、加班费或者经济补偿;劳动报酬低于当地最低工资标准的,应当支付其差额部分;逾期不支付的,责令用人单位按应付金额 50% 以上 100% 以下的标准向劳动者加付赔偿金:(1) 未按照劳动合同的约定或者国家规定及时足额支付劳动者劳动报酬的;(2) 低于当地最低工资标准支付劳动者工资的;(3) 安排加班不支付加班费的;(4) 解除或者终止劳动合同,未依照本法规定向劳动者支付经济补偿的。关于经济补偿的标准,应当按照《劳动合同法》第 47 条的规定,即按劳动者在本单位工作的年限,每满 1 年支付 1 个月工资的标准向劳动者支付。6 个月以上不满 1 年的,按 1 年计算;不满 6 个月的,向劳动者支付半个月工资的经济补偿。劳动者月工资高于用人单位所在的直辖市、设区的市级人民政府公布的本地区上年度职工月平均工资 3 倍的,向其支付经济补偿的标准按职工月平均工资 3 倍的数额支付,向其支付经济补偿的年限最高不超过 12 年。这里的月工资是指劳动者在劳动合同解除或者终止前12个月的平均工资。对于用人单位违反《劳动合同法》规定，解除或者终止劳动合同的，应当按照《劳动合同法》第47条规定的经济补偿标准的2倍向劳动者支付赔偿金。

根据本款规定，对逃避支付或不支付劳动者的劳动报酬的个人或单位，可以减轻或者免除处罚必须同时具备以下三个条件，缺一不可：（1）在人民检察院提起公诉前全部支付了劳动者劳动报酬；（2）在人民检察院提起公诉前依法承担了相应的赔偿责任；（3）欠薪行为尚未造成严重后果。

本款作这样的规定，其出发点一是保障劳动者依法取得劳动报酬的权利，保护民生；二是更好地调处劳动关系，促进社会和谐，从真正意义上保障劳动者合法权益的实现。如果只具备以上三个条件中的一个或两个，仍应分别以前两款的规定，追究个人或单位的刑事责任。但法院可以作为犯罪的从轻情节予以考虑。这里的"减轻或者免除处罚"，是指个人或单位逃避支付或不支付劳动者的劳动报酬构成犯罪，但同时又具备上述三个条件的，可以依法予以减轻或者免除处罚。

实践中在适用本条时应当注意以下几个方面：（1）正确区分刑事犯罪与民事纠纷的界限。既不能都以犯罪处理，造成打击面过宽，也不能都以民事纠纷处理，使犯罪分子得不到应有的惩罚。（2）严格把握以下三个界限：一是正确区分本条规定的犯罪行为和一般欠薪行为。对于因用人单位在经营中遇到困难、资金周转不开或经营不善等原因而暂时无法支付劳动者劳动报酬，主观上并不具有故意或恶意的，不宜将其纳入刑法调整的范围。劳动者可以通过现行法律规定的救济途径去维护其合法权益。二是对有能力支付而不支付复杂情况的判定和把握。三是对本条第3款规定的三个条件应严肃执法，当严则严，该宽则宽。（3）本条虽然将这类不支付劳动报酬的行为规定为犯罪，但并不影响劳动者按照劳动管理等法律，通过行政民事等途径追讨劳动报酬，维护自己的合法权益。

【立法理由】

近些年来，一些地方用工单位恶意拖欠劳动者工资的现象比较突出，大量务工人员工资被拖欠，严重侵犯了劳动者的合法权益，导致诸多社会矛盾，有的甚至引发群体性事件，成为影响社会稳定的重要隐患。在立法调研过程中了解到,2008年以来,有的地方恶意欠薪案件呈上升趋势,占全部拖欠工资案件的5%～10%左右。

据调查,恶意拖欠劳动者工资的案件有以下特点:(1)多发于建筑施工、加工制造、住宿和餐饮等劳动密集型行业的个体或中小企业。(2)被拖欠工资的对象主要是进城务工的农民工,属于弱势群体。(3)恶意欠薪或欠薪逃匿案件情况复杂,处理难度大,一旦处理不当易引发群体性事件,影响地方稳定。

当前处理恶意拖欠劳动者工资主要通过以下几种途径:一是与用人单位协商解决;二是由劳动争议处理机构调解;三是由劳动争议仲裁机构仲裁;四是向人民法院提起诉讼。以上四种处理途径虽然解决了部分的问题,但总的看,还没完全遏制这种违法行为。

近两年来,各级政府通过专项活动,开展清理拖欠工资的工作,虽然收到了一定效果,但仍未从根本上解决问题。有的地方政府动用财政资金或其他资金预先垫付被拖欠的工资,事后难以追偿,形成"企业逃薪,政府买单"的恶性局面,存在着很大的负面影响和示范效应。同时,由于劳动行政主管部门在处理欠薪纠纷中受执法权的限制,手段不足,力度不够,清欠工资的工作形成了年年清,年年欠的局面。除了政府采用行政手段处理这类案件外,在个别情况下,有的地方还以刑法规定的合同诈骗罪、诈骗罪、侵占罪、非法集资罪或涉税等犯罪予以追究,但缺乏刑事法律依据。鉴于上述情况,近年来,一些全国人大代表多次提出议案、建议,要求对一些严重损害广大人民群众利益的行为,加大惩处力度。经征求社会各方面的意见,为加强民生保护、促进社会和谐,《刑法修正案(八)》将一些社会危害严重,人民群众反映强烈,原来由行政管理手段或者民事手段调整的违法行为,规定为犯罪,逃避支付或者不支付劳动报酬的犯罪就是其中之一。

对于《刑法修正案(八)》增加逃避支付或者不支付劳动报酬的犯罪,在研究的过程中存在不同的认识:一种观点认为,增加该罪确有必要。理由是:(1)这类行为具有严重的社会危害性,严重侵犯劳动者的合法权益,常常导致群体事件的发生,社会影响极坏。(2)该行为是严重违反法律、法规的违法行为,且屡禁不止,行政手段比较单一,缺乏刚性，难以解决，给予刑事处罚，会起到威慑作用。（3）规定给予刑事处罚是关注民生、保护民生的具体体现，有利于社会和谐。另一种观点认为，恶意欠薪的情况比较复杂，如果将其规定为犯罪，刑事案件和民事案件的界限难以划清，担心会出现打击面过宽的情况，建议还是用民事法律来规范这类行为，将行政、民事法律手段用尽、用好。

有的建议将这类案件规定为自诉案件，告诉的才处理。只有在劳动者受到暴力威胁自己无法告诉的情况下，才可以提起公诉。多数观点认为，这类案件往往涉及的对象不是一个人而是众多人，这种涉众性质的犯罪，最好还是以公权力为其提供保障较好。如果定为自诉案件，其中一人向法院提起诉讼，而其他人没有提起诉讼，这样会在诉讼程序上不好操作，最终导致案件无法处理。

立法机关经过深入调查研究、反复论证的基础上，综合各方面意见，在刑法中增设了本条。

【相关规定】

《中华人民共和国劳动法》

第九条　国务院劳动行政部门主管全国劳动工作。

县级以上地方人民政府劳动行政部门主管本行政区域内的劳动工作。

第九十一条　用人单位有下列侵害劳动者合法权益情形之一的，由劳动行政部门责令支付劳动者的工资报酬、经济补偿，并可以责令支付赔偿金：

（一）克扣或者无故拖欠劳动者工资的；

（二）拒不支付劳动者延长工作时间工资报酬的；

（三）低于当地最低工资标准支付劳动者工资的；

（四）解除劳动合同后，未依照本法规定给予劳动者经济补偿的。

《中华人民共和国劳动合同法》

第四十七条　经济补偿按劳动者在本单位工作的年限，每满一年支付一个月工资的标准向劳动者支付。六个月以上不满一年的，按一年计算；不满六个月的，向劳动者支付半个月工资的经济补偿。

劳动者月工资高于用人单位所在直辖市、设区的市级人民政府公布的本地区上年度职工月平均工资三倍的,向其支付经济补偿的标准按职工月平均工资三倍的数额支付,向其支付经济补偿的年限最高不超过十二年。

本条所称月工资是指劳动者在劳动合同解除或者终止前十二个月的平均工资。

第八十五条 用人单位有下列情形之一的,由劳动行政部门责令限期支付劳动者报酬、加班费或者经济补偿;劳动报酬低于当地最低工资标准的,应当支付其差额部分;逾期不支付的,责令用人单位按应付金额百分之五十以上百分之百以下的标准向劳动者加附赔偿金:

(一)未按照劳动合同的约定或者国家规定及时足额支付劳动者劳动报酬的;

(二)低于当地最低工资标准支付劳动者工资的;

(三)安排加班不支付加班费的;

(四)解除或者终止劳动合同,未依照本法规定向劳动者支付经济补偿的。

第九十二条 劳务派遣单位违反本法规定的,由劳动行政部门和其他有关主管部门责令改正;情节严重的,以每人一千元以上五千元以下的标准处以罚款,并由工商行政管理部门吊销营业执照;给被派遣劳动者造成损害的,劳务派遣单位与用工单位承担连带赔偿责任。

四十二、将刑法第二百九十三条修改为:"有下列寻衅滋事行为之一,破坏社会秩序的,处五年以下有期徒刑、拘役或者管制:

(一)随意殴打他人,情节恶劣的;

(二)追逐、拦截、辱骂、恐吓他人,情节恶劣的;

(三)强拿硬要或者任意损毁、占用公私财物,情节严重的;

(四)在公共场所起哄闹事,造成公共场所秩序严重混乱的。

纠集他人多次实施前款行为,严重破坏社会秩序的,处五年以上十年以下有期徒刑,可以并处罚金。"

【说明】

本条是关于寻衅滋事罪及其刑事处罚的规定。共分两款。

本条第1款是关于寻衅滋事的犯罪及其刑事处罚的规定。

本款规定的"寻衅滋事",是指在公共场所无事生非,起哄捣乱,无理取闹,殴打伤害无辜,肆意挑衅,横行霸道,破坏公共秩序的行为。根据本款规定,寻衅滋事犯罪,是指有下列寻衅滋事情形之一,破坏社会秩序的行为:随意殴打他人,情节恶劣的;追逐、拦截、辱骂、恐吓他人,情节恶劣的;强拿硬要或者任意损毁、占用公私财物,情节严重的;在公共场所起哄闹事,造成公共场所秩序严重混乱的。所谓"随意殴打他人",是指出于耍威风、取乐等目的,无故、无理殴打相识或者素不相识的人。这里的"情节恶劣的",是指随意殴打他人手段残忍的,多次随意殴打他人的,等等。"追逐、拦截、辱骂、恐吓他人",是指出于取乐、耍威风、寻求精神刺激等目的,无故、无理追赶、拦挡、侮辱、谩骂他人。"恐吓",是指以威胁的语言、行为吓唬他人,如使用统一标记、身着统一服装、摆阵势等方式威震他人,使他人恐慌或屈从。这里的"情节恶劣",主要是指经常追逐、拦截、辱骂、恐吓他人的,造成恶劣影响或者激起民愤,造成其他后果,等等。"强拿硬要或者任意损毁、占用公私财物",是指以蛮不讲理的手段,强行拿走、强行索要市场、商店的商品以及他人的财物,或者随心所欲损坏、毁灭、占用公私财物。这里的"情节严重的",是指强拿硬要或者任意损毁、占用的公私财物数量大的,造成恶劣影响的,多次强拿硬要或者任意损毁、占用公私财物,公私财物受到严重损失的,等等。"在公共场所起哄闹事",是指出于取乐、寻求精神刺激等目的,在公共场所无事生非,制造事端,扰乱公共场所秩序的。"造成场所秩序严重混乱的",是指公共场所正常的秩序受到破坏,引起群众惊慌、逃离等混乱局面的。根据本款规定,对寻衅滋事犯罪,处5年以下有期徒刑、拘役或者管制。

本条第2款是关于纠集他人多次实施寻衅滋事的犯罪及其刑事处罚的规定。

本款规定主要是打击以团伙或集团形式犯寻衅滋事罪的首要分子或主犯。这里的"纠集",是指共同犯罪中的首要分子或主犯,有目的地将他人联合、召集在一起。"多次"一般是指三次以上。

"严重破坏社会秩序",是指造成公共场所秩序的混乱,或所在地区的治安秩序紧张,搞得鸡犬不宁、人心惶惶,影响到人民群众的正常生活和工作秩序。为严厉打击以团伙或集团形式进行寻衅滋事犯罪,本款规定了严厉的刑罚,即纠集他人多次实施前款所列寻衅滋事行为,严重破坏社会秩序的,对集团犯罪的首要分子处5年以上10年以下有徒刑,可以并处罚金。

【立法理由】

寻衅滋事是近年来常见的一种黑恶势力犯罪,具有头目指挥幕后化的特点。对于这种行为,在1997年修改刑法前可以按流氓罪处理,1997年刑法修订后,取消了流氓罪,增加规定了寻衅滋事等犯罪。一些地方和部门提出,刑法规定的寻衅滋事罪在实际执行中遇到一些新的情况和问题:一是在寻衅滋事罪中没有将"恐吓"行为具体列举,在打击中遇到了一些困难;二是1997年《刑法》规定的寻衅滋事罪,最高刑只有5年有期徒刑,对寻衅滋事犯罪案件,有的判刑较轻,有的判缓刑或以治安案件处理,使黑恶势力的这类犯罪没有得到应有的惩罚。2011年2月25日,第十一届全国人大常委员第十九次会议通过的《刑法修正案(八)》对刑法第293条作了修改。主要作了以下两处修改:一是在原第二项"追逐、拦截、辱骂"后增加了"恐吓"他人的行为;二是增加了一款纠集他人多次实施寻衅滋事严重破坏社会秩序的行为。

【相关规定】

《最高人民法院、最高人民检察院关于办理妨害预防、控制突发传染病疫情等灾害的刑事案件具体应用法律若干问题的解释》

第十一条 在预防、控制突发传染病疫情等灾害期间,强拿硬要或者任意损毁、占用公私财物情节严重,或者在公共场所起哄闹事,造成公共场所秩序严重混乱的,依照刑法第二百九十三条的规定,以寻衅滋事罪定罪,依法从重处罚。

《最高人民法院关于审理未成年人刑事案件具体应用法律若干问题的解释》

第八条 已满十六周岁不满十八周岁的人出于以大欺小、以强凌弱或者寻求精神刺激，随意殴打其他未成年人、多次对其他未成年人强拿硬要或者任意损毁公私财物，扰乱学校及其他公共场所秩序，情节严重的，以寻衅滋事罪定罪处罚。

《最高人民法院关于审理抢劫、抢夺刑事案件适用法律若干问题的意见》

4. 抢劫罪与寻衅滋事罪的界限

寻衅滋事罪是严重扰乱社会秩序的犯罪，行为人实施寻衅滋事的行为时，客观上也可能表现为强拿硬要公私财物的特征。这种强拿硬要的行为与抢劫罪的区别在于：前者行为人主观上还具有逞强好胜和通过强拿硬要来填补其精神空虚等目的，后者行为人一般只具有非法占有他人财物的目的；前者行为人客观上一般不以严重侵犯他人人身权利的方法强拿硬要财物，而后者行为人则以暴力、胁迫等方式作为劫取他人财物的手段。司法实践中，对于未成年人使用或威胁使用轻微暴力强抢少量财物的行为，一般不宜以抢劫罪定罪处罚。其行为符合寻衅滋事罪特征的，可以寻衅滋事罪定罪处罚。

四十三、将刑法第二百九十四条修改为："组织、领导黑社会性质的组织的，处七年以上有期徒刑，并处没收财产；积极参加的，处三年以上七年以下有期徒刑，可以并处罚金或者没收财产；其他参加的，处三年以下有期徒刑、拘役、管制或者剥夺政治权利，可以并处罚金。

境外的黑社会组织的人员到中华人民共和国境内发展组织成员的，处三年以上十年以下有期徒刑。

国家机关工作人员包庇黑社会性质的组织，或者纵容黑社会性质的组织进行违法犯罪活动的，处五年以下有期徒刑；情节严重的，处五年以上有期徒刑。

犯前三款罪又有其他犯罪行为的，依照数罪并罚的规定处罚。

黑社会性质的组织应当同时具备以下特征：

（一）形成较稳定的犯罪组织，人数较多，有明确的组织者、领导者，骨干成员基本固定；

（二）有组织地通过违法犯罪活动或者其他手段获取经济利益，具有一定的经济实力，以支持该组织的活动；

（三）以暴力、威胁或者其他手段，有组织地多次进行违法犯罪活动，为非作恶，欺压、残害群众；

（四）通过实施违法犯罪活动，或者利用国家工作人员的包庇或者纵容，称霸一方，在一定区域或者行业内，形成非法控制或者重大影响，严重破坏经济、社会生活秩序。"

【说明】

本条是关于组织、领导和参加黑社会性质的组织的犯罪、境外的黑社会组织的人员到我国境内发展组织成员的犯罪、国家机关工作人员包庇或者纵容黑社会性质的组织的犯罪及其刑事处罚的规定。共分5款。

本条第1款是关于组织、领导黑社会性质的组织的犯罪、积极参加黑社会性质的组织的犯罪和参加黑社会性质的组织的犯罪及其处罚的规定。根据本款规定，组织、领导和参加黑社会性质的组织的犯罪，只要有组织、领导或者参加黑社会性质的组织的行为，就可以构成犯罪，不要求本人有其他犯罪行为。所谓"组织"黑社会性质的组织，是指倡导、发起、策划、建立黑社会性质的组织的行为。"领导"黑社会性质的组织，是指在黑社会性质的组织中处于领导地位，对该组织的活动进行策划、决策、指挥、协调的行为。"积极参加"黑社会性质的组织，是指积极、主动加入黑社会性质的组织的行为。"其他参加的"，即指一般参加者，是指在黑社会性质的组织中，除组织、领导和积极参加者外，其他参加该组织的成员。本款根据组织者、领导者、积极参加者和一般参加者在黑社会性质组织中所处的地位、所起的作用，分别规定了刑罚：对组织、领导黑社会性质的组织的犯罪，处7年以上有期徒刑，同时增加规定，并处没收财产。对"积极参加的"，处3年以上7年以下有期徒刑，同时增加规定，可以并处罚金或者没收财产。对"其他参加的"，处3年以下有期徒刑、拘役、管制或者剥夺政治权利,同时增加规定,可以并处罚金。

本条第2款是关于境外的黑社会组织的人员到我国境内发展组织成员的犯罪及其处刑的规定。这里所谓的"境外的黑社会组织",是指被境外国家和地区确定为黑社会的组织,既包括外国的黑社会组织,也包括我国台湾、香港、澳门地区的黑社会组织。所谓"到中华人民共和国境内发展组织成员",是指境外黑社会组织通过引诱、拉拢、腐蚀、强迫、威胁、暴力、贿赂等手段,在我国境内将境内或者境外人员吸收为该黑社会组织成员的行为。根据本款规定,犯本款规定之罪的,处3年以上10年以下有期徒刑。

本条第3款是关于国家机关工作人员包庇黑社会性质的组织或者纵容黑社会性质的组织进行违法犯罪活动的犯罪及其处刑的规定。这里规定的"国家机关工作人员",是指在国家各级党政机关、权力机关、司法机关和军事机关中执行一定职权的工作人员。所谓"包庇",是指国家机关工作人员为使黑社会性质组织及其成员逃避查禁,而通风报信,隐匿、毁灭、伪造证据,阻止他人作证、检举揭发,指使他人作伪证,帮助逃匿,或者阻挠其他国家机关工作人员依法查禁等行为。"纵容",是指国家机关工作人员不依法履行职责,对黑社会性质的组织的违法犯罪活动不依法制止,反而予以放纵的行为。本款根据情节轻重规定了两档处刑:有包庇、纵容行为的,处5年以下有期徒刑;情节严重的,处5年以上有期徒刑。根据《最高人民法院关于审理黑社会性质组织犯罪的案件具体应用法律若干问题的解释》的规定,这里所谓的"情节严重",是指有下列情形之一的行为:包庇、纵容黑社会性质的组织跨境实施违法犯罪活动;包庇、纵容境外黑社会组织在境内实施违法犯罪活动;多次实施包庇、纵容行为;致使某一区域或者行业的经济、社会生活秩序遭受黑社会性质的组织特别严重破坏的;致使黑社会性质的组织的组织者、领导者逃匿,或者致使对黑社会性质的组织的查禁工作严重受阻的;具有其他严重情节的。

本条第4款是关于对有组织、领导和积极参加黑社会性质的组织的行为或者境外的黑社会组织的人员到我国境内发展组织成员的行为，又有其他犯罪行为的，应当如何处罚的规定。根据本款的规定，犯前3款罪又有其他犯罪行为的，依照数罪并罚的规定处罚。实践中，黑社会性质的组织往往实施多种违法犯罪行为，常进行寻衅滋事、敲诈勒索、强迫交易、故意毁坏公私财物、故意杀人、故意伤害等犯罪。目前司法实践中争议最大的问题之一就是黑社会性质组织的组织领导者是否应对其本人未参与而由其组织成员所实施的犯罪承担刑事责任。由于在黑社会性质的组织所实施的多种犯罪中，涉及可以判处死刑的罪名只有故意杀人罪、故意伤害罪等少数几种，而在实施上述犯罪时，黑社会性质组织的领导者大多并不在场或并不出面，司法机关常在认定其是否应对黑社会性质组织成员所犯故意杀人罪、故意伤害罪承担刑事责任时出现分歧，甚至出现了对于首要分子判处无期徒刑以下刑罚、对其他实施故意杀人罪的骨干成员判处死刑的现象。在执行本款时应当特别注意，关于其他犯罪行为，对黑社会性质的组织的组织者、领导者，应当按其所组织、领导的黑社会性质的组织所犯的全部罪行处罚；对于黑社会性质的组织的参加者，应当按照其所参与的犯罪处罚。凡是黑社会性质的组织的成员为了实现该组织称霸一方、威慑公众的目的，为了组织利益而实施的犯罪，即使首要分子对具体的犯罪行为事先并不明知，也要对其组织成员的全部罪行承担全部罪责。

　　本条第5款是关于黑社会性质的组织的特征的规定。黑社会性质的组织实施违法犯罪活动一般是有计划，有安排，有分工，并通过一定的组织方式策划。因为它的社会危害性远远大于一般的犯罪集团，在打击这类犯罪过程中，最关键的是要严格按照法律规定，准确把握黑社会性质的组织的特征，正确适用法律认定这种犯罪。因此，本款规定了黑社会性质的组织必须同时具备以下特征：形成较稳定的犯罪组织，人数较多，有明确的组织者、领导者，骨干成员基本固定；有组织地通过违法犯罪活动或者其他手段获取经济利益，具有一定的经济实力，以支持该组织的活动；以暴力、威胁或者其他手段，有组织地多次进行违法犯罪活动，为非作恶，欺压、残害群众;通过实施违法犯罪活动,或者利用国家工作人员的包庇或者纵容,称霸一方,在一定区域或者行业内,形成非法控制或者重大影响,严重破坏经济、社会生活秩序。实践中,执行本款规定应注意几个问题:第一,目前,黑社会性质的犯罪组织出现了一个明显的变化,即组织者、领导者、骨干成员可能并不多,但他们控制着一批社会上的闲散人员,这些人员形成了一个市场,需要实施违法犯罪时,即通过这个市场雇佣打手,形成"一呼即来,一哄而散"的活动方式。对以这种方式存在的组织,只要其基本的组织者、领导者、骨干成员较为固定,就应认定其形成了"较稳定的犯罪组织"。第二,实践中,有些黑社会性质的组织的头目,在其具备了一定的实力后,往往通过各种手段将财产洗白,合法地进行一些经营活动,以此支撑该组织的活动,这部分资产也应当算作该组织的"经济实力"。第三,应正确把握"在一定区域或者行业内,形成非法控制或者重大影响",无论是合法行业还是非法行业,只要对其实行垄断或控制,严重影响了当地该行业的正常经营,扰乱了当地百姓的正常生活秩序就应当予以认定。

【立法理由】

《刑法修正案(八)》对刑法第294条规定的黑社会性质的组织的犯罪作了修改。

犯罪有组织化是当今世界各国遇到的一个值得重视的问题。上世纪八、九十年代,有组织犯罪活动在我国个别地方也比较猖獗,他们有的称霸一方,形成地方恶势力,有的进行贩毒、走私、抢劫、拐卖妇女等恶性犯罪,有的还贿赂腐蚀国家工作人员,寻找保护伞,成为严重影响我国社会治安的一个重要问题。1997年修订刑法时,对我国的有组织犯罪情况进行了深入研究,各方面认为,我国还没有形成像一些国家那样大规模的、对国家经济和社会生活产生重大影响的黑社会组织,但是带有黑社会性质的犯罪组织在个别地方已初见端倪,具备了黑社会组织所具有的组织特征和犯罪手法,这些黑社会性质的组织拥有一定的资产,操纵一些行业或者区域的经济,有的还通过贿赂等手段拉拢一些国家干部充当保护伞,严重危害一定区域内正常的社会、经济秩序。另外，随着改革开放，境外黑社会势力也对我国不断进行渗透，寻找、发展黑社会成员，进行各种犯罪活动。为有利于司法机关正确适用法律，准确打击具有黑社会性质的组织的犯罪活动，第九届全国人大常委会于2002年4月28日通过了《全国人民代表大会常务委员会关于〈中华人民共和国刑法〉第二百九十四条第一款的解释》，对黑社会性质的组织的含义作出解释，规定黑社会性质的组织应当同时具备四个特征，即：1. 形成较稳定的犯罪组织，人数较多，有明确的组织者、领导者，骨干成员基本固定；2. 有组织地通过违法犯罪活动或者其他手段获取经济利益，具有一定的经济实力，以支持该组织的活动；3. 以暴力、威胁或者其他手段，有组织地多次进行违法犯罪活动，为非作恶，欺压、残害群众；4. 通过实施违法犯罪活动，或者利用国家工作人员的包庇或者纵容，称霸一方，在一定区域或者行业内，形成非法控制或者重大影响，严重破坏经济、社会生活秩序。近年来，各地根据中央的部署开展打黑除恶专项斗争，实践中普遍反映，上述关于刑法第294条第1款的立法解释，准确地表述和把握了我国目前存在的黑社会性质的组织的本质特征，但由于其是以立法解释的形式存在，容易被忽视，有些地方仍以最高人民法院的司法解释作为认定黑社会性质的组织的依据，导致司法机关对黑社会性质的组织罪的认定上出现分歧。为正确适用法律，严格按照黑社会性质的组织的特征认定这种犯罪，《刑法修正案（八）》将相关立法解释纳入刑法第294条。同时，通过这几年的司法实践，各地也提出了一些对刑法第294条关于黑社会性质的组织犯罪的规定在适用中存在的问题，主要是：第一，没有规定财产刑。地方司法机关普遍反映，最大限度地获取巨额经济利益是黑社会性质犯罪的最主要目的之一。黑社会性质的组织的发展过程就是一个"以黑促商，以商养黑"的循环过程，他们一方面通过各种非法手段聚敛钱财并将这种财产用于支撑其违法犯罪活动，另一方面又倚仗其经济实力，腐蚀、拉拢政府官员，并向具有潜在商业价值的领域渗透，进而将非法收入转为合法收入，并通过合法经营来维护自己的既得经济利益，获取更大的社会财富，并在一定区域或者行业内形成非法控制、拓展地盘和影响，积蓄力量。但由于刑法第294条没有规定财产刑，各地只能根据刑法第64条的规定处理涉黑财产,即追缴、没收犯罪分子的违法所得和用于犯罪的工具,对于黑社会性质组织的财产则不能予以没收,不利于从根本上铲除黑社会性质组织再犯罪的经济基础。第二,法定刑过低。各地反映,作为具有典型犯罪集团特点的有组织犯罪,黑社会性质组织犯罪是刑事犯罪中最严重的犯罪形式之一,它不仅扰乱国家正常的政治、经济秩序,还拉拢国家工作人员、插手控制基层政权、败坏社会道德风尚,尤其是黑社会性质犯罪称霸一方,为非作恶,其违法犯罪活动多与人民群众日常生活息息相关,严重威胁社会治安,刑法对此类罪的法定刑明显偏轻,与当前打击黑社会性质犯罪的严峻形势不相适应,也不符合罪刑相适应的原则。此外,包庇、纵容黑社会性质的组织犯罪的法定刑与刑法第310条规定的普通包庇罪的法定刑相同,没有体现对包庇、纵容黑社会性质组织的保护伞从重打击的精神,针对司法实践中存在的上述问题,这次刑法修正案对该条作了修改,主要有:一是根据黑社会性质的组织成员在组织中的不同地位、作用,规定了不同的刑罚,更好地体现了罪刑相适应的原则。将组织者、领导者的刑罚,由原来的3年以上10年以下有期徒刑提高为七年以上有期徒刑,最高刑到15年;二是增加规定了财产刑,以铲除黑社会性质的组织再犯罪的经济基础;三是提高了国家机关工作人员包庇或者纵容黑社会性质的组织犯罪的刑罚,第一档刑由原来的3年有期徒刑提高到5年,最高刑由原来的10年有期徒刑提高到15年;四是将2002年4月28日第九届全国人大常委会第二十七次会议通过的《全国人民代表大会常务委员会关于〈中华人民共和国刑法〉第二百九十四条第一款的解释》规定的黑社会性质的组织应当同时具备的四个特征纳入刑法条文。

【相关规定】

《最高人民法院关于审理黑社会性质组织犯罪的案件具体应用法律若干问题的解释》

第二条 刑法第二百九十四条第二款规定的"发展组织成员",是指将境内、外人员吸收为该黑社会组织成员的行为。对黑社会组织成员进行内部调整等行为,可视为"发展组织成员"。

港、澳、台黑社会组织到内地发展组织成员的,适用刑法第二百九十四条第二款的规定定罪处罚。

第三条 组织、领导、参加黑社会性质的组织又有其他犯罪行为的,根据刑法第二百九十四条第三款的规定,依照数罪并罚的规定处罚;对于黑社会性质组织的组织者、领导者,应当按照其所组织、领导的黑社会性质组织所犯的全部罪行处罚;对于黑社会性质组织的参加者,应当按照其所参与的犯罪处罚。

对于参加黑社会性质的组织,没有实施其他违法犯罪活动的,或者受蒙蔽、胁迫参加黑社会性质的组织,情节轻微的,可以不作为犯罪处理。

第四条 国家机关工作人员组织、领导、参加黑社会性质组织的,从重处罚。

第五条 刑法第二百九十四条第四款规定的"包庇",是指国家机关工作人员为使黑社会性质组织及其成员逃避查禁,而通风报信,隐匿、毁灭、伪造证据,阻止他人作证、检举揭发,指使他人作伪证,帮助逃匿,或者阻挠其他国家机关工作人员依法查禁等行为。

刑法第二百九十四条第四款规定的"纵容",是指国家机关工作人员不依法履行职责,放纵黑社会性质组织进行违法犯罪活动的行为。

第六条 国家机关工作人员包庇、纵容黑社会性质的组织,有下列情形之一的,属于刑法第二百九十四条第四款规定的"情节严重":

(一)包庇、纵容黑社会性质组织跨境实施违法犯罪活动的;

(二)包庇、纵容境外黑社会组织在境内实施违法犯罪活动的;

(三)多次实施包庇、纵容行为的;

(四)致使某一区域或者行业的经济、社会生活秩序遭受黑社会性质组织特别严重破坏的;

(五)致使黑社会性质组织的组织者、领导者逃匿,或者致使对黑社会性质组织的查禁工作严重受阻的;

(六)具有其他严重情节的。

第七条 对黑社会性质组织和组织、领导、参加黑社会性质组织的犯罪分子聚敛的财物及其收益,以及用于犯罪的工具等,应当依法追缴、没收。

四十四、将刑法第二百九十五条修改为:"传授犯罪方法的,处五年以下有期徒刑、拘役或者管制;情节严重的,处五年以上十年以下有期徒刑;情节特别严重的,处十年以上有期徒刑或者无期徒刑。"

【说明】

本条是关于传授犯罪方法罪及其刑事处罚的规定。本条所说的"犯罪方法",主要是指犯罪的经验与技能,包括手段、步骤、反侦查方法等。本条规定的"传授犯罪方法",是指以语言、文字、动作、图像或者其他方法,故意将实施某种犯罪的具体方法、技能、经验传授给他人的行为。实践中,行为人传授犯罪方法的形式是多种多样的,既有口头传授的,也有书面传授的;既有公开传授的,也有秘密传授的;既有当面直接传授的,也有间接转达传授的;既有用语言、动作传授的,也有通过实际实施犯罪而传授的,等等。不论采取何种方式传授,均不影响本罪的成立。传授犯罪方法罪在客观上只要求行为人实施了传授犯罪方法的行为,只要行为人故意向他人传授犯罪方法,即可构成本罪。无论行为人是否教唆被传授人实施犯罪,也无论被传授人是否实施了传授人所传授的犯罪方法,以及是否已经造成实际的危害结果,都不影响本罪的成立。鉴于传授犯罪方法罪的情况比较复杂,可能造成的社会危害也不一样,本条规定了三个不同的处刑档次。第一档根据本条规定,传授犯罪方法罪是行为犯,只要实施了传授犯罪方法的行为,就构成犯罪。依照本条规定,应处5年以下有期徒刑、拘役或者管制。根据刑法总则第37条"对于犯罪情节轻微不需要判处刑罚的"除外;第二档"情节严重"的,一般是指传授的内容是一些较为严重的犯罪方法的,可能对国家和公共安全、社会治安、公共财产和公民合法财产的安全,以及他人的人身权利、民主权利和其他合法权利等造成严重威胁的,传授的对象人数较多的,向未成年人传授犯罪方法的,被传授人实施了其所传授的犯罪方法,对社会造成危害的,以及其他严重情节。依照本条规定,情节严重的,处5年以上10年以下有期徒刑;第三档"情节特别严重"的,主要是指所传授的方法已实际造成严重后果,传授的对象人数众多,向未成年人传授且人数较多以及其他特别严重情节。依照本条规定,情节特别严重的,处 10 年以上有期徒刑或者无期徒刑。

实践中,应当注意传授犯罪方法罪和教唆犯罪的区别。传授犯罪方法罪是一个独立的罪名,且单独规定了较重的刑罚。而教唆犯不是一个独立的罪名,是以被教唆人具体实施的犯罪行为来确定,其刑罚也是根据教唆犯在共同犯罪中所起的作用来决定。最主要的区别在于传授犯罪方法罪是教给他人犯罪时应采取的具体方法、技术或传授经验,如教授他人用什么方法、什么工具、在什么时间、什么地点实施盗窃他人财物等具体行为。而教唆他人犯罪则是用语言、示意或旁敲侧击等方法,促使他人产生犯意。

【立法理由】

1979 年《刑法》没有规定传授犯罪方法罪,1983 年 9 月 2 日全国人大常委会根据当时的社会治安状况,为适应打击犯罪的需要,通过了《全国人民代表大会常务委员会关于严惩严重危害社会治安的犯罪分子的决定》,规定了传授犯罪方法罪。考虑到实践中的一些"牢头狱霸"和"老流氓"向他人面授犯罪技艺,尤其是向青少年传授犯罪方法的情况时有发生,情节恶劣,1997 年修改刑法时,将传授犯罪方法罪规定为行为犯,对其予以严厉打击,最高刑为死刑。自 1983 年确定了传授犯罪方法罪以来,在司法实践中,这类行为多与组织犯罪和教唆犯罪交织在一起,此罪名适用的不多,根据司法体制和工作机制改革减少死刑的要求和司法机关的建议,《刑法修正案(八)》规定,删去刑法第 295 条规定的死刑,且对有期徒刑作了适当的调整,如将"5 年以上有期徒刑"修改为"5 年以上 10 年以下有期徒刑",在情节特别严重一档,增加了"处 10 年以上有期徒刑"的规定,保留原来规定的无期徒刑为最高刑期,这样既解决了原来规定量刑幅度太大不好适用的情况,也更能体现罪刑相适应的原则,以达到打击和惩罚犯罪的目的。

在《刑法修正案(八)》的研究过程中,对取消传授犯罪方法罪死刑的规定,各方面意见比较一致,认为既符合我国的实际情况,又能体现司法体制改革中提出的减少死刑的精神。

四十五、将刑法第三百二十八条第一款修改为:"盗掘具有历史、艺术、科学价值的古文化遗址、古墓葬的,处三年以上十年以下有期徒刑,并处罚金;情节较轻的,处三年以下有期徒刑、拘役或者管制,并处罚金;有下列情形之一的,处十年以上有期徒刑或者无期徒刑,并处罚金或者没收财产:

(一)盗掘确定为全国重点文物保护单位和省级文物保护单位的古文化遗址、古墓葬的;

(二)盗掘古文化遗址、古墓葬集团的首要分子;

(三)多次盗掘古文化遗址、古墓葬的;

(四)盗掘古文化遗址、古墓葬,并盗窃珍贵文物或者造成珍贵文物严重破坏的。"

【说明】

《刑法修正案(八)》修改后的刑法第 328 条条文为:"盗掘具有历史、艺术、科学价值的古文化遗址、古墓葬的,处三年以上十年以下有期徒刑,并处罚金;情节较轻的,处三年以下有期徒刑、拘役或者管制,并处罚金;有下列情形之一的,处十年以上有期徒刑或者无期徒刑,并处罚金或者没收财产:(一)盗掘确定为全国重点文物保护单位和省级文物保护单位的古文化遗址、古墓葬的;(二)盗掘古文化遗址、古墓葬集团的首要分子;(三)多次盗掘古文化遗址、古墓葬的;(四)盗掘古文化遗址、古墓葬,并盗窃珍贵文物或者造成珍贵文物严重破坏的。

盗掘国家保护的具有科学价值的古人类化石和古脊椎动物化石的,依照前款的规定处罚。"

本条是关于盗掘具有历史、艺术、科学价值的古文化遗址、古墓葬,盗掘国家保护的具有科学价值的古人类化石和古脊椎动物化石的犯罪及其刑事处罚的规定。共分为两款。

本条第 1 款是关于盗掘古文化遗址、古墓葬的犯罪及其刑事处罚的规定。本条中的"盗掘",是指以出卖或者非法占有为目的,私自秘密发掘古文化遗址和古墓葬的行为。"古文化遗址",是指在人类历史发展中由古代人类创造并留下的表明其文化发展水平的地区,如周口店。"古墓葬",是指古代(一般指清代以前,包括清代)人类将逝者及其生

| 第45条 | 《中华人民共和国刑法修正案(八)》条文说明、立法理由及相关规定 |

前遗物按一定方式放置于特定场所并建造的固定设施。辛亥革命以后，与著名历史事件有关的名人墓葬、遗址和纪念地，也视同古墓葬、古遗址，受国家保护。

  本条对盗掘古文化遗址、古墓葬的犯罪行为规定了三档刑罚。其中，对实施了盗掘具有历史、艺术、科学价值的古文化遗址、古墓葬行为的，处3年以上10年以下有期徒刑，并处罚金。对于情节较轻的，处3年以下有期徒刑、拘役或者管制，并处罚金。根据近年来打击盗掘古文化遗址、古墓葬犯罪的实际情况，本条具体规定了适用10年以上有期徒刑或者无期徒刑，并处罚金或者没收财产刑罚的四种情形：

  1."盗掘确定为全国重点文物保护单位和省级文物保护单位的古文化遗址、古墓葬的"。这里的"全国重点文物保护单位"有两种：一种是国家文物行政部门在各级文物保护单位中，直接指定并报国务院核定公布的单位；另一种是国家文物行政部门在各级文物保护单位中，选择出来的具有重大历史、艺术、科学价值并报国务院核定公布的单位。"省级文物保护单位"是指由省、自治区、直辖市人民政府核定并报国务院备案的文物保护单位。被确定为全国重点文物保护单位和省级文物保护单位的古文化遗址、古墓葬，在科学、历史、艺术等方面的价值是极高的。文物保护法规定，一切考古发掘工作，必须履行报批手续；从事考古发掘的单位，应当经国务院文物行政部门批准。地下埋藏的文物，任何单位或者个人都不得私自发掘。从事考古发掘的单位为了科学研究进行考古发掘，应当提出发掘计划，报国务院文物行政部门批准；对全国重点文物保护单位的考古发掘计划，应当经国务院文物行政部门审核后报国务院批准。国务院文物行政部门在批准或者审核前，应当征求社会科学研究机构及其他科研机构和有关专家的意见。上述古文化遗址、古墓葬一旦被盗掘，对国家文化财产造成的损失根本无法弥补，不处以重刑不具有威慑力。

  2."盗掘古文化遗址、古墓葬集团的首要分子"。"首要分子"是指在盗掘古文化遗址、古墓葬的集团犯罪活动中起组织、策划、指挥作用的犯罪分子。近年来，盗掘古文化遗址、古墓葬犯罪活动越来越集团化、职业化、高智能和高技术化,而且往往是盗掘与倒卖联合在一起,形成网络。因此,严厉打击盗掘古文化遗址、古墓葬犯罪的首要分子很有必要。

3. "多次盗掘古文化遗址、古墓葬的"。"多次"一般是指三次以上。该项规定主要针对的是盗掘古文化遗址、古墓葬的惯犯。

4. "盗掘古文化遗址、古墓葬,并盗窃珍贵文物或者造成珍贵文物严重破坏的"。"盗窃珍贵文物"是指在盗掘中将珍贵文物据为己有的行为。这里将盗窃的文物限于"珍贵文物",盗窃一般文物的不属于本项情节。盗掘行为与珍贵文物破坏的情况关系紧密,而且盗掘古文化遗址、古墓葬的目的,往往就是为了盗窃珍贵文物。所以,本款将上述行为规定为盗掘古文化遗址、古墓葬罪处重刑的情节。

本条第2款是关于盗掘国家保护的具有科学价值的古人类化石和古脊椎动物化石的犯罪及其刑事处罚的规定。化石是过去生物的遗骸或遗留下来的印迹,是指保存在各地质时期岩层中生物的遗骸和遗迹。"古脊椎动物化石"是指石化的古脊椎动物的遗骸或遗迹(主要指一万年以前埋藏地下的古爬行动物、哺乳动物和鱼类化石等)。"古人类化石"是指石化的古人类的遗骸或遗迹(主要指距今一万年前的直立人,早期、晚期智人的遗骸,如牙齿、头盖骨、骨骼)。这些古人类化石和古脊椎动物化石对研究人类发展史和自然科学具有重要意义。文物保护法规定对其保护适用文物保护的规定。"依照前款的规定处罚"是指盗掘国家保护的具有科学价值的古人类化石和古脊椎动物化石的,依照本条第1款规定的三档刑罚进行处罚。

【立法理由】

《刑法修正案(八)》对刑法第328条的规定作了修改。本条修改主要是取消了盗掘古文化遗址、古墓葬罪和盗掘古人类化石、古脊椎动物化石罪死刑的规定。

完善死刑法律规定,适当减少死刑罪名,调整死刑与无期徒刑、有期徒刑之间的结构关系是深化司法体制和工作机制改革提出的要求,也是这次刑法修改的重点。经过慎重研究,《刑法修正案(八)》取消了本罪的死刑,主要是考虑到死刑应该着重覆盖国家法益中最重要的国家安全,个体法益中最重要的生命权,社会法益中最重要的公共安全,盗掘古文化遗址、古墓葬罪和盗掘古人类化石、古脊椎动物化石罪属于妨害国家文物管理秩序的犯罪，是非暴力的犯罪，取消这一犯罪的死刑，但仍然保留了无期徒刑，对我国的文物保护形势不会产生大的影响。以1997年《刑法》将盗窃罪可以判处死刑的情形限定为"盗窃金融机构，数额特别巨大的；盗窃珍贵文物，情节严重的"为例，实践中，盗窃罪判处死刑的案件极少，盗窃案件的总量并没有因此而上升。因此，这次刑法修改取消了本罪的死刑。

【相关规定】

《中华人民共和国文物保护法》

第六十四条　违反本法规定，有下列行为之一，构成犯罪的，依法追究刑事责任：

（一）盗掘古文化遗址、古墓葬的；

……

《全国人民代表大会常务委员会关于〈中华人民共和国刑法〉有关文物的规定适用于具有科学价值的古脊椎动物化石、古人类化石的解释》

刑法有关文物的规定，适用于具有科学价值的古脊椎动物化石、古人类化石。

四十六、将刑法第三百三十八条修改为："违反国家规定，排放、倾倒或者处置有放射性的废物、含传染病病原体的废物、有毒物质或者其他有害物质，严重污染环境的，处三年以下有期徒刑或者拘役，并处或者单处罚金；后果特别严重的，处三年以上七年以下有期徒刑，并处罚金。"

【说明】

本条是关于违反国家规定，排放、倾倒或者处置有放射性的废物、含传染病病原体的废物、有毒物质或者其他有害物质，严重污染环境的犯罪及其刑事处罚的规定。

本条规定的犯罪主要有以下构成要件：

1. 行为人实施了违反国家规定，排放、倾倒或者处置有放射性的废物、含传染病病原体的废物、有毒物质或者其他有害物质的行为。本条中的"违反国家规定",是指违反国家关于环境保护的法律和法规。"排放",是指将本条所说的危险废物向水体、土地、大气等排入的行为,包括泵出、溢出、泄出、喷出和倒出等行为。"倾倒",是指通过船舶、航空器、平台或者其他运载工具,向水体、土地、滩涂、森林、草原以及大气等处置放射性废物、含传染病病原体的废物、有毒物质或者其他危险废物的行为。"处置",主要是指以焚烧、填埋等方式处理废物的活动。这里需要说明一点,《刑法修正案(八)》删去了原来条文中规定的排放、倾倒、处置行为的对象,即"土地、水体、大气",这只是文字修改,使条文更简练,实际上,排放、倾倒、处置行为的对象,通常情况下仍然是土地、水体、大气。土地包括耕地、林地、草地、荒地、山岭、滩涂、河滩地及其他陆地。水体是指中华人民共和国领域内的江河、湖泊、运河、渠道、水库等地表水体以及地下水体,还包括内海、领海以及中华人民共和国管辖的一切其他海域。大气是指包围地球的空气层总体。特别需要指出的是,本条所指的排放、倾倒、处置行为本身都是法律允许进行的行为。因为水体、土地、大气是全人类的财富,是人类赖以生存的物质基础,每一个人都有合理利用的权利。为了保证人类对环境的永续利用,必须对人类的行为有所限制,即向环境中排放、倾倒、处置有害物质要符合国家规定的标准。但如果超过国家规定的标准向环境中排放、倾倒、处置有害物质,就有可能污染环境,进而造成环境污染事故。所以本条用"违反国家规定"限定了排放、倾倒、处置行为。

本条中放射性废物、含传染病病原体的废物、有毒物质,都可以称为有害物质。有害物质包括了以废气、废渣、废水、污水等多种形态存在的危险废物。"放射性的废物",是指放射性核素含量超过国家规定限值的固体、液体和气体废弃物。"含传染病病原体的废物",是指含有传染病病菌的污水、粪便等废弃物。"有毒物质",主要是指对人体有毒害,可能对人体健康和环境造成严重危害的固体、泥状及液体废物。"其他有害物质",包括其他列入国家危险废物名录或者根据国家规定的危险废物鉴别标准和鉴别方法认定的具有危险特性的废物。目前,我国尚未颁布国家危险废物名录,实践中主要参考《控制危险废物越境

第46条　《中华人民共和国刑法修正案(八)》条文说明、立法理由及相关规定

转移及其处置巴塞尔公约》所列的危险废物名录。同时,"其他有害物质"也包括了除上述危险废物以外的其他普通污染物。

2. 严重污染环境。"严重污染环境",既包括发生了造成财产损失或者人身伤亡的环境事故,也包括虽然还未造成环境污染事故,但是已使环境受到严重污染或者破坏的情形。

根据本条规定,有本条所列行为,严重污染环境的,即构成犯罪,处3年以下有期徒刑或者拘役,并处或者单处罚金。后果特别严重的,处3年以上7年以下有期徒刑,并处罚金。2006年颁布的《最高人民法院关于审理环境污染刑事案件具体应用法律若干问题的解释》针对原刑法的规定,对于什么是"重大污染事故"、何种情形属于"公私财产遭受重大损失"、"人身伤亡的严重后果"和"后果特别严重"作了具体的规定。这次修改后,对于什么情况属于"严重污染环境",也需要由最高人民法院会同有关部门在总结实践的基础上提出明确的标准。

【立法理由】

《刑法修正案(八)》对刑法第338条的规定作了修改。

改革开放以来,随着我国经济社会的快速发展,环境压力不断增大。重点污染物排放总量超过环境承载能力,违法排污现象普遍。许多河流受到污染,不少城市空气污染严重,土壤污染面积扩大,自然生态遭到破坏,生态系统功能退化。环境污染事件特别是水污染事件频发,对人民群众的生命健康构成严重威胁。而刑法规定的重大污染事故罪在实际执行中遇到一些问题,不能适应当前日益严峻的环境保护形势的需要。一是按照重大环境污染事故罪的规定,污染行为仅包括排放、倾倒或者处置有放射性的废物、含传染病病原体的废物、有毒物质或者其他危险废物四类污染特别严重的物质。但从近年来发生的水污染事件看,有些饮用水源的污染都是排放上述四类物质以外的普通污染物造成的,难以按照重大环境污染事故罪追究刑事责任;二是按照重大环境污染事故罪的规定,只有造成重大环境污染事故,致使公私财产遭受重大损失或者人身伤亡的严重后果实际发生才构成犯罪。在司法实践中,一般只有发生了突发的重大环境污染事件,才追究刑事责任。对于不是突发的环境污染事故,而是长期累积形成的污染损害,即

使给人的生命健康、财产安全造成了重大损失也很难被追究刑事责任。这主要有两方面的原因：一是我国目前在重大环境污染事故的认定标准和损失鉴定机制等方面还不够完善，难以准确评估重大污染事故的损失。二是难以确定污染行为特别是那种由于长期违法排污积累而形成的污染与损害结果之间的因果关系。其中有一些是污染企业数十家，难以确认责任主体。上述原因，在很大程度上影响了对环境污染犯罪行为的定罪量刑。针对上述司法实践中存在的问题，为保障人民群众的生命健康安全，严惩严重污染环境的行为，维护经济的可持续发展，本条对重大环境污染事故罪的犯罪构成作了修改，降低了犯罪构成的门槛，将原来规定的"造成重大环境污染事故，致使公私财产遭受重大损失或者人身伤亡的严重后果"修改为"严重污染环境"，从而将虽未造成重大环境污染事故，但长期违反国家规定，超标准排放、倾倒、处置有害物质，严重污染环境的行为规定为犯罪。同时，扩大了污染行为所排放、倾倒或者处置的物质，将原来规定的"其他危险废物"修改为"其他有害物质"。这样规定，使刑法更好地适应目前日益严峻的环境保护形势，增加了本条规定的可操作性。

【相关规定】

《中华人民共和国固体废物污染环境防治法》

第八十三条 违反本法规定，收集、贮存、利用、处置危险废物，造成重大环境污染事故，构成犯罪的，依法追究刑事责任。

《中华人民共和国环境保护法》

第四十三条 违反本法规定，造成重大环境污染事故，导致公私财产重大损失或者人身伤亡的严重后果的，对直接责任人员依法追究刑事责任。

《最高人民法院、最高人民检察院关于办理妨害预防、控制突发传染病疫情等灾害的刑事案件具体应用法律若干问题的解释》

第十三条 违反传染病防治法等国家有关规定，向土地、水体、大气排放、倾倒或者处置含传染病病原体的废物、有毒物质或者其他危险废物，造成突发传染病传播等重大环境污染事故，致使公私财产遭受重大损失或者人身伤亡的严重后果的，依照刑法第三百三十八条的规定，以重大环境污染事故罪定罪处罚。

《使用有毒物品作业场所劳动保护条例》

第六十五条 从事使用有毒物品作业的用人单位违反本条例的规定,在转产、停产、停业或者解散、破产时未采取有效措施,妥善处理留存或者残留高毒物品的设备、包装物和容器的,由卫生行政部门责令改正,处2万元以上10万元以下的罚款;触犯刑律的,对负有责任的主管人员和其他直接责任人员依照刑法关于重大环境污染事故罪、危险物品肇事罪或者其他罪的规定,依法追究刑事责任。

《危险化学品安全管理条例》

第六十二条 危险化学品单位违反本条例的规定,在转产、停产、停业或者解散时未采取有效措施,处置危险化学品生产、储存设备、库存产品及生产原料的,由负责危险化学品安全监督管理综合工作的部门责令改正,处2万元以上10万元以下的罚款;触犯刑律的,对负有责任的主管人员和其他直接责任人员依照刑法关于重大环境污染事故罪、危险物品肇事罪或者其他罪的规定,依法追究刑事责任。

第六十七条 违反本条例的规定,有下列行为之一的,由公安部门责令改正,处2万元以上10万元以下的罚款;触犯刑律的,依照刑法关于危险物品肇事罪、重大环境污染事故罪或者其他罪的规定,依法追究刑事责任:

(一)托运人未向公安部门申请领取剧毒化学品公路运输通行证,擅自通过公路运输剧毒化学品的;

(二)危险化学品运输企业运输危险化学品,不配备押运人员或者脱离押运人员监管,超装、超载,中途停车住宿或者遇有无法正常运输的情况,不向当地公安部门报告的;

(三)危险化学品运输企业运输危险化学品,未向公安部门报告,擅自进入危险化学品运输车辆禁止通行区域,或者进入禁止通行区域不遵守公安部门规定的行车时间和路线的;

(四)危险化学品运输企业运输剧毒化学品,在公路运输途中发生被盗、丢失、流散、泄露等情况,不立即向当地公安部门报告,并采取一切可能的警示措施的;

（五）托运人在托运的普通货物中夹带危险化学品或者将危险化学品匿报、谎报为普通货物托运的。

四十七、 将刑法第三百四十三条第一款修改为："违反矿产资源法的规定，未取得采矿许可证擅自采矿，擅自进入国家规划矿区、对国民经济具有重要价值的矿区和他人矿区范围采矿，或者擅自开采国家规定实行保护性开采的特定矿种，情节严重的，处三年以下有期徒刑、拘役或者管制，并处或者单处罚金；情节特别严重的，处三年以上七年以下有期徒刑，并处罚金。"

【说明】

《刑法修正案（八）》修改后的刑法第343条条文为："违反矿产资源法的规定，未取得采矿许可证擅自采矿，擅自进入国家规划矿区、对国民经济具有重要价值的矿区和他人矿区范围采矿，或者擅自开采国家规定实行保护性开采的特定矿种，情节严重的，处三年以下有期徒刑、拘役或者管制，并处或者单处罚金；情节特别严重的，处三年以上七年以下有期徒刑，并处罚金。

违反矿产资源法的规定，采取破坏性的开采方法开采矿产资源，造成矿产资源严重破坏的，处五年以下有期徒刑或者拘役，并处罚金。"

本条是关于非法采矿罪和破坏性采矿罪及其刑事处罚的规定。共分两款。

本条第1款是关于非法采矿的犯罪及其刑事处罚的规定。"未取得采矿许可证擅自采矿"，是指未取得国务院、省、自治区、直辖市人民政府、国务院授权的有关主管部门颁发的采矿许可证而开采矿产资源的行为。采矿许可证是法律规定由国家行政机关颁发的一种特许许可证。没有采矿许可证无权开采矿产资源。"国家规划矿区"，是指在一定时期内，根据国民经济建设长期的需要和资源分布情况，经国务院或者国务院有关主管部门依法定程序审查、批准，确定列入国家矿产资源开发长期或中期规划的矿区以及作为老矿区后备资源基地的矿区。"对国民经济具有重要价值的矿区"，是指经济价值重大或者经济效益很高，对国家经济建设的全局性、战略性有重要影响的矿区。"国家规定实行保护性开采的特定矿种",是指黄金、钨、锡、锑、离子型稀土矿产。其中,钨、锡、锑、离子型稀土是我国的优质矿产,在世界上有举足轻重的地位。但是,近年来对这些矿产资源乱采滥挖现象很严重,因此,根据矿产资源法的规定,国务院决定将钨、锡、锑、离子型稀土矿列为国家实行保护性开采的特定矿种,以加强保护。

本款对违反矿产资源法,构成非法采矿罪的行为规定了五种情况:

1. 未取得采矿许可证擅自采矿的;
2. 擅自进入国家规划矿区采矿的;
3. 擅自对国民经济具有重要价值的矿区采矿的;
4. 擅自在他人矿区范围采矿的;
5. 擅自开采国家规定实行保护性开采的特定矿种的。

根据2003年颁布的《最高人民法院关于审理非法采矿、破坏性采矿刑事案件具体应用法律若干问题的解释》的规定,"未取得采矿许可证擅自采矿"包括下列情形:无采矿许可证开采矿产资源的;采矿许可证被注销、吊销后继续开采矿产资源的;超越采矿许可证规定的矿区范围开采矿产资源的;未按采矿许可证规定的矿种开采矿产资源的(共生、伴生矿种除外);其他未取得采矿许可证开采矿产资源的情形。根据《刑法修正案(八)》的修改,构成本罪,不再要求有"经责令停止开采后拒不停止开采"的情形,有上述任何一种行为,情节严重的,即构成本条规定的非法采矿罪。至于什么情况构成"情节严重",可由最高人民法院、最高人民检察院在总结司法实践经验的基础上,通过司法解释予以明确。依照本款规定,有非法采矿行为,情节严重的,处3年以下有期徒刑、拘役或者管制,并处或者单处罚金;情节特别严重的,处3年以上7年以下有期徒刑,并处罚金。

本条第2款是关于采取破坏性的开采方法开采矿产资源的犯罪及其刑事处罚的规定。"采取破坏性的开采方法开采矿产资源",是指在开采矿产资源过程中,违反矿产资源法及有关规定,采易弃难,采富弃贫,严重违反开采回采率、采矿贫化率和选矿回收率的指标进行采矿的行为。矿产资源是不可再生的资源,一旦被破坏,几乎是难以补救的。有些矿种在世界范围内都属稀有矿种,如铌、钽、铍一旦被破坏,对人类的财富都是一项损失;还有些矿种虽然不是稀有的矿种,比如煤、石油,但过度的破坏性的开采也会造成矿产资源的破坏和损耗。根据前述司法解释的规定,"采取破坏性的开采方法开采矿产资源",是指行为人违反地质矿产主管部门审查批准的矿产资源开发利用方案开采矿产资源,并造成矿产资源严重破坏的行为。"造成矿产资源严重破坏",是指破坏性采矿造成矿产资源破坏的价值,数额在 30 万元以上的情形。根据本款规定,采取破坏性的开采方法开采矿产资源,造成矿产资源严重破坏的,处 5 年以下有期徒刑或者拘役,并处罚金。

【立法理由】

《刑法修正案(八)》第 47 条对 1997 年《刑法》第 343 条第 1 款非法采矿罪的犯罪构成条件作了修改。

根据 1997 年《刑法》的规定,构成非法采矿罪必须同时具备未取得采矿许可证擅自采矿等非法采矿行为、经责令停止开采后拒不停止开采和造成矿产资源破坏三个条件。近年来,一些地方非法采矿活动猖獗,严重破坏矿产资源和生态环境,群众意见很大。但从实践情况看,由于受到地方保护以及个别地方有关监督管理部门及其工作人员监管不力、玩忽职守等因素的影响,在司法实践中,对这类案件追究刑事责任的不多。同时,刑法的这一规定本身在执行中面临一些新的情况和问题,主要是:无证开采行为流动性大,发现案件难、"责令"难;行为人通过改换姓名、转包等方式逃避制裁,"拒不停止开采"证明难;"造成矿产资源破坏"需要省级以上地质矿产主管部门出具鉴定结论,技术性强,费用高,实际操作难等,需要进一步提高刑法规定的可操作性。为了进一步完善刑法相关规定,加大对非法采矿犯罪活动的打击力度,《刑法修正案(八)》将非法采矿罪构成要件中的"经责令停止开采后拒不停止开采,造成矿产资源破坏"修改为"情节严重"。

【相关规定】

《最高人民法院关于审理非法采矿、破坏性采矿刑事案件具体应用法律若干问题的解释》

第一条　违反矿产资源法的规定非法采矿,具有下列情形之一,经责令停止开采后拒不停止开采,造成矿产资源破坏的,依照刑法第三百

四十三条第一款的规定,以非法采矿罪定罪处罚:

(一) 未取得采矿许可证擅自采矿;

(二) 擅自进入国家规划矿区、对国民经济具有重要价值的矿区和他人矿区范围采矿;

(三) 擅自开采国家规定实行保护性开采的特定矿种。

第二条 具有下列情形之一的,属于本解释第一条第(一)项规定的"未取得采矿许可证擅自采矿":

(一) 无采矿许可证开采矿产资源的;

(二) 采矿许可证被注销、吊销后继续开采矿产资源的;

(三) 超越采矿许可证规定的矿区范围开采矿产资源的;

(四) 未按采矿许可证规定的矿种开采矿产资源的(共生、伴生矿种除外);

(五) 其他未取得采矿许可证开采矿产资源的情形。

第四条 刑法第三百四十三条第二款规定的破坏性采矿罪中"采取破坏性的开采方法开采矿产资源",是指行为人违反地质矿产主管部门审查批准的矿产资源开发利用方案开采矿产资源,并造成矿产资源严重破坏的行为。

第五条 破坏性采矿造成矿产资源破坏的价值,数额在30万元以上的,属于刑法第三百四十三条第二款规定的"造成矿产资源严重破坏"。

第六条 破坏性的开采方法以及造成矿产资源破坏或者严重破坏的数额,由省级以上地质矿产主管部门出具鉴定结论,经查证属实后予以认定。

第七条 多次非法采矿或者破坏性采矿构成犯罪,依法应当追诉的,或者一年内多次非法采矿或破坏性采矿未经处理的,造成矿产资源破坏的数额累计计算。

第八条 单位犯非法采矿罪和破坏性采矿罪的定罪量刑标准,按照本解释的有关规定执行。

《最高人民法院、最高人民检察院关于办理盗窃油气、破坏油气设备等刑事案件具体应用法律若干问题的解释》

第六条 违反矿产资源法的规定,非法开采或者破坏性开采石油、天然气资源的,依照刑法第三百四十三条以及《最高人民法院关于审理非法采矿、破坏性采矿刑事案件具体应用法律若干问题的解释》的规定追究刑事责任。

《最高人民法院、最高人民检察院关于办理危害矿山生产安全刑事案件具体应用法律若干问题的解释》

第八条 在采矿许可证被依法暂扣期间擅自开采的,视为刑法第三百四十三条第一款规定的"未取得采矿许可证擅自采矿"。

违反矿产资源法的规定,非法采矿或者采取破坏性的开采方法开采矿产资源,造成重大伤亡事故或者其他严重后果,同时构成刑法第三百四十三条规定的犯罪和刑法第一百三十四条或者第一百三十五条规定的犯罪的,依照数罪并罚的规定处罚。

《国土资源部、最高人民检察院、公安部关于国土资源行政主管部门移送涉嫌国土资源犯罪案件的若干意见》

一、关于移送范围和移送机关

(一)国土资源犯罪案件,主要是指涉及以下罪名的案件:

1. 非法转让、倒卖土地使用权罪(《刑法》第228条);
2. 非法占用农用地罪(《刑法》第342条);
3. 非法采矿罪(《刑法》第343条第1款);
4. 破坏性采矿罪(《刑法》第343条第2款);
5. 非法批准征用、占用土地罪(《刑法》第410条);
6. 非法低价出让国有土地使用权罪(《刑法》第410条);
7. 国家工作人员涉及危害国土资源的贪污贿赂、渎职等其他职务犯罪案件。

(二)县级以上国土资源行政主管部门在依法查处国土资源违法行为过程中,发现有符合最高人民检察院和国土资源部《关于人民检察院与国土资源行政主管部门在查处和预防渎职等职务犯罪工作中协作配合的若干规定(暂行)》(高检会[2007]7号)第五条和第六条规定情形,根据最高人民检察院《关于人民检察院直接受理立案侦查案件立案标准的规定(试行)》(高检发释字[1999]2号)和最高人民检察院《关于渎职侵权犯罪案件立案标准的规定》(高检发释字[2006]2号),涉嫌渎职等职务犯罪,依法需要追究刑事责任的,应当依法向人民检察院移送。

县级以上国土资源行政主管部门在依法查处国土资源违法行为过程中,发现非法转让倒卖土地使用权、非法占用农用地、非法采矿或者破坏性采矿等违法事实,涉及的土地或者占用农用地的面积、国土资源财产损失数额、造成国土资源破坏的后果及其他违法情节,达到最高人民法院《关于审理破坏土地资源刑事案件具体应用法律若干问题的解释》(法释[2000]14号)和《关于审理非法采矿、破坏性采矿刑事案件具体应用法律若干问题的解释》(法释[2003]9号)等规定的标准,涉嫌犯罪,依法需要追究刑事责任的,应当依法向公安机关移送。

四十八、将刑法第三百五十八条第三款修改为:"为组织卖淫的人招募、运送人员或者有其他协助组织他人卖淫行为的,处五年以下有期徒刑,并处罚金;情节严重的,处五年以上十年以下有期徒刑,并处罚金。"

【说明】

《刑法修正案(八)》修改后的刑法第358条条文为:"组织他人卖淫或者强迫他人卖淫的,处五年以上十年以下有期徒刑,并处罚金;有下列情形之一的,处十年以上有期徒刑或者无期徒刑,并处罚金或者没收财产:

(一)组织他人卖淫,情节严重的;

(二)强迫不满十四周岁的幼女卖淫的;

(三)强迫多人卖淫或者多次强迫他人卖淫的;

(四)强奸后迫使卖淫的;

(五)造成被强迫卖淫的人重伤、死亡或者其他严重后果的。

有前款所列情形之一,情节特别严重的,处无期徒刑或者死刑,并处没收财产。

为组织卖淫的人招募、运送人员或者有其他协助组织他人卖淫行为的,处五年以下有期徒刑,并处罚金;情节严重的,处五年以上十年以下有期徒刑,并处罚金。"

本条是关于组织卖淫、强迫卖淫、协助组织卖淫罪及其刑事处罚的规定。共分三款。

本条第 1 款是关于组织他人卖淫、强迫他人卖淫的犯罪和刑事处罚的规定。"组织他人卖淫",主要是指通过纠集、控制一些卖淫妇女进行卖淫,或者以雇佣、招募、容留等手段,组织、诱骗他人卖淫,从中牟利的行为。组织他人卖淫的犯罪分子,实际上类似于旧社会开妓院的老鸨。组织他人卖淫罪,主要具有以下几个特征:

1. 本罪的犯罪主体必须是卖淫活动的组织者。也就是那些开设卖淫场所的"老鸨"或者以其他方式组织他人卖淫的人,可以是几个人,也可以是一个人,关键要看其在卖淫活动中是否起组织者的作用。这里所说的组织者,有的是犯罪集团的首要分子,有的是临时纠合在一起进行组织卖淫活动的不法分子,有的是纠集、控制几个卖淫人员从事卖淫活动的个人。

2. 行为人必须实施了组织行为,至于其本人是否参与卖淫、嫖娼,并不影响本罪的构成。这里所说的"组织",通常表现为以下两种形式:一是行为人设置卖淫场所,或者以发廊、旅店、饭店、按摩房、出租屋等为名设置变相卖淫场所,招募一些卖淫人员在此进行卖淫活动。二是行为人自己没有开设固定的场所,但利用本身从事服务行业等便利条件,组织、操纵他所控制的卖淫人员有组织地进行卖淫活动。例如,一些按摩院、发廊、酒店的老板,公然唆使服务人员同顾客到店外进行卖淫、嫖娼活动,从中收取钱财;或者以提供服务为名,向顾客提供各种名义的陪伴女郎,实际上是提供卖淫妇女进行卖淫活动。无论以上哪种形式,行为人均构成组织他人卖淫罪。

3. 组织他人卖淫罪是故意犯罪,行为人组织他人卖淫的行为必须是出于故意。

4. 组织的对象必须是多人,而不是一个人,如果是一个人则不能构成组织他人卖淫罪。除此以外,本条中所规定的"他人",既包括妇女,也包括男性。

"强迫他人卖淫",主要是指行为人采取暴力、威胁或者其他手段,违背他人意志,迫使他人卖淫的行为。这里所说的"强迫",既包括直接使用暴力手段或者以暴力相威胁，也包括使用其他非暴力的逼迫手段，如以揭发他人隐私或者以可能使他人某种利害关系遭受损失相威胁，或者通过使用某种手段和方法，使他人陷入绝境，在别无出路的情况下，违背自己的意愿从事卖淫活动。无论行为人采取哪一种强迫手段，都构成强迫他人卖淫罪。这里所规定的"他人"，既包括妇女，也包括男性。强迫的对象，既可以是没有卖淫习性的人，也可以是由于某种原因不愿卖淫的有卖淫恶习的人。根据本款规定，组织他人卖淫或者强迫他人卖淫的，处5年以上10年以下有期徒刑，并处罚金。

本款还对于组织他人卖淫、强迫他人卖淫具有较重情节，应判处较重刑罚的情况作了具体规定。共列举了五项：

1. "组织他人卖淫，情节严重的"。主要是指长期组织他人卖淫，卖淫集团的首要分子，组织较多妇女卖淫等情况。

2. "强迫不满十四周岁的幼女卖淫的"。不满14周岁的幼女，正处在成长发育时期，强迫她们从事卖淫活动，对其生理发育和身心健康无疑是极大的摧残。因此，法律上必须给予不满14周岁的幼女以特殊保护。

3. "强迫多人卖淫或者多次强迫他人卖淫的"。"多人"是指三人以上。"强迫多人卖淫"可以是一次强迫多人卖淫，也可以是多次强迫不同的对象卖淫，总人数超过三人。"多次"是指犯罪行为反复、多次强迫一两个特定对象卖淫，其犯罪对象不是多人，但其行为性质并不比强迫多人卖淫的犯罪行为轻。

4. "强奸后迫使卖淫的"。是指犯罪分子对不服从其意志卖淫的妇女，先行强奸，再迫使其卖淫的行为。也就是以强奸为手段，强迫妇女卖淫的行为。如果强奸行为与强迫他人卖淫的行为之间没有联系，则应当分别定罪，实行并罚。

5. "造成被强迫卖淫的人重伤、死亡或者其他严重后果的"。"重伤"，主要是指刑法第95条所列情形之一的伤害，即使人肢体残废或者毁人容貌的，使人丧失听觉、视觉或者其他器官机能的，其他对于人身健康有重大伤害的。"其他严重后果"，主要是指造成被害人亲属死亡等后果。根据本款规定，组织他人卖淫或者强迫他人卖淫，具有上述五种情形之一的,判处10年以上有期徒刑或者无期徒刑,并处罚金或者没收财产。

本条第2款是关于组织他人卖淫、强迫他人卖淫,情节特别严重的处刑规定。"情节特别严重",是指具有本条第1款所列的情形之一,且情节特别恶劣、后果特别严重或者具有其他特别严重情节,罪大恶极,必须处以重刑的情况。对于这种情况,本款规定处无期徒刑或者死刑,并处没收财产。之所以规定两种刑罚,主要是考虑,实践中这种犯罪比较复杂,这样规定,有利于人民法院根据实际情况准确量刑。

本条第3款是关于协助组织他人卖淫的犯罪和刑罚的规定。"协助组织他人卖淫",是指为组织卖淫的人招募、运送人员或者有其他协助行为的。这里所规定的"招募",是指协助组织卖淫者招雇、征招、招聘、募集人员,但本身并不参与组织卖淫活动的行为;"运送",是指为组织卖淫者通过提供交通工具接送、输送所招募的人员的行为。为组织卖淫者招募、运送人员,在有的情况下,招募、运送者可能只拿到几百元、上千元的所谓"人头费"、"介绍费",但正是这些招募、运送行为,为卖淫场所输送了大量的卖淫人员,使这种非法活动得以发展延续。因此,《刑法修正案(八)》将这两种行为增加规定为犯罪予以打击。"其他协助组织他人卖淫行为",是指在组织他人卖淫的活动中,起协助、帮助作用的其他行为,如为"老鸨"充当打手,为组织卖淫活动看门望哨等。协助组织他人卖淫的活动,也是组织他人卖淫活动的一个环节,但其行为的性质、所起的作用与组织卖淫者具有很大的不同,不宜笼统地以组织卖淫罪的共犯处理,所以本条对协助组织他人卖淫的行为单独规定了刑罚,即处5年以下有期徒刑,并处罚金;情节严重的,处5年以上10年以下有期徒刑,并处罚金。在定罪时,对这种犯罪应作为一个独立的罪名认定。

【立法理由】

《刑法修正案(八)》第48条对1997年《刑法》第358条第3款协助组织卖淫罪的规定作了修改。

总体上看,刑法关于组织卖淫罪、强迫卖淫罪和协助组织卖淫罪的规定是符合实际和可行的,反映了我国打击卖淫活动,保护妇女合法权益的一贯态度,对于遏制卖淫嫖娼等丑恶社会现象,净化社会风气,加强社会主义精神文明建设,发挥了重要的作用,取得了明显的效果。但在执行中也出现了一些问题,主要是刑法关于协助组织卖淫罪的规定比较原则,对于为组织卖淫的人招募、运送人员等行为未明确规定,实践中对于这些行为是否应当追究刑事责任以及如何追究刑事责任存在模糊的认识。同时,2009年12月26日,第十一届全国人大常委会第十二次会议决定加入了《联合国打击跨国有组织犯罪公约关于预防、禁止和惩治贩运人口特别是妇女和儿童行为的补充议定书》(以下简称《补充议定书》)。该《补充议定书》规定,"人口贩运"系指为剥削目的而通过暴力威胁或使用暴力手段,或通过其他形式的胁迫,通过诱拐、欺诈、欺骗、滥用权力或滥用脆弱境况,或通过授受酬金或利益取得对另一人有控制权的某人的同意等手段招募、运送、转移、窝藏或接收人员,剥削应至少包括利用他人卖淫进行剥削或其他形式的性剥削、强迫劳动或服务、奴役或类似奴役的做法、劳役或切除器官。同时要求,各缔约国均应采取必要的立法和其他措施,将上述行为规定为刑事犯罪。为完善刑法有关规定,与《补充议定书》的规定相衔接,打击为进行卖淫等性剥削招募、运送、转移、接收人员的犯罪,《刑法修正案(八)》对1997年《刑法》第358条第3款作了相应修改,明确列出为组织卖淫的人招募、运送人员这两种协助组织他人卖淫的行为。

【相关规定】

《最高人民法院、最高人民检察院、公安部、司法部关于依法惩治拐卖妇女儿童犯罪的意见》

18. 将妇女拐卖给有关场所,致使被拐卖的妇女被迫卖淫或者从事其他色情服务的,以拐卖妇女罪论处。

有关场所的经营管理人员事前与拐卖妇女的犯罪人通谋的,对该经营管理人员以拐卖妇女罪的共犯论处;同时构成拐卖妇女罪和组织卖淫罪的,择一重罪论处。

《最高人民检察院、公安部关于公安机关管辖的刑事案件立案追诉标准的规定(一)》

第七十五条 [组织卖淫案(刑法第三百五十八条第一款)]以招

募、雇佣、强迫、引诱、容留等手段,组织他人卖淫的,应予立案追诉。

第七十六条 [强迫卖淫案(刑法第三百五十八条第一款)]以暴力、胁迫等手段强迫他人卖淫的,应予立案追诉。

第七十七条 [协助组织卖淫案(刑法第三百五十八条第三款)]在组织卖淫的犯罪活动中,充当保镖、打手、管账人等,起帮助作用的,应予立案追诉。

四十九、在刑法第四百零八条后增加一条,作为第四百零八条之一:"负有食品安全监督管理职责的国家机关工作人员,滥用职权或者玩忽职守,导致发生重大食品安全事故或者造成其他严重后果的,处五年以下有期徒刑或者拘役;造成特别严重后果的,处五年以上十年以下有期徒刑。

徇私舞弊犯前款罪的,从重处罚。"

【说明】

本条是关于食品安全监管失职犯罪及其刑事处罚的规定。共分两款。

第1款是关于食品安全监管失职犯罪及其刑事处罚的规定。根据本条规定,构成本罪的主体是负有食品安全监督管理职责的国家机关工作人员,主要包括在国务院和各级地方人民政府及卫生行政、农业行政、质量监督、工商行政管理、食品药品监督管理等部门负有食品安全监管职责的工作人员。构成本罪,上述人员必须有滥用职权或者玩忽职守的行为。这里所规定的"滥用职权",是指国家机关工作人员超越职权,违法决定、处理其无权决定、处理的事项,或者违反规定处理公务的行为。"玩忽职守",是指国家机关工作人员严重不负责任,不履行或者不认真履行其职责的行为。滥用职权和玩忽职守是渎职行为中最典型的两种行为,所侵犯的都是国家机关的正常管理活动。构成本罪,还必须因为滥用职权或者玩忽职守,导致发生重大食品安全事故或者造成其他严重后果。这里所规定的"重大食品安全事故",指食物中毒、食源性疾病、食品污染等源于食品、对人体健康有危害或者可能有危害的重大事故。其中食物中毒,指食用了被有毒有害物质污染的食品或者食用了含有毒有害物质的食品后出现的急性、亚急性疾病。食源性疾病，指食品中致病因素进入人体引起的感染性、中毒性等疾病。"造成其他严重后果"，是指虽未发生重大食品安全事故，但由于食品安全监督管理方面的问题，造成其他严重后果的情形。根据本条规定，构成本罪的，对行为人处 5 年以下有期徒刑或者拘役；造成特别严重后果的，处 5 年以上 10 年以下有期徒刑。这里的"造成特别严重后果"，既包括导致特别重大的食品安全事故，也包括造成其他特别严重的后果。

本条第 2 款是关于徇私舞弊犯第 1 款罪如何处罚的规定。这里所规定的"徇私舞弊"，是指为徇个人私利或者亲友私情的行为。由于这种行为是从个人利益出发，置国家利益于不顾，主观恶性要比第 1 款规定的行为严重，因此，本款规定，徇私舞弊犯第 1 款罪的，在第 1 款规定的法定量刑幅度内从重处罚。

【立法理由】

1997 年《刑法》第 397 条对国家机关工作人员滥用职权罪和玩忽职守罪作了一般性规定。负有食品安全监督管理职责的国家机关工作人员滥用职权或者玩忽职守构成犯罪的，可以依照该条的规定定罪处罚。考虑到食品安全关系到人民群众的身体健康和切身利益，近年来在食品领域又屡屡发生重大食品安全事故，群众反响强烈，《刑法修正案(八)》在对刑法第 143 条生产、销售不符合卫生标准的食品罪和第 144 条生产、销售有毒、有害食品罪进行修改完善的同时，专门增加了本条规定，并规定了更重的刑罚。

【相关规定】

《中华人民共和国食品安全法》

第九十五条　违反本法规定，县级以上地方人民政府在食品安全监督管理中未履行职责，本行政区域出现重大食品安全事故、造成严重社会影响的，依法对直接负责的主管人员和其他直接责任人员给予记大过、降级、撤职或者开除的处分。

违反本法规定，县级以上卫生行政、农业行政、质量监督、工商行政管理、食品药品监督管理部门或者其他有关行政部门不履行本法规定的职责或者滥用职权、玩忽职守、徇私舞弊的,依法对直接负责的主管人员和其他直接责任人员给予记大过或者降级的处分;造成严重后果的,给予撤职或者开除的处分;其主要负责人应当引咎辞职。

第九十八条 违反本法规定,构成犯罪的,依法追究刑事责任。

第九十九条 本法下列用语的含义:

食品,指各种供人食用或者饮用的成品和原料以及按照传统既是食品又是药品的物品,但是不包括以治疗为目的的物品。

食品安全,指食品无毒、无害,符合应当有的营养要求,对人体健康不造成任何急性、亚急性或者慢性危害。

预包装食品,指预先定量包装或者制作在包装材料和容器中的食品。

食品添加剂,指为改善食品品质和色、香、味以及为防腐、保鲜和加工工艺的需要而加入食品中的人工合成或者天然物质。

用于食品的包装材料和容器,指包装、盛放食品或者食品添加剂用的纸、竹、木、金属、搪瓷、陶瓷、塑料、橡胶、天然纤维、化学纤维、玻璃等制品和直接接触食品或者食品添加剂的涂料。

用于食品生产经营的工具、设备,指在食品或者食品添加剂生产、流通、使用过程中直接接触食品或者食品添加剂的机械、管道、传送带、容器、用具、餐具等。

用于食品的洗涤剂、消毒剂,指直接用于洗涤或者消毒食品、餐饮具以及直接接触食品的工具、设备或者食品包装材料和容器的物质。

保质期,指预包装食品在标签指明的贮存条件下保持品质的期限。

食源性疾病,指食品中致病因素进入人体引起的感染性、中毒性等疾病。

食物中毒,指食用了被有毒有害物质污染的食品或者食用了含有毒有害物质的食品后出现的急性、亚急性疾病。

食品安全事故,指食物中毒、食源性疾病、食品污染等源于食品,对人体健康有危害或者可能有危害的事故。

五十、本修正案自 2011 年 5 月 1 日起施行。

【说明】

本条是关于《刑法修正案(八)》生效日期的规定。根据本条规定，《刑法修正案(八)》自 2011 年 5 月 1 日起施行。对于 2011 年 5 月 1 日以后发生的行为，应当依照《刑法修正案(八)》的规定追究刑事责任。对于 2011 年 5 月 1 日以前发生的行为，应当依照刑法第 12 条关于刑法溯及力的规定进行处理。

【立法理由】

1997 年第八届全国人大第五次会议修订刑法后，全国人大常委会又通过了《关于惩治骗购外汇、逃汇和非法买卖外汇犯罪的决定》(以下简称《决定》)和八个刑法修正案。其中《决定》和前七个刑法修正案均规定该决定和修正案自公布之日起施行，2011 年 2 月 25 日全国人大常委会通过的《刑法修正案(八)》则规定，该修正案自 2011 年 5 月 1 日起施行。

《刑法修正案(八)》作出这样的规定，主要是考虑到该修正案涉及的内容较多，一些内容是对刑法总则规定的修改，在修正案通过以后，规定经过一定期限后开始施行，一方面有利于最高人民法院、最高人民检察院、公安部等部门修改相关司法解释，培训司法工作人员和执法人员，为修正案施行做好必要的准备；另一方面也有利于对修正案的内容进行宣传教育，使广大人民群众在修正案施行前对其内容有必要的了解。因此，《刑法修正案(八)》未规定该修正案自公布之日起施行，而是自通过之日起经过两个多月的时间后才生效。在司法实践中，对于《决定》和刑法修正案所涉及的条文，必须依照刑法第 12 条关于刑法溯及力的规定和相关条文的修改生效日期来确定法律适用问题。

附　　录

《刑法修正案(八)》前后相关刑法条文对照表

修改后条文	原　条　文
第十七条之一　已满七十五周岁的人故意犯罪的,可以从轻或者减轻处罚;过失犯罪的,应当从轻或者减轻处罚。	
第三十八条　管制的期限,为三个月以上二年以下。 判处管制,可以根据犯罪情况,同时禁止犯罪分子在执行期间从事特定活动,进入特定区域、场所,接触特定的人。 对判处管制的犯罪分子,依法实行社区矫正。 违反第二款规定的禁止令的,由公安机关依照《中华人民共和国治安管理处罚法》的规定处罚。	**第三十八条**　管制的期限,为三个月以上二年以下。 被判处管制的犯罪分子,由公安机关执行。
第四十九条　犯罪的时候不满十八周岁的人和审判的时候怀孕的妇女,不适用死刑。 审判的时候已满七十五周岁的人,不适用死刑,但以特别残忍手段致人死亡的除外。	**第四十九条**　犯罪的时候不满十八周岁的人和审判的时候怀孕的妇女,不适用死刑。

（续表）

修改后条文	原　条　文
第五十条　判处死刑缓期执行的，在死刑缓期执行期间，如果没有故意犯罪，二年期满以后，减为无期徒刑；如果确有重大立功表现，二年期满以后，减为二十五年有期徒刑；如果故意犯罪，查证属实的，由最高人民法院核准，执行死刑。 　　对被判处死刑缓期执行的累犯以及因故意杀人、强奸、抢劫、绑架、放火、爆炸、投放危险物质或者有组织的暴力性犯罪被判处死刑缓期执行的犯罪分子，人民法院根据犯罪情节等情况可以同时决定对其限制减刑。	**第五十条**　判处死刑缓期执行的，在死刑缓期执行期间，如果没有故意犯罪，二年期满以后，减为无期徒刑；如果确有重大立功表现，二年期满以后，减为十五年以上二十年以下有期徒刑；如果故意犯罪，查证属实的，由最高人民法院核准，执行死刑。
第六十三条　犯罪分子具有本法规定的减轻处罚情节的，应当在法定刑以下判处刑罚；本法规定有数个量刑幅度的，应当在法定量刑幅度的下一个量刑幅度内判处刑罚。 　　犯罪分子虽然不具有本法规定的减轻处罚情节，但是根据案件的特殊情况，经最高人民法院核准，也可以在法定刑以下判处刑罚。	**第六十三条**　犯罪分子具有本法规定的减轻处罚情节的，应当在法定刑以下判处刑罚。 　　犯罪分子虽然不具有本法规定的减轻处罚情节，但是根据案件的特殊情况，经最高人民法院核准，也可以在法定刑以下判处刑罚。
第六十五条　被判处有期徒刑以上刑罚的犯罪分子，刑罚执行完毕或者赦免以后，在五年以内再犯应当判处有期徒刑以上刑罚之罪的，是累犯，应当从重处罚，但是过失犯罪和不满十八周岁的人犯罪的除外。 　　前款规定的期限，对于被假释的犯罪分子，从假释期满之日起计算。	**第六十五条**　被判处有期徒刑以上刑罚的犯罪分子，刑罚执行完毕或者赦免以后，在五年以内再犯应当判处有期徒刑以上刑罚之罪的，是累犯，应当从重处罚，但是过失犯罪除外。 　　前款规定的期限，对于被假释的犯罪分子，从假释期满之日起计算。
第六十六条　危害国家安全犯罪、恐怖活动犯罪、黑社会性质的组织犯罪的犯罪分子，在刑罚执行完毕或者赦免以后，在任何时候再犯上述任一类罪的，都以累犯论处。	**第六十六条**　危害国家安全的犯罪分子在刑罚执行完毕或者赦免以后，在任何时候再犯危害国家安全罪的，都以累犯论处。

修改后条文	原 条 文
第六十七条 犯罪以后自动投案,如实供述自己的罪行的,是自首。对于自首的犯罪分子,可以从轻或者减轻处罚。其中,犯罪较轻的,可以免除处罚。 被采取强制措施的犯罪嫌疑人、被告人和正在服刑的罪犯,如实供述司法机关还未掌握的本人其他罪行的,以自首论。 犯罪嫌疑人虽不具有前两款规定的自首情节,但是如实供述自己罪行的,可以从轻处罚;因其如实供述自己罪行,避免特别严重后果发生的,可以减轻处罚。	**第六十七条** 犯罪以后自动投案,如实供述自己的罪行的,是自首。对于自首的犯罪分子,可以从轻或者减轻处罚。其中,犯罪较轻的,可以免除处罚。 被采取强制措施的犯罪嫌疑人、被告人和正在服刑的罪犯,如实供述司法机关还未掌握的本人其他罪行的,以自首论。
第六十八条 犯罪分子有揭发他人犯罪行为,查证属实的,或者提供重要线索,从而得以侦破其他案件等立功表现的,可以从轻或者减轻处罚;有重大立功表现的,可以减轻或者免除处罚。	**第六十八条** 犯罪分子有揭发他人犯罪行为,查证属实的,或者提供重要线索,从而得以侦破其他案件等立功表现的,可以从轻或者减轻处罚;有重大立功表现的,可以减轻或者免除处罚。 犯罪后自首又有重大立功表现的,应当减轻或者免除处罚。
第六十九条 判决宣告以前一人犯数罪的,除判处死刑和无期徒刑的以外,应当在总和刑期以下、数刑中最高刑期以上,酌情决定执行的刑期,但是管制最高不能超过三年,拘役最高不能超过一年,有期徒刑总和刑期不满三十五年的,最高不能超过二十年,总和刑期在三十五年以上的,最高不能超过二十五年。 数罪中有判处附加刑的,附加刑仍须执行,其中附加刑种类相同的,合并执行,种类不同的,分别执行。	**第六十九条** 判决宣告以前一人犯数罪的,除判处死刑和无期徒刑的以外,应当在总和刑期以下、数刑中最高刑期以上,酌情决定执行的刑期,但是管制最高不能超过三年,拘役最高不能超过一年,有期徒刑最高不能超过二十年。 如果数罪中有判处附加刑的,附加刑仍须执行。

(续表)

修改后条文	原条文
第七十二条 对于被判处拘役、三年以下有期徒刑的犯罪分子,同时符合下列条件的,可以宣告缓刑,对其中不满十八周岁的人、怀孕的妇女和已满七十五周岁的人,应当宣告缓刑: (一)犯罪情节较轻; (二)有悔罪表现; (三)没有再犯罪的危险; (四)宣告缓刑对所居住社区没有重大不良影响。 　　宣告缓刑,可以根据犯罪情况,同时禁止犯罪分子在缓刑考验期限内从事特定活动,进入特定区域、场所,接触特定的人。 　　被宣告缓刑的犯罪分子,如果被判处附加刑,附加刑仍须执行。	**第七十二条** 对于被判处拘役、三年以下有期徒刑的犯罪分子,根据犯罪分子的犯罪情节和悔罪表现,适用缓刑确实不致再危害社会的,可以宣告缓刑。 　　被宣告缓刑的犯罪分子,如果被判处附加刑,附加刑仍须执行。
第七十四条 对于累犯和犯罪集团的首要分子,不适用缓刑。	**第七十四条** 对于累犯,不适用缓刑。
第七十六条 对宣告缓刑的犯罪分子,在缓刑考验期限内,依法实行社区矫正,如果没有本法第七十七条规定的情形,缓刑考验期满,原判的刑罚就不再执行,并公开予以宣告。	**第七十六条** 被宣告缓刑的犯罪分子,在缓刑考验期限内,由公安机关考察,所在单位或者基层组织予以配合,如果没有本法第七十七条规定的情形,缓刑考验期满,原判的刑罚就不再执行,并公开予以宣告。
第七十七条 被宣告缓刑的犯罪分子,在缓刑考验期限内犯新罪或者发现判决宣告以前还有其他罪没有判决的,应当撤销缓刑,对新犯的罪或者新发现的罪作出判决,把前罪和后罪所判处的刑罚,依照本法第六十九条的规定,决定执行的刑罚。 　　被宣告缓刑的犯罪分子,在缓刑考验期限内,违反法律、行政法规或者国务院有关部门关于缓刑的监督管理规定,或者违反人民法院判决中的禁止令,情节严重的,应当撤销缓刑,执行原判刑罚。	**第七十七条** 被宣告缓刑的犯罪分子,在缓刑考验期限内犯新罪或者发现判决宣告以前还有其他罪没有判决的,应当撤销缓刑,对新犯的罪或者新发现的罪作出判决,把前罪和后罪所判处的刑罚,依照本法第六十九条的规定,决定执行的刑罚。 　　被宣告缓刑的犯罪分子,在缓刑考验期限内,违反法律、行政法规或者国务院公安部门有关缓刑的监督管理规定,情节严重的,应当撤销缓刑,执行原判刑罚。

附录 《刑法修正案(八)》前后相关刑法条文对照表

(续表)

修改后条文	原条文
第七十八条 被判处管制、拘役、有期徒刑、无期徒刑的犯罪分子,在执行期间,如果认真遵守监规,接受教育改造,确有悔改表现的,或者有立功表现的,可以减刑;有下列重大立功表现之一的,应当减刑: (一)阻止他人重大犯罪活动的; (二)检举监狱内外重大犯罪活动,经查证属实的; (三)有发明创造或者重大技术革新的; (四)在日常生产、生活中舍己救人的; (五)在抗御自然灾害或者排除重大事故中,有突出表现的; (六)对国家和社会有其他重大贡献的。 减刑以后实际执行的刑期不能少于下列期限: (一)判处管制、拘役、有期徒刑的,不能少于原判刑期的二分之一; (二)判处无期徒刑的,不能少于十三年; (三)人民法院依照本法第五十条第二款规定限制减刑的死刑缓期执行的犯罪分子,缓期执行期满后依法减为无期徒刑的,不能少于二十五年,缓期执行期满后依法减为二十五年有期徒刑的,不能少于二十年。	第七十八条 被判处管制、拘役、有期徒刑、无期徒刑的犯罪分子,在执行期间,如果认真遵守监规,接受教育改造,确有悔改表现的,或者有立功表现的,可以减刑;有下列重大立功表现之一的,应当减刑: (一)阻止他人重大犯罪活动的; (二)检举监狱内外重大犯罪活动,经查证属实的; (三)有发明创造或者重大技术革新的; (四)在日常生产、生活中舍己救人的; (五)在抗御自然灾害或者排除重大事故中,有突出表现的; (六)对国家和社会有其他重大贡献的。 减刑以后实际执行的刑期,判处管制、拘役、有期徒刑的,不能少于原判刑期的二分之一;判处无期徒刑的,不能少于十年。
第八十一条 被判处有期徒刑的犯罪分子,执行原判刑期二分之一以上,被判处无期徒刑的犯罪分子,实际执行十三年以上,如果认真遵守监规,接受教育改造,确有悔改表现,没有再犯罪的危险,可以假释。如果有特殊情况,经最高人民法院核准,可以不受上述执行刑期的限制。 对累犯以及因故意杀人、强奸、抢劫、绑架、放火、爆炸、投放危险物质或者有组织的暴力性犯罪被判处十年以上有期徒刑、无期徒刑的犯罪分子,不得假释。 对犯罪分子决定假释时,应当考虑其假释后对所居住社区的影响。	第八十一条 被判处有期徒刑的犯罪分子,执行原判刑期二分之一以上,被判处无期徒刑的犯罪分子,实际执行十年以上,如果认真遵守监规,接受教育改造,确有悔改表现,假释后不致再危害社会的,可以假释。如果有特殊情况,经最高人民法院核准,可以不受上述执行刑期的限制。 对累犯以及因杀人、爆炸、抢劫、强奸、绑架等暴力性犯罪被判处十年以上有期徒刑、无期徒刑的犯罪分子,不得假释。

(续表)

修改后条文	原 条 文
第八十五条 对假释的犯罪分子,在假释考验期内,依法实行社区矫正,如果没有本法第八十六条规定的情形,假释考验期满,就认为原判刑罚已经执行完毕,并公开予以宣告。	第八十五条 被假释的犯罪分子,在假释考验期限内,由公安机关予以监督,如果没有本法第八十六条规定的情形,假释考验期满,就认为原判刑罚已经执行完毕,并公开予以宣告。
第八十六条 被假释的犯罪分子,在假释考验期限内犯新罪,应当撤销假释,依照本法第七十一条的规定实行数罪并罚。 　　在假释考验期限内,发现被假释的犯罪分子在判决宣告以前还有其他罪没有判决的,应当撤销假释,依照本法第七十条的规定实行数罪并罚。 　　被假释的犯罪分子,在假释考验期限内,有违反法律、行政法规或者国务院有关部门关于假释的监督管理规定的行为,尚未构成新的犯罪的,应当依照法定程序撤销假释,收监执行未执行完毕的刑罚。	第八十六条 被假释的犯罪分子,在假释考验期限内犯新罪,应当撤销假释,依照本法第七十一条的规定实行数罪并罚。 　　在假释考验期限内,发现被假释的犯罪分子在判决宣告以前还有其他罪没有判决的,应当撤销假释,依照本法第七十条的规定实行数罪并罚。 　　被假释的犯罪分子,在假释考验期限内,有违反法律、行政法规或者国务院公安部门有关假释的监督管理规定的行为,尚未构成新的犯罪的,应当依照法定程序撤销假释,收监执行未执行完毕的刑罚。
第一百条 依法受过刑事处罚的人,在入伍、就业的时候,应当如实向有关单位报告自己曾受过刑事处罚,不得隐瞒。 　　犯罪的时候不满十八周岁被判处五年有期徒刑以下刑罚的人,免除前款规定的报告义务。	第一百条 依法受过刑事处罚的人,在入伍、就业的时候,应当如实向有关单位报告自己曾受过刑事处罚,不得隐瞒。
第一百零七条 境内外机构、组织或者个人资助实施本章第一百零二条、第一百零三条、第一百零四条、第一百零五条规定之罪的,对直接责任人员,处五年以下有期徒刑、拘役、管制或者剥夺政治权利;情节严重的,处五年以上有期徒刑。	第一百零七条 境内外机构、组织或者个人资助境内组织或者个人实施本章第一百零二条、第一百零三条、第一百零四条、第一百零五条规定之罪的,对直接责任人员,处五年以下有期徒刑、拘役、管制或者剥夺政治权利;情节严重的,处五年以上有期徒刑。

修改后条文	原 条 文
第一百零九条 国家机关工作人员在履行公务期间,擅离岗位,叛逃境外或者在境外叛逃的,处五年以下有期徒刑、拘役、管制或者剥夺政治权利;情节严重的,处五年以上十年以下有期徒刑。 掌握国家秘密的国家工作人员叛逃境外或者在境外叛逃的,依照前款的规定从重处罚。	第一百零九条 国家机关工作人员在履行公务期间,擅离岗位,叛逃境外或者在境外叛逃,危害中华人民共和国国家安全的,处五年以下有期徒刑、拘役、管制或者剥夺政治权利;情节严重的,处五年以上十年以下有期徒刑。 掌握国家秘密的国家工作人员犯前款罪的,依照前款的规定从重处罚。
第一百三十三条之一 在道路上驾驶机动车追逐竞驶,情节恶劣的,或者在道路上醉酒驾驶机动车的,处拘役,并处罚金。 有前款行为,同时构成其他犯罪的,依照处罚较重的规定定罪处罚。	
第一百四十一条 生产、销售假药的,处三年以下有期徒刑或者拘役,并处罚金;对人体健康造成严重危害或者有其他严重情节的,处三年以上十年以下有期徒刑,并处罚金;致人死亡或者有其他特别严重情节的,处十年以上有期徒刑、无期徒刑或者死刑,并处罚金或者没收财产。 本条所称假药,是指依照《中华人民共和国药品管理法》的规定属于假药和按假药处理的药品、非药品。	第一百四十一条 生产、销售假药,足以严重危害人体健康的,处三年以下有期徒刑或者拘役,并处或者单处销售金额百分之五十以上二倍以下罚金;对人体健康造成严重危害的,处三年以上十年以下有期徒刑,并处销售金额百分之五十以上二倍以下罚金;致人死亡或者对人体健康造成特别严重危害的,处十年以上有期徒刑、无期徒刑或者死刑,并处销售金额百分之五十以上二倍以下罚金或者没收财产。 本条所称假药,是指依照《中华人民共和国药品管理法》的规定属于假药和按假药处理的药品、非药品。

（续表）

修改后条文	原 条 文
第一百四十三条　生产、销售不符合食品安全标准的食品，足以造成严重食物中毒事故或者其他严重食源性疾病的，处三年以下有期徒刑或者拘役，并处罚金；对人体健康造成严重危害或者有其他严重情节的，处三年以上七年以下有期徒刑，并处罚金；后果特别严重的，处七年以上有期徒刑或者无期徒刑，并处罚金或者没收财产。	第一百四十三条　生产、销售不符合卫生标准的食品，足以造成严重食物中毒事故或者其他严重食源性疾患的，处三年以下有期徒刑或者拘役，并处或者单处销售金额百分之五十以上二倍以下罚金；对人体健康造成严重危害的，处三年以上七年以下有期徒刑，并处销售金额百分之五十以上二倍以下罚金；后果特别严重的，处七年以上有期徒刑或者无期徒刑，并处销售金额百分之五十以上二倍以下罚金或者没收财产。
第一百四十四条　在生产、销售的食品中掺入有毒、有害的非食品原料的，或者销售明知掺有有毒、有害的非食品原料的食品的，处五年以下有期徒刑，并处罚金；对人体健康造成严重危害或者有其他严重情节的，处五年以上十年以下有期徒刑，并处罚金；致人死亡或者有其他特别严重情节的，依照本法第一百四十一条的规定处罚。	第一百四十四条　在生产、销售的食品中掺入有毒、有害的非食品原料的，或者销售明知掺有有毒、有害的非食品原料的食品的，处五年以下有期徒刑或者拘役，并处或者单处销售金额百分之五十以上二倍以下罚金；造成严重食物中毒事故或者其他严重食源性疾患，对人体健康造成严重危害的，处五年以上十年以下有期徒刑，并处销售金额百分之五十以上二倍以下罚金；致人死亡或者对人体健康造成特别严重危害的，依照本法第一百四十一条的规定处罚。
第一百五十一条　走私武器、弹药、核材料或者伪造的货币的，处七年以上有期徒刑，并处罚金或者没收财产；情节特别严重的，处无期徒刑或者死刑，并处没收财产；情节较轻的，处三年以上七年以下有期徒刑，并处罚金。 　　走私国家禁止出口的文物、黄金、白银和其他贵重金属或者国家禁止进出口的珍贵动物及其制品的，处五年以上十年以下有期徒刑，并处罚金；情节特别严重的，处十年以上有期徒刑或者无期徒刑，并处没收财产；情节较轻的，处五年以下有期徒刑，并处罚金。 　　走私珍稀植物及其制品等国家禁止进出口的其他货物、物品的，处五年以下有期徒刑或者拘役，并处或者单处罚金；	第一百五十一条　走私武器、弹药、核材料或者伪造的货币的，处七年以上有期徒刑，并处罚金或者没收财产；情节较轻的，处三年以上七年以下有期徒刑，并处罚金。 　　走私国家禁止出口的文物、黄金、白银和其他贵重金属或者国家禁止进出口的珍贵动物及其制品的，处五年以上有期徒刑，并处罚金；情节较轻的，处五年以下有期徒刑，并处罚金。 　　走私国家禁止进出口的珍稀植物及其制品的，处五年以下有期徒刑，并处或者单处罚金；情节严重的，处五年以上有期徒刑，并处罚金。 　　犯第一款、第二款罪，情节特别严重的，处无期徒刑或者死刑，并处没收财产。

（续表）

修改后条文	原 条 文
情节严重的，处五年以上有期徒刑，并处罚金。 单位犯本条规定之罪的，对单位判处罚金，并对其直接负责的主管人员和其他直接责任人员，依照本条各款的规定处罚。	单位犯本条规定之罪的，对单位判处罚金，并对其直接负责的主管人员和其他直接责任人员，依照本条各款的规定处罚。 《刑法修正案（七）》将第三款修改为："走私珍稀植物及其制品等国家禁止进出口的其他货物、物品的，处五年以下有期徒刑或者拘役，并处或者单处罚金；情节严重的，处五年以上有期徒刑，并处罚金。"
第一百五十三条　走私本法第一百五十一条、第一百五十二条、第三百四十七条规定以外的货物、物品的，根据情节轻重，分别依照下列规定处罚： （一）走私货物、物品偷逃应缴税额较大或者一年内曾因走私被给予二次行政处罚后又走私的，处三年以下有期徒刑或者拘役，并处偷逃应缴税额一倍以上五倍以下罚金。 （二）走私货物、物品偷逃应缴税额巨大或者有其他严重情节的，处三年以上十年以下有期徒刑，并处偷逃应缴税额一倍以上五倍以下罚金。 （三）走私货物、物品偷逃应缴税额特别巨大或者有其他特别严重情节的，处十年以上有期徒刑或者无期徒刑，并处偷逃应缴税额一倍以上五倍以下罚金或者没收财产。 单位犯前款罪的，对单位判处罚金，并对其直接负责的主管人员和其他直接责任人员，处三年以下有期徒刑或者拘役；情节严重的，处三年以上十年以下有期徒刑；情节特别严重的，处十年以上有期徒刑。 对多次走私未经处理的，按照累计走私货物、物品的偷逃应缴税额处罚。	第一百五十三条　走私本法第一百五十一条、第一百五十二条、第三百四十七条规定以外的货物、物品的，根据情节轻重，分别依照下列规定处罚： （一）走私货物、物品偷逃应缴税额在五十万元以上的，处十年以上有期徒刑或者无期徒刑，并处偷逃应缴税额一倍以上五倍以下罚金或者没收财产；情节特别严重的，依照本法第一百五十一条第四款的规定处罚。 （二）走私货物、物品偷逃应缴税额在十五万元以上不满五十万元的，处三年以上十年以下有期徒刑，并处偷逃应缴税额一倍以上五倍以下罚金；情节特别严重的，处十年以上有期徒刑或者无期徒刑，并处偷逃应缴税额一倍以上五倍以下罚金或者没收财产。 （三）走私货物、物品偷逃应缴税额在五万元以上不满十五万元的，处三年以下有期徒刑或者拘役，并处偷逃应缴税额一倍以上五倍以下罚金。 单位犯前款罪的，对单位判处罚金，并对其直接负责的主管人员和其他直接责任人员，处三年以下有期徒刑或者拘役；情节严重的，处三年以上十年以下有期徒刑；情节特别严重的，处十年以上有期徒刑。 对多次走私未经处理的，按照累计走私货物、物品的偷逃应缴税额处罚。

（续表）

修改后条文	原条文
第一百五十七条　武装掩护走私的,依照本法第一百五十一条第一款的规定从重处罚。 以暴力、威胁方法抗拒缉私的,以走私罪和本法第二百七十七条规定的阻碍国家机关工作人员依法执行职务罪,依照数罪并罚的规定处罚。	第一百五十七条　武装掩护走私的,依照本法第一百五十一条第一款、第四款的规定从重处罚。 以暴力、威胁方法抗拒缉私的,以走私罪和本法第二百七十七条规定的阻碍国家机关工作人员依法执行职务罪,依照数罪并罚的规定处罚。
第一百六十四条　为谋取不正当利益,给予公司、企业或者其他单位的工作人员以财物,数额较大的,处三年以下有期徒刑或者拘役;数额巨大的,处三年以上十年以下有期徒刑,并处罚金。 为谋取不正当商业利益,给予外国公职人员或者国际公共组织官员以财物的,依照前款的规定处罚。 单位犯前两款罪的,对单位判处罚金,并对其直接负责的主管人员和其他直接责任人员,依照第一款的规定处罚。 行贿人在被追诉前主动交待行贿行为的,可以减轻处罚或者免除处罚。	第一百六十四条　为谋取不正当利益,给予公司、企业的工作人员以财物,数额较大的,处三年以下有期徒刑或者拘役;数额巨大的,处三年以上十年以下有期徒刑,并处罚金。 单位犯前款罪的,对单位判处罚金,并对其直接负责的主管人员和其他直接责任人员,依照前款的规定处罚。 行贿人在被追诉前主动交待行贿行为的,可以减轻处罚或者免除处罚。 《刑法修正案(六)》将第一款修改为:"为谋取不正当利益,给予公司、企业或者其他单位的工作人员以财物,数额较大的,处三年以下有期徒刑或者拘役;数额巨大的,处三年以上十年以下有期徒刑,并处罚金。"
第一百九十九条　犯本节第一百九十二条规定之罪,数额特别巨大并且给国家和人民利益造成特别重大损失的,处无期徒刑或者死刑,并处没收财产。	第一百九十九条　犯本节第一百九十二条、第一百九十四条、第一百九十五条规定之罪,数额特别巨大并且给国家和人民利益造成特别重大损失的,处无期徒刑或者死刑,并处没收财产。
第二百条　单位犯本节第一百九十二条、第一百九十四条、第一百九十五条规定之罪的,对单位判处罚金,并对其直接负责的主管人员和其他直接责任人员,处五年以下有期徒刑或者拘役,可以并处罚金;数额巨大或者有其他严重情节的,处五年以上十年以下有期徒刑,并处罚金;数额特别巨大或者有其他特别严重情节的,处十年以上有期徒刑或者无期徒刑,并处罚金。	第二百条　单位犯本节第一百九十二条、第一百九十四条、第一百九十五条规定之罪的,对单位判处罚金,并对其直接负责的主管人员和其他直接责任人员,处五年以下有期徒刑或者拘役;数额巨大或者有其他严重情节的,处五年以上十年以下有期徒刑;数额特别巨大或者有其他特别严重情节的,处十年以上有期徒刑或者无期徒刑。

（续表）

修改后条文	原条文
第二百零五条 虚开增值税专用发票或者虚开用于骗取出口退税、抵扣税款的其他发票的，处三年以下有期徒刑或者拘役，并处二万元以上二十万元以下罚金；虚开的税款数额较大或者有其他严重情节的，处三年以上十年以下有期徒刑，并处五万元以上五十万元以下罚金；虚开的税款数额巨大或者有其他特别严重情节的，处十年以上有期徒刑或者无期徒刑，并处五万元以上五十万元以下罚金或者没收财产。 单位犯本条规定之罪的，对单位判处罚金，并对其直接负责的主管人员和其他直接责任人员，处三年以下有期徒刑或者拘役；虚开的税款数额较大或者有其他严重情节的，处三年以上十年以下有期徒刑；虚开的税款数额巨大或者有其他特别严重情节的，处十年以上有期徒刑或者无期徒刑。 虚开增值税专用发票或者虚开用于骗取出口退税、抵扣税款的其他发票，是指有为他人虚开、为自己虚开、让他人为自己虚开、介绍他人虚开行为之一的。	**第二百零五条** 虚开增值税专用发票或者虚开用于骗取出口退税、抵扣税款的其他发票的，处三年以下有期徒刑或者拘役，并处二万元以上二十万元以下罚金；虚开的税款数额较大或者有其他严重情节的，处三年以上十年以下有期徒刑，并处五万元以上五十万元以下罚金；虚开的税款数额巨大或者有其他特别严重情节的，处十年以上有期徒刑或者无期徒刑，并处五万元以上五十万元以下罚金或者没收财产。 有前款行为骗取国家税款，数额特别巨大，情节特别严重，给国家利益造成特别重大损失的，处无期徒刑或者死刑，并处没收财产。 单位犯本条规定之罪的，对单位判处罚金，并对其直接负责的主管人员和其他直接责任人员，处三年以下有期徒刑或者拘役；虚开的税款数额较大或者有其他严重情节的，处三年以上十年以下有期徒刑；虚开的税款数额巨大或者有其他特别严重情节的，处十年以上有期徒刑或者无期徒刑。 虚开增值税专用发票或者虚开用于骗取出口退税、抵扣税款的其他发票，是指有为他人虚开、为自己虚开、让他人为自己虚开、介绍他人虚开行为之一的。
第二百零五条之一 虚开本法第二百零五条规定以外的其他发票，情节严重的，处二年以下有期徒刑、拘役或者管制，并处罚金；情节特别严重的，处二年以上七年以下有期徒刑，并处罚金。 单位犯前款罪的，对单位判处罚金，并对其直接负责的主管人员和其他直接责任人员，依照前款的规定处罚。	

(续表)

修改后条文	原 条 文
第二百零六条 伪造或者出售伪造的增值税专用发票的,处三年以下有期徒刑、拘役或者管制,并处二万元以上二十万元以下罚金;数量较大或者有其他严重情节的,处三年以上十年以下有期徒刑,并处五万元以上五十万元以下罚金;数量巨大或者有其他特别严重情节的,处十年以上有期徒刑或者无期徒刑,并处五万元以上五十万元以下罚金或者没收财产。 单位犯本条规定之罪的,对单位判处罚金,并对其直接负责的主管人员和其他直接责任人员,处三年以下有期徒刑、拘役或者管制;数量较大或者有其他严重情节的,处三年以上十年以下有期徒刑;数量巨大或者有其他特别严重情节的,处十年以上有期徒刑或者无期徒刑。	**第二百零六条** 伪造或者出售伪造的增值税专用发票的,处三年以下有期徒刑、拘役或者管制,并处二万元以上二十万元以下罚金;数量较大或者有其他严重情节的,处三年以上十年以下有期徒刑,并处五万元以上五十万元以下罚金;数量巨大或者有其他特别严重情节的,处十年以上有期徒刑或者无期徒刑,并处五万元以上五十万元以下罚金或者没收财产。 伪造并出售伪造的增值税专用发票,数量特别巨大,情节特别严重,严重破坏经济秩序的,处无期徒刑或者死刑,并处没收财产。 单位犯本条规定之罪的,对单位判处罚金,并对其直接负责的主管人员和其他直接责任人员,处三年以下有期徒刑、拘役或者管制;数量较大或者有其他严重情节的,处三年以上十年以下有期徒刑;数量巨大或者有其他特别严重情节的,处十年以上有期徒刑或者无期徒刑。
第二百一十条之一 明知是伪造的发票而持有,数量较大的,处二年以下有期徒刑、拘役或者管制,并处罚金;数量巨大的,处二年以上七年以下有期徒刑,并处罚金。 单位犯前款罪的,对单位判处罚金,并对其直接负责的主管人员和其他直接责任人员,依照前款的规定处罚。	

修改后条文	原条文
第二百二十六条 以暴力、威胁手段,实施下列行为之一,情节严重的,处三年以下有期徒刑或者拘役,并处或者单处罚金;情节特别严重的,处三年以上七年以下有期徒刑,并处罚金: (一)强买强卖商品的; (二)强迫他人提供或者接受服务的; (三)强迫他人参与或者退出投标、拍卖的; (四)强迫他人转让或者收购公司、企业的股份、债券或者其他资产的; (五)强迫他人参与或者退出特定的经营活动的。	**第二百二十六条** 以暴力、威胁手段强买强卖商品、强迫他人提供服务或者强迫他人接受服务,情节严重的,处三年以下有期徒刑或者拘役,并处或者单处罚金。
第二百三十四条之一 组织他人出卖人体器官的,处五年以下有期徒刑,并处罚金;情节严重的,处五年以上有期徒刑,并处罚金或者没收财产。 未经本人同意摘取其器官,或者摘取不满十八周岁的人的器官,或者强迫、欺骗他人捐献器官的,依照本法第二百三十四条、第二百三十二条的规定定罪处罚。 违背本人生前意愿摘取其尸体器官,或者本人生前未表示同意,违反国家规定,违背其近亲属意愿摘取其尸体器官的,依照本法第三百零二条的规定定罪处罚。	
第二百四十四条 以暴力、威胁或者限制人身自由的方法强迫他人劳动的,处三年以下有期徒刑或者拘役,并处罚金;情节严重的,处三年以上十年以下有期徒刑,并处罚金。 明知他人实施前款行为,为其招募、运送人员或者有其他协助强迫他人劳动行为的,依照前款的规定处罚。 单位犯前两款罪的,对单位判处罚金,并对其直接负责的主管人员和其他直接责任人员,依照第一款的规定处罚。	**第二百四十四条** 用人单位违反劳动管理法规,以限制人身自由方法强迫职工劳动,情节严重的,对直接责任人员,处三年以下有期徒刑或者拘役,并处或者单处罚金。

（续表）

修改后条文	原 条 文
第二百六十四条 盗窃公私财物，数额较大的，或者多次盗窃、入户盗窃、携带凶器盗窃、扒窃的，处三年以下有期徒刑、拘役或者管制，并处或者单处罚金；数额巨大或者有其他严重情节的，处三年以上十年以下有期徒刑，并处罚金；数额特别巨大或者有其他特别严重情节的，处十年以上有期徒刑或者无期徒刑，并处罚金或者没收财产。	**第二百六十四条** 盗窃公私财物，数额较大或者多次盗窃的，处三年以下有期徒刑、拘役或者管制，并处或者单处罚金；数额巨大或者有其他严重情节的，处三年以上十年以下有期徒刑，并处罚金；数额特别巨大或者有其他特别严重情节的，处十年以上有期徒刑或者无期徒刑，并处罚金或者没收财产；有下列情形之一的，处无期徒刑或者死刑，并处没收财产： （一）盗窃金融机构，数额特别巨大的； （二）盗窃珍贵文物，情节严重的。
第二百七十四条 敲诈勒索公私财物，数额较大或者多次敲诈勒索的，处三年以下有期徒刑、拘役或者管制，并处或者单处罚金；数额巨大或者有其他严重情节的，处三年以上十年以下有期徒刑，并处罚金；数额特别巨大或者有其他特别严重情节的，处十年以上有期徒刑，并处罚金。	**第二百七十四条** 敲诈勒索公私财物，数额较大的，处三年以下有期徒刑、拘役或者管制；数额巨大或者有其他严重情节的，处三年以上十年以下有期徒刑。
第二百七十六条之一 以转移财产、逃匿等方法逃避支付劳动者的劳动报酬或者有能力支付而不支付劳动者的劳动报酬，数额较大，经政府有关部门责令支付仍不支付的，处三年以下有期徒刑或者拘役，并处或者单处罚金；造成严重后果的，处三年以上七年以下有期徒刑，并处罚金。 单位犯前款罪的，对单位判处罚金，并对其直接负责的主管人员和其他直接责任人员，依照前款的规定处罚。 有前两款行为，尚未造成严重后果，在提起公诉前支付劳动者的劳动报酬，并依法承担相应赔偿责任的，可以减轻或者免除处罚。	

修改后条文	原 条 文
第二百九十三条 有下列寻衅滋事行为之一,破坏社会秩序的,处五年以下有期徒刑、拘役或者管制: （一）随意殴打他人,情节恶劣的; （二）追逐、拦截、辱骂、恐吓他人,情节恶劣的; （三）强拿硬要或者任意损毁、占用公私财物,情节严重的; （四）在公共场所起哄闹事,造成公共场所秩序严重混乱的。 纠集他人多次实施前款行为,严重破坏社会秩序的,处五年以上十年以下有期徒刑,可以并处罚金。	**第二百九十三条** 有下列寻衅滋事行为之一,破坏社会秩序的,处五年以下有期徒刑、拘役或者管制: （一）随意殴打他人,情节恶劣的; （二）追逐、拦截、辱骂他人,情节恶劣的; （三）强拿硬要或者任意损毁、占用公私财物,情节严重的; （四）在公共场所起哄闹事,造成公共场所秩序严重混乱的。
第二百九十四条 组织、领导黑社会性质的组织的,处七年以上有期徒刑,并处没收财产;积极参加的,处三年以上七年以下有期徒刑,可以并处罚金或者没收财产;其他参加的,处三年以下有期徒刑、拘役、管制或者剥夺政治权利,可以并处罚金。 境外的黑社会组织的人员到中华人民共和国境内发展组织成员的,处三年以上十年以下有期徒刑。 国家机关工作人员包庇黑社会性质的组织,或者纵容黑社会性质的组织进行违法犯罪活动的,处五年以下有期徒刑;情节严重的,处五年以上有期徒刑。 犯前三款罪又有其他犯罪行为的,依照数罪并罚的规定处罚。 黑社会性质的组织应当同时具备以下特征: （一）形成较稳定的犯罪组织,人数较多,有明确的组织者、领导者,骨干成员基本固定; （二）有组织地通过违法犯罪活动或者其他手段获取经济利益,具有一定的经济实力,以支持该组织的活动;	**第二百九十四条** 组织、领导和积极参加以暴力、威胁或者其他手段,有组织地进行违法犯罪活动,称霸一方,为非作恶,欺压、残害群众,严重破坏经济、社会生活秩序的黑社会性质的组织的,处三年以上十年以下有期徒刑;其他参加的,处三年以下有期徒刑、拘役、管制或者剥夺政治权利。 境外的黑社会组织的人员到中华人民共和国境内发展组织成员的,处三年以上十年以下有期徒刑。 犯前两款罪又有其他犯罪行为的,依照数罪并罚的规定处罚。 国家机关工作人员包庇黑社会性质的组织,或者纵容黑社会性质的组织进行违法犯罪活动的,处三年以下有期徒刑、拘役或者剥夺政治权利;情节严重的,处三年以上十年以下有期徒刑。

(续表)

修改后条文	原 条 文
（三）以暴力、威胁或者其他手段，有组织地多次进行违法犯罪活动，为非作恶，欺压、残害群众； （四）通过实施违法犯罪活动，或者利用国家工作人员的包庇或者纵容，称霸一方，在一定区域或者行业内，形成非法控制或者重大影响，严重破坏经济、社会生活秩序。	
第二百九十五条　传授犯罪方法的，处五年以下有期徒刑、拘役或者管制；情节严重的，处五年以上十年以下有期徒刑；情节特别严重的，处十年以上有期徒刑或者无期徒刑。	第二百九十五条　传授犯罪方法的，处五年以下有期徒刑、拘役或者管制；情节严重的，处五年以上有期徒刑；情节特别严重的，处无期徒刑或者死刑。
第三百二十八条　盗掘具有历史、艺术、科学价值的古文化遗址、古墓葬的，处三年以上十年以下有期徒刑，并处罚金；情节较轻的，处三年以下有期徒刑、拘役或者管制，并处罚金；有下列情形之一的，处十年以上有期徒刑或者无期徒刑，并处罚金或者没收财产： （一）盗掘确定为全国重点文物保护单位和省级文物保护单位的古文化遗址、古墓葬的； （二）盗掘古文化遗址、古墓葬集团的首要分子； （三）多次盗掘古文化遗址、古墓葬的； （四）盗掘古文化遗址、古墓葬，并盗窃珍贵文物或者造成珍贵文物严重破坏的。 盗掘国家保护的具有科学价值的古人类化石和古脊椎动物化石的，依照前款的规定处罚。	第三百二十八条　盗掘具有历史、艺术、科学价值的古文化遗址、古墓葬的，处三年以上十年以下有期徒刑，并处罚金；情节较轻的，处三年以下有期徒刑、拘役或者管制，并处罚金；有下列情形之一的，处十年以上有期徒刑、无期徒刑或者死刑，并处罚金或者没收财产： （一）盗掘确定为全国重点文物保护单位和省级文物保护单位的古文化遗址、古墓葬的； （二）盗掘古文化遗址、古墓葬集团的首要分子； （三）多次盗掘古文化遗址、古墓葬的； （四）盗掘古文化遗址、古墓葬，并盗窃珍贵文物或者造成珍贵文物严重破坏的。 盗掘国家保护的具有科学价值的古人类化石和古脊椎动物化石的，依照前款的规定处罚。

(续表)

修改后条文	原 条 文
第三百三十八条 违反国家规定,排放、倾倒或者处置有放射性的废物、含传染病病原体的废物、有毒物质或者其他有害物质,严重污染环境的,处三年以下有期徒刑或者拘役,并处或者单处罚金;后果特别严重的,处三年以上七年以下有期徒刑,并处罚金。	第三百三十八条 违反国家规定,向土地、水体、大气排放、倾倒或者处置有放射性的废物、含传染病病原体的废物、有毒物质或者其他危险废物,造成重大环境污染事故,致使公私财产遭受重大损失或者人身伤亡的严重后果的,处三年以下有期徒刑或者拘役,并处或者单处罚金;后果特别严重的,处三年以上七年以下有期徒刑,并处罚金。
第三百四十三条 违反矿产资源法的规定,未取得采矿许可证擅自采矿,擅自进入国家规划矿区、对国民经济具有重要价值的矿区和他人矿区范围采矿,或者擅自开采国家规定实行保护性开采的特定矿种,情节严重的,处三年以下有期徒刑、拘役或者管制,并处或者单处罚金;情节特别严重的,处三年以上七年以下有期徒刑,并处罚金。 违反矿产资源法的规定,采取破坏性的开采方法开采矿产资源,造成矿产资源严重破坏的,处五年以下有期徒刑或者拘役,并处罚金。	第三百四十三条 违反矿产资源法的规定,未取得采矿许可证擅自采矿,擅自进入国家规划矿区、对国民经济具有重要价值的矿区和他人矿区范围采矿的,擅自开采国家规定实行保护性开采的特定矿种,经责令停止开采后拒不停止开采,造成矿产资源破坏的,处三年以下有期徒刑、拘役或者管制,并处或者单处罚金;造成矿产资源严重破坏的,处三年以上七年以下有期徒刑,并处罚金。 违反矿产资源法的规定,采取破坏性的开采方法开采矿产资源,造成矿产资源严重破坏的,处五年以下有期徒刑或者拘役,并处罚金。
第三百五十八条 组织他人卖淫或者强迫他人卖淫的,处五年以上十年以下有期徒刑,并处罚金;有下列情形之一的,处十年以上有期徒刑或者无期徒刑,并处罚金或者没收财产: (一)组织他人卖淫,情节严重的; (二)强迫不满十四周岁的幼女卖淫的; (三)强迫多人卖淫或者多次强迫他人卖淫的; (四)强奸后迫使卖淫的;	第三百五十八条 组织他人卖淫或者强迫他人卖淫的,处五年以上十年以下有期徒刑,并处罚金;有下列情形之一的,处十年以上有期徒刑或者无期徒刑,并处罚金或者没收财产: (一)组织他人卖淫,情节严重的; (二)强迫不满十四周岁的幼女卖淫的; (三)强迫多人卖淫或者多次强迫他人卖淫的; (四)强奸后迫使卖淫的;

(续表)

修改后条文	原条文
（五）造成被强迫卖淫的人重伤、死亡或者其他严重后果的。 有前款所列情形之一，情节特别严重的，处无期徒刑或者死刑，并处没收财产。 为组织卖淫的人招募、运送人员或者有其他协助组织他人卖淫行为的，处五年以下有期徒刑，并处罚金；情节严重的，处五年以上十年以下有期徒刑，并处罚金。	（五）造成被强迫卖淫的人重伤、死亡或者其他严重后果的。 有前款所列情形之一，情节特别严重的，处无期徒刑或者死刑，并处没收财产。 协助组织他人卖淫的，处五年以下有期徒刑，并处罚金；情节严重的，处五年以上十年以下有期徒刑，并处罚金。
第四百零八条之一 负有食品安全监督管理职责的国家机关工作人员，滥用职权或者玩忽职守，导致发生重大食品安全事故或者造成其他严重后果的，处五年以下有期徒刑或者拘役；造成特别严重后果的，处五年以上十年以下有期徒刑。 徇私舞弊犯前款罪的，从重处罚。	